アグルーカの行方

129人全員死亡、フランクリン隊が見た北極

角幡唯介

集英社文庫

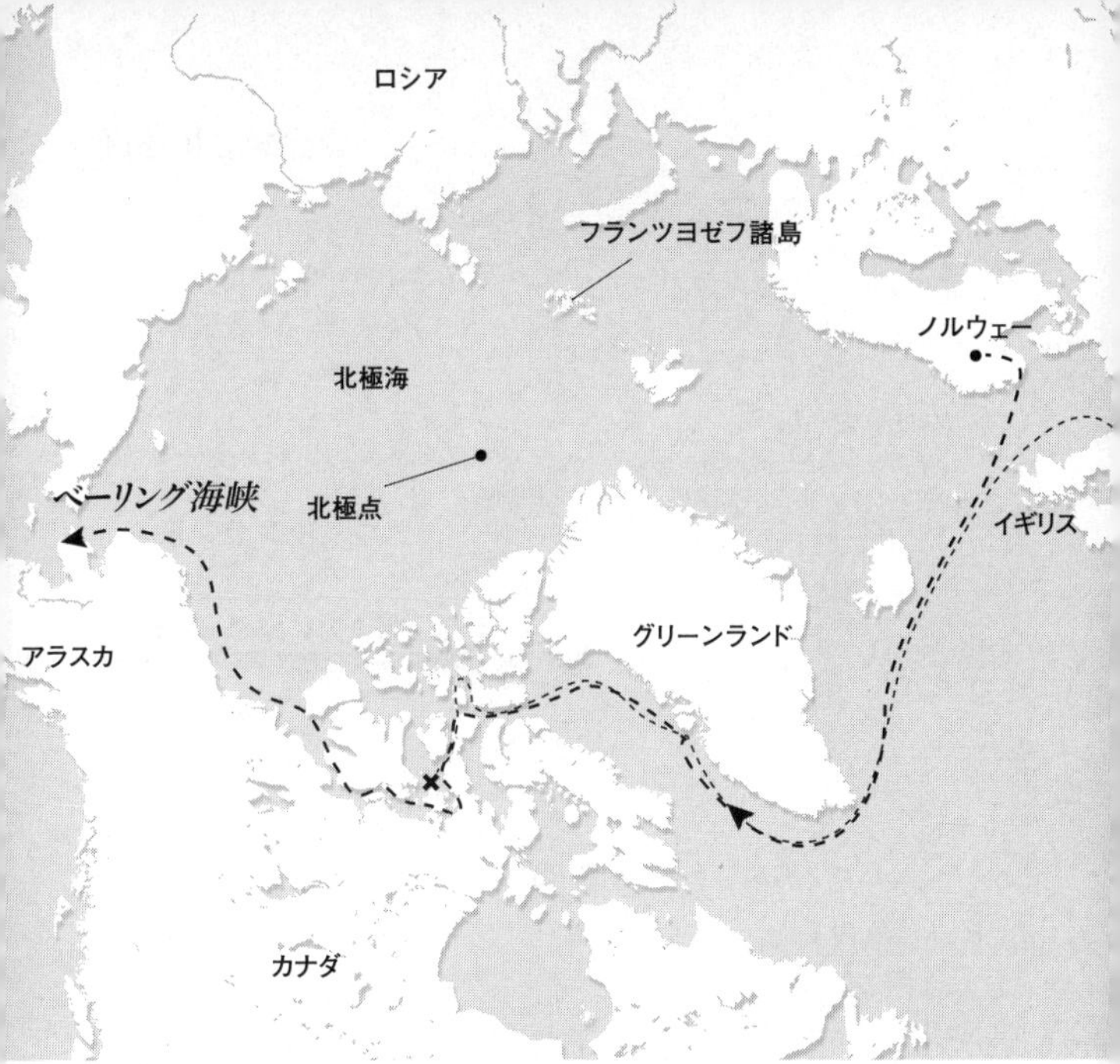

北極圏全図

極点から真俯瞰で地球を見る。十九世紀に探検家たちはヨーロッパからアジアへと続く北西航路を探し求めた。
一八四五年に出発したフランクリン隊はカナダ北極圏で行方を絶った。史上初めて北西航路の通過に成功したのはノルウェーのアムンセン隊だった。

------ フランクリン隊がたどったとされるルート（一八四五～四八）
– – – アムンセン隊が通過した北西航路（一九〇三～〇六）

カナダ北極圏図

グリーンランド
フランクリン隊がたどったとされるルート
レゾリュート
ビーチェイ島
バフィン湾
バロウ海峡
ランカスター海峡
ピール海峡
フリービーチ
ケンブリッジ湾
ブーシア半島
プリンスリージェント入江
キングウイリアム島
イグルーリック
バフィン島
ロードメイヤー湾
ペリー湾
グレート
フィッシュ川
不毛地帯
イカルイット
リパルス湾
角幡・荻田隊が
たどったルート
ベイカー湖
チェスターフィールド入江

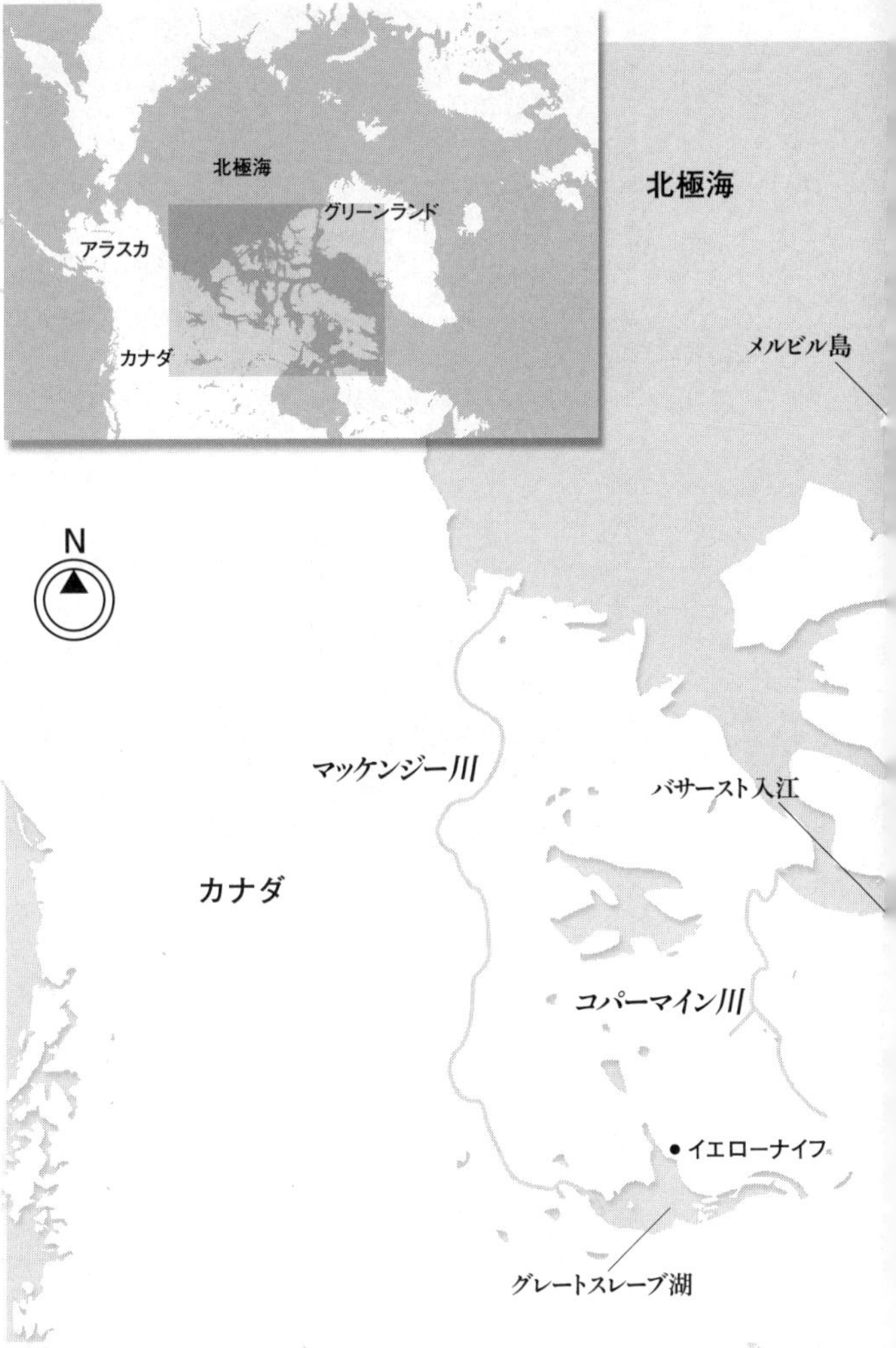
北極海
グリーンランド
アラスカ
カナダ
北極海
メルビル島
N
マッケンジー川
バサースト入江
カナダ
コパーマイン川
イエローナイフ
グレートスレーブ湖

フランクリン隊資料

右ページ上と左ページ●一八五九年、レオポルド・マクリントックの探検隊がキングウイ

THE EXPEDITION IN SEARCH OF SIR JOHN FRANKLIN.

OPENING OF THE CAIRN ON POINT VICTORY WHICH CONTAINED THE RECORD OF CAPTAINS CROZIER AND FITZJAMES.—SEE PAGE [illegible]

JOHN TORRINGTON, A.B. JOHN HARTNELL, A.B. WILLIAM BRAINE, R.M.

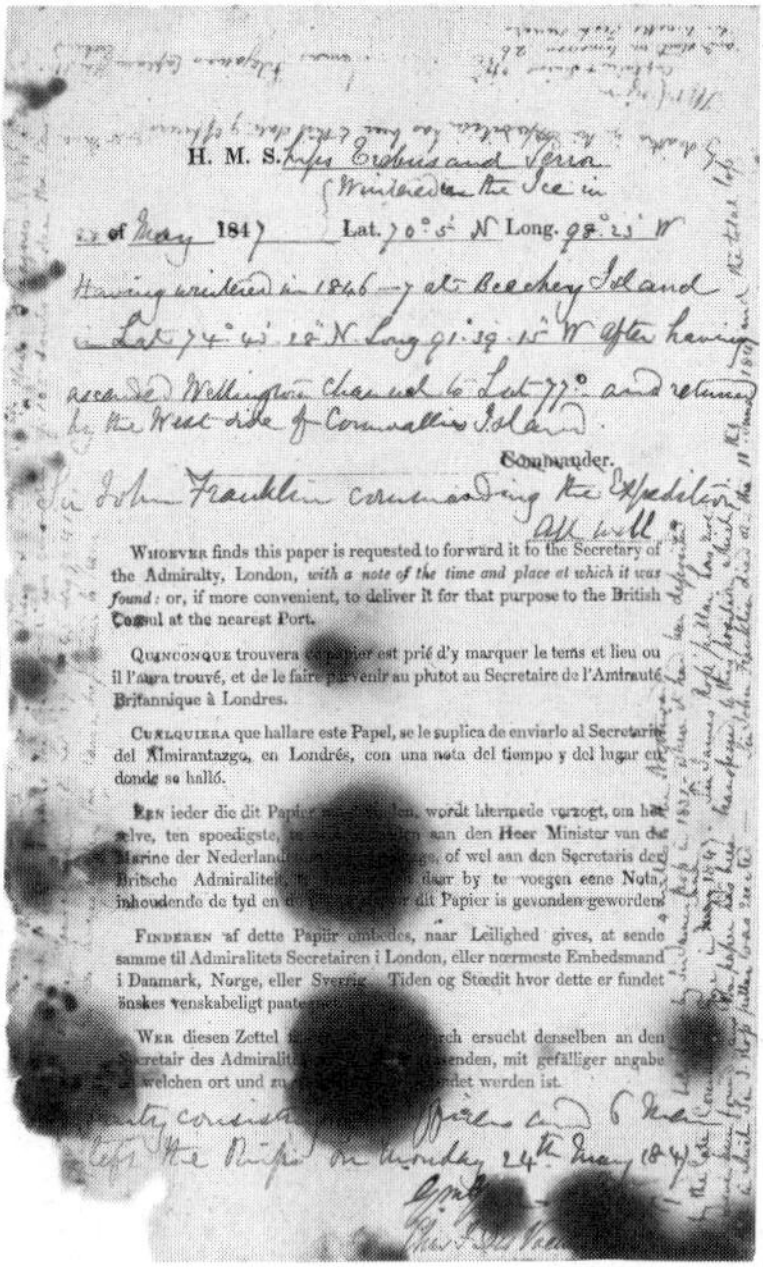
H. M. S. Ships Erebus and Terror
Wintered in the Ice in
28 of May 1847 Lat. 70°5' N Long. 98°23' W
Having wintered in 1846—7 at Beechey Island
in Lat 74°43'28" N Long 91°39'15" W After having
ascended Wellington Channel to Lat 77° and returned
by the West side of Cornwallis Island.
Commander.
Sir John Franklin commanding the Expedition
All well

Whoever finds this paper is requested to forward it to the Secretary of the Admiralty, London, *with a note of the time and place at which it was found*: or, if more convenient, to deliver it for that purpose to the British Consul at the nearest Port.

Quinconque trouvera ce papier est prié d'y marquer le tems et lieu ou il l'aura trouvé, et de le faire parvenir au plutot au Secretaire de l'Amirauté Britannique à Londres.

Cualquiera que hallare este Papel, se le suplica de enviarlo al Secretario del Almirantazgo, en Londrés, con una nota del tiempo y del lugar en donde se halló.

Een ieder die dit Papier mogt vinden, wordt hiermede verzogt, om het zelve, ten spoedigste, te willen zenden aan den Heer Minister van de Marine der Nederlanden in 's Gravenhage, of wel aan den Secretaris der Britsche Admiraliteit, te London, en daar by te voegen eene Nota, inhoudende de tyd en de plaats alwaar dit Papier is gevonden geworden.

Finderen af dette Papiir ombedes, naar Leilighed gives, at sende samme til Admiralitets Secretairen i London, eller nærmeste Embedsmand i Danmark, Norge, eller Sverrig. Tiden og Stædit hvor dette er fundet önskes venskabeligt paategnet.

Wer diesen Zettel findet, wird hier-durch ersucht denselben an den Secretair des Admiralitets in London einzusenden, mit gefälliger angabe an welchen ort und zu welcher zeit er gefundet werden ist.

Party consisting of 2 officers and 6 Men
left the Ships on Monday 24th May 1847.

リアム島のビクトリー岬の近くで、フランクリン隊による直筆のメモを発見した。メモには隊長のジョン・フランクリンが死亡したことや、生き残った者がグレートフィッシュ川を目指して旅立つことなどが記されていた。

（右ページ上 The Illustrated London News, Oct.15, 1859／左ページ ©National Maritime Museum, Greenwich, UK）

右ページ中央●一八五四年にジョン・レーが持ち帰ったフランクリン隊の遺留品。レーはこの探検で、イヌイットからフランクリン隊の目撃証言を初めて聞き出したほか、彼らがカニバリズムに走っていたことも報告した。

（The Illustrated London News, Nov.4,1854）

右ページ下●ビーチェイ島にはフランクリン隊の三人の乗組員の墓が残されていた。墓は一八五〇年の捜索で発見された。中の遺体は一九八〇年代に掘り起こされ、解剖の結果、彼らが重度の鉛中毒に罹っていた可能性が強まった。

（The Illustrated London News, Oct.4,1851）

下●フランクリン隊が出発した当時のキングウイリアム島周辺の地理的概念を示す地図（ジョン・ロス、ジェームズ・クラーク・ロス『第二次北西航路探検航海記』より）。ジェームズ・クラーク・ロスは一八二九年から三三年の探検で、キングウイリアム島を北米大陸と地続きだと誤って報告した。地図の中で同島は〝キングウイリアムズ・ランド〟と表記され、大陸と〝ポクテス湾〟でつながっているように描かれている。ロスの間違いはその後の探検でも訂正されず、フランクリン隊の悲劇につながった。

上●船を放棄したフランクリン隊の生き残りは、橇の上にボートを載せてグレートフィッシュ川を目指したが、その途中で力尽き、次々と斃れていった。トーマス・スミスによる想像図。（©National Maritime Museum, Greenwich, UK）

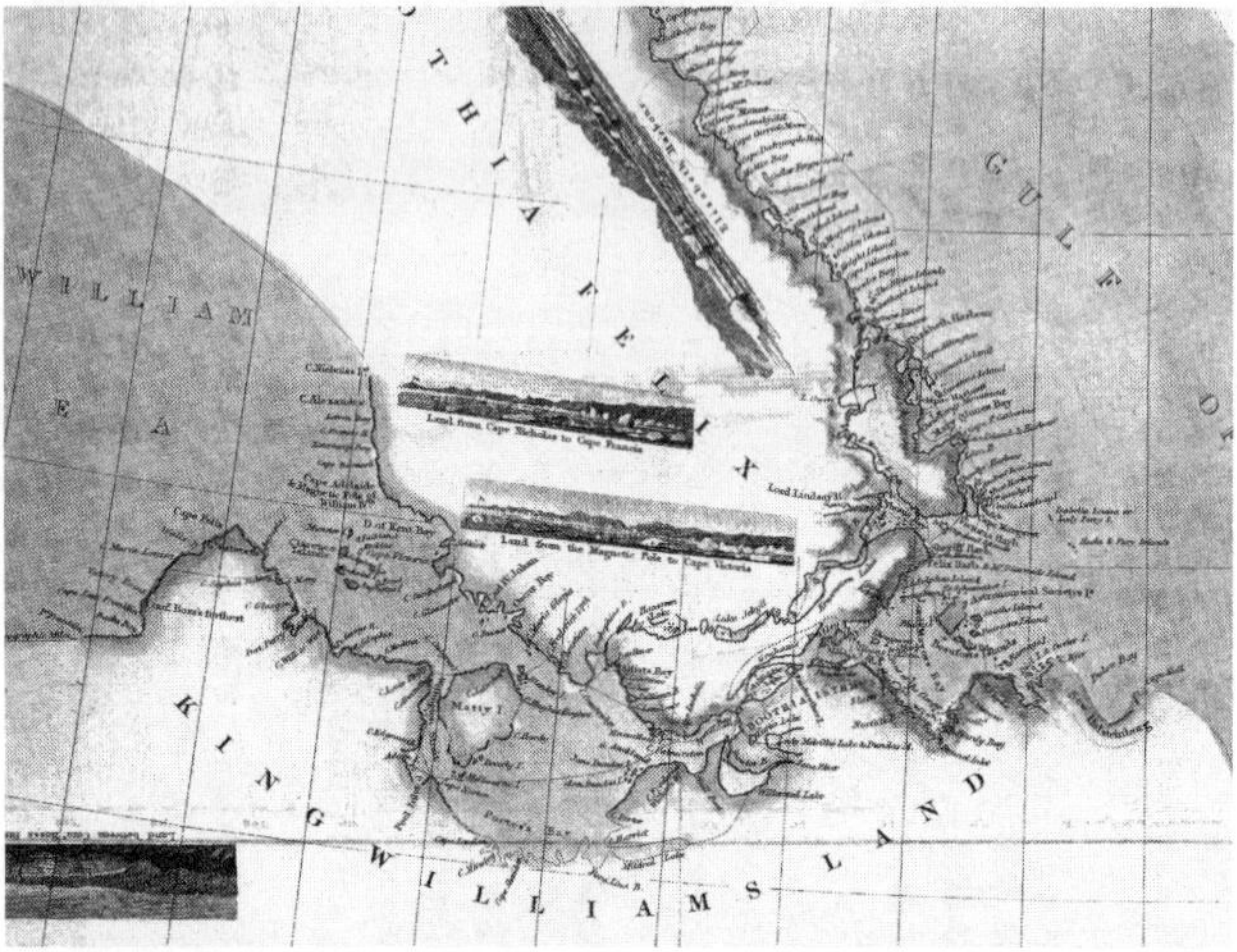

本書に登場する主な探検家

ジョン・フランクリン

（英国　一七八六〜一八四七）写真❶

一八一九年から二二年の探検で激しい飢餓に追い込まれつつも生還し〝靴を食った男〟と呼ばれた。一八四五年の北西航路探検隊の隊長に選ばれたが、途中で行方を絶った。

フランシス・クロージャー

（英国　一七九六〜一八四八？）写真❷

フランクリン隊の副官。フランクリンの死後に隊を率い、グレートフィッシュ川を目指した。イヌイットからアグルーカと呼ばれていた。

❶

❷

ジェームズ・クラーク・ロス

（英国 一八〇〇〜一八六二）写真❸

一八二九年から三三年の探検でキングウイリアム島に初めて到達し、北磁極を発見した。その後、南極探検も率いた。イヌイットからアグルーカと呼ばれていた。

ジョージ・バック

（英国 一七九六〜一八七八）写真❹

一八三三年から三五年にグレートフィッシュ川を初めて下った。グレートフィッシュ川は現在、彼の名にちなんでバック川と呼ばれている。

チャールズ・フランシス・ホール

（米国 一八二一〜一八七一）写真❺

フランクリン隊の生き残りを探してカナダ北極圏を広く探検、イヌイットから膨大な量の証言を集めた。ポラリス号で北極点を目指す途中で謎の死を遂げた。

ジョン・レー

（英国 一八一三〜一八九三）写真❻

❸

❺

❹

❻

イヌイット式の生活技術に熟達し、三千キロ近くにわたり未知の北極の海岸線を歩いた。一八五四年の探検で、行方が分からなくなっていたフランクリン隊の情報を初めてイヌイットから入手した。アグルーカと呼ばれていた。

レオポルド・マクリントック

（英国　一八一九〜一九〇七）写真❼

一八五九年にキングウイリアム島でフランクリン隊が残した唯一の手書きのメモを発見した。

ロアール・アムンセン

（ノルウェー　一八七二〜一九二八）写真❽

小型帆船ユア号で北西航路の航海に史上初めて成功し、南極点にも初到達した。

❼

❽

1845−48	ジョン・フランクリン北西航路探検 ビーチェイ島で越冬後、ピール海峡を南下し、キングウイリアム島へ到達した。隊員129人全員が死亡した。
1846−47	ジョン・レーの陸路探検 リパルス湾からブーシア半島東岸をロードメイヤー湾まで探検し、その後、メルビル半島の西岸を探検した。
1850−51	英国海軍やフランクリン夫人らの派遣した捜索隊がビーチェイ島の周辺でフランクリン隊の隊員の墓や、彼らが越冬していた遺留品を発見。
1853−54	ジョン・レーの陸路探検 ブーシア半島を横断し、キングウイリアム島が島であることを確認した。フランクリン隊の行方に関する初めての具体的情報を持ち帰った。
1855	ジェームズ・アンダーソンのグレートフィッシュ川捜索 フランクリン隊捜索のため、グレートフィッシュ川を下降。モントリオール島でボートの残骸などを見つけた。
1857−59	レオポルド・マクリントックの捜索 橇でキングウイリアム島を探検し、ビクトリー岬付近でフランクリン隊のメモを発見した。
1864−69	チャールズ・フランシス・ホールの捜索 リパルス湾からメルビル半島、キングウイリアム島に足を延ばし、イヌイットからフランクリン隊に関する数多くの証言を集めた。
1878−80	フレデリック・シュワトゥカの捜索 キングウイリアム島を捜索し、数多くのフランクリン隊の墓や遺留品を発見した。
1903−06	アムンセンの北西航路探検 小型帆船ユア号で世界で初めて北西航路の完全航海に成功した。

本書に関係する北西航路の探検隊

1819−22	ジョン・フランクリン第一次北西航路陸路探検 コパーマイン川を下り、河口から北米大陸海岸線をケント半島ターナゲイン岬まで踏査した。激しい飢餓から生還したフランクリンは〝靴を食った男〟として英雄になった。
1819−20	ウィリアム・エドワード・パリー第一次北西航路探検 バフィン湾からランカスター海峡、バロウ海峡からメルビル島に到達。
1821−23	ウィリアム・エドワード・パリー第二次北西航路探検 リパルス湾からイグルーリックで越冬。クロージャーが参加していた。
1824−25	ウィリアム・エドワード・パリー第三次北西航路探検 プリンスリージェント入江からサマセット島へ。氷で船が難破し、フリービーチに船や大量の食糧や装備を放棄した。
1825−27	ジョン・フランクリン第二次北西航路陸路探検 マッケンジー川を下り、河口から西はバロウ岬、東はコパーマイン川河口まで踏査した。
1829−33	ジョン・ロス、ジェームズ・クラーク・ロスのビクトリー号探検 ジェームズ・クラーク・ロスがプリンスリージェント入江からブーシア半島を横断しキングウイリアム島へ到達。同島を北米大陸の一部だと間違え〝キングウイリアムズ・ランド〟と名付けた。北磁極を発見。最後は船が氷に囲まれたため放棄し、フリービーチに残された食糧を食いつないで生還した。
1833−35	ジョージ・バックのグレートフィッシュ川探検 グレートフィッシュ川を初下降しチャントレー入江を探検した。隊員の一部が途中で河口に住む3人のイヌイットを殺害した。
1837−39	トーマス・シンプソン、ピーター・ディースの北米大陸海岸探検 バロウ岬からブーシア半島までの北米大陸海岸線をボートで踏査した。

著者取材写真

●橇を引く荻田泰永。出発直後なのでまだ荷物が多い。海氷の上には固い雪が積もっている。風により複雑な凹凸ができあがり、氷の陰にできた吹き溜まりは行進のための大きな障害となる。

（以下、特記以外は著者撮影）

左●イカルイットで耐寒訓練中に浮かび上がった見事なオーロラ。オーロラが最も出現するのは北緯六十七度付近で、レゾリュート湾を出発してからは緯度が高いため、オーロラを見ることはなかった。

上●バロウ海峡の乱氷。重さ何トンになるのか分からない巨大な氷が乱雑に積み上がっていた。(撮影 荻田泰永)

下●乱氷帯はハミルトン島の西を通過した時に最も激しくなった。高さ二、三十メートルはありそうな氷山が漂着しており、私たちはこれを〝軍艦島〟と呼んだ。

上●寒さと疲労で私の唇はひどい損傷を負った。キングウイリアム島に上陸した時には血が垂れて赤いツララができた。

左ページ
上●ハミルトン島の近くの激しい乱氷帯を越える。氷は巨大化し、橇を進ませる隙間がないほどびっしりと詰まっていた。
下●ビクトリー岬の南の幕営地。近年になり誰かが立てたと思われるケルンがあった。一八四八年にフランクリン隊が船を捨てて上陸したのは、ここからもう少し南に進んだところである。

右ページ
上●キングウイリアム島で遭遇した麝香牛の群れ。飢えていた私たちは群れの一頭を射殺し、食糧にした。
下●ジョアへブンを出発して北米大陸に上陸してからは、北に渡るカリブーの群れを連日見かけた。

下●レゾリュート湾を出発して四日目の未明、テントで寝ていると北極熊がやって来た。銃で威嚇し追い払ったが、翌朝雪面には大きな足跡が残されていた。

下●キングウイリアム島でテントにやって来た狼。不毛地帯を南下している途中でも何度か出会った。

左ページ
上●典型的な夕食。〝イタリー飯〟と呼んでいたもの。中にはペミカンやパスタ、アルファ米、バター、チーズ、加工肉などが入っており、これ一杯で推定二千七百キロカロリーほどある。
下●テントの中で翌日のルートを検討する著者（左）と荻田。

THE NORTH FACE

上●不毛地帯の縦断中に鵞鳥の卵を見つけた。黄身は大きく黄桃の缶詰のようで味は濃厚の一言に尽きた。

中央●ジョアヘブンに到着するとすぐにスーパーマーケットに行き、食べたいものを片っ端から買い出した。果物や甘い物に飢えていた。

下●ジョアヘブンでフランクリン隊に関する言い伝えを収集するルイ・カムカック。様々な調査隊に助言を与えてきた。

上●餓死の入江に隣接するナブヤト湖でイヌイットたちの釣り大会が開かれていた。ナブヤト湖はアムンセンの探検記にも登場する昔からの漁場だ。フランクリン隊はここを目指したのだろうか。
中央●ワシントン湾を横断後、三人のイヌイットがスノーモービルで現れた。レゾリュート湾を出発してから五十三日ぶりに、私たちは人間と出会った。
下●エイマー湖で巨大なレイクトラウトを釣りあげた著者。二人で二匹釣り、食べ切るのに三日かかった。（撮影 荻田泰永）

22

右ページ

上●モントレソール川を渡河した次の日は大雨となった。雪解けが一気に進み、川や池が至るところにできあがった。

下●ボートでグレートフィッシュ川を遡上する。不毛地帯では川や湖が次々と現れるため、ボートがなければ旅は不可能だった。フランクリン隊もハルケットボートという開発されたばかりのゴムボートを装備に入れていた。（撮影　荻田泰永）

上●氷が残るグレートフィッシュ川の様子。解氷が進まないため、渡河できる場所がなかなか見つからなかった。

●夏を迎えたツンドラをひたすら南下する。すでにレゾリュート湾を出発してから百日以上歩いている。気温は二十度まで上昇し、旅の終盤には不毛地帯で悪名が高い蚊が現れるようになった。ゴールとなるベイカー湖はもうすぐだ。

目次

アグルーカとは、イヌイットの言葉で「大股で歩く男」を意味する。
背が高く、果断な性格の人物に付けられることが多かった。
かつて北極にやって来た探検家の何人かが、この名前で呼ばれた。

アグルーカの行方

129人全員死亡、フランクリン隊が見た北極

序章　レゾリュート湾

窓の外で、ウェイン・ダビッドソンが古いフォードのピックアップトラックから降りてくるのが見えた。紺色の厚い防寒具に身をつつみこみ、頭には狐《きつね》か何かの毛を編みこんだ暖かそうなフードをしっかりかぶっている。

羽毛服を着こみ分厚いミトンを手につけて、私はホテルの外に出た。裏口にある重い二重扉を開けると、寒さで水蒸気が凍りつき、口から白い吐息がもわっと溢《あふ》れ出た。頬に突き刺してくるような寒さを感じた。その日の朝は氷点下三十二度にまで冷えこんだが、その程度の寒さは別段珍しいことではなかった。まだ三月だった。北極に春が来るのはかなり先のことなのだ。

ウェインとは何か言葉を交わしたはずだ。体調はどうだとか、準備は終わったかとか、たぶんそんなたわいもない挨拶だったはずだが、正直言ってよく覚えていない。私と荻《おぎ》田泰永《たやすなが》は、ホテルにいた他の極地探検家にも手伝ってもらい、何日もかけて荷造りを終えた大きな橇《そり》をウェインのトラックの荷台に積みこんだ。橇は三重構造の防寒テントだとか、北極熊対策のショットガンだとか、そういうごてごてとかさばる極地探検用の装備を積みこんでいたので大きくふくれあがっていた。

ウェインは冗談ばかり口にする愉快な男だった。頭をスキンヘッドに丸め、白い顔にはいたずら好きな子供みたいな笑いを浮かべ、会話を途切れさせることなど想像がつかないくらいにいつもよくしゃべった。長い間、レゾリュート湾《ベイ》で気象観測官をやっているらしく、私たちは集落に着いてからの数日間、彼の家や観測所に足を運び周辺の海氷の状態についていろいろとアドバイスを受けてきた。

ウェインのトラックに乗りこむと、私たちは村の中心部を離れ、旅の出発地点に予定しているアレン湾を目指して西に向かった。道は雪原に囲まれており、脇に木の電信柱が一定間隔に並んでいる他は何もなかった。空は引きのばしたような薄い雲に覆われ、太陽の光は弱々しくにじんでいた。風が途切れることなく北のほうから吹きつけ、雪が地面から舞いあがり、ドライアイスの煙みたいにゆったりと道の上を南に向かって漂っていた。

私と北極冒険家である荻田泰永が、北緯七十四度四十分にあるカナダ北極圏の集落レゾリュート湾に来たのは、二〇一一年三月十二日のことだった。ウェインの車で出発する四日前の話だ。旅の目的は一八四五年に英国を出発したジョン・フランクリンという男が率いた探検隊の足跡をたどることだった。この探検隊の隊員は全部で百二十九人もいたが、全員このカナダ北極圏の凍《い》てつく荒野のどこかで命を落としていた。

私にはこれまで極地に足を踏み入れた経験はなかった。北極だろうが南極だろうが極地に来たことはなかったし、行こうと思ったことすらなかった。少し大げさにいうと、極地とは私にとって、世界史の教科書に載るような英雄が苦難と懊悩《おうのう》に満ちた神話レベルの冒険を繰り広げる、そういう場所だった。昔から世界中の誰も知らない秘境に行くことに憧《あこが》れてきたが、極地は別だった。自分が極地を旅するようなことはたぶんないと思っていた。

極地探検文学の古典であるアプスレイ・チェリー＝ガラードの『世界最悪の旅』を読んだ時のことはよく覚えている。それは大学四年の時、友人たちと五人でチベットのツアンポー峡谷というところを探検しに行く途中の、北京から成都に向かう列車の中でのことだった。

今はどうか知らないが、当時の中国の列車というのは一両の車両の中に汗まみれの無数の人間がひしめき合う、間違いなく世界で最も不愉快な場所の一つだった。隣の人間は他人の反発など意に介することなくその辺に痰《たん》を吐くし、こっちが予約していてもそんなことはかまわず人の席に勝手に座る。車両は古くて煤煙《ばいえん》みたいな黒い汚れで全体が覆われていて、床にはヒマワリの種の殻や正体不明の液体が散らばっていた。夜に便所に行く時には近くで寝そべっている人間の体を何度も踏みつけなければならなかった。とにかく中国の列車は蒸し暑くて不潔で混み合った、旅をするには最悪の乗り物だった。

その最悪な二泊三日の旅の暇つぶしに私が選んだのが、『世界最悪の旅』という名前の本だった。

だがどうやらこの本の舞台となった南極大陸は、中国の硬座列車よりも状況的にははるかに最悪だったらしい。『世界最悪の旅』は、一九一一年から一二年にかけてノルウェーの探検家ロアール・アムンセンと南極点初到達を争って敗れ去った英国のロバート・スコットの探検記だ。果てしなく続く氷原を行進して南極点に到達したスコット隊は、そこにノルウェーの国旗が掲げられているのを発見し、アムンセンに敗れ去ったことを知った。失意の中、彼らは仲間の待つ基地に戻るため再び氷の上を歩きだしたが、次第に凍傷や壊血病に苦しみだす。まず隊の中で一番頑丈だった水兵が、手につくった切り傷がもとで凍傷にかかって死んだ。次に衰弱して進めなくなった陸軍の大尉が自らブリザードの中に姿を消した。そして残ったスコットら最後の三人もひどい嵐につかまり、テントの中で寒さと飢えに苦しみ絶命したのである。

極地探検の世界に圧倒された私は、その後、アムンセンの『南極点』や『ユア号航海記』、アーネスト・シャクルトン『南へ』、フリチョフ・ナンセン『極北』といった極地文学の古典をあらかた読破した。だが、それでも私の「極地観」を形成していたのは、なんといっても最初に読んだ『世界最悪の旅』だった。

スコットの探検隊が経験した南極は恐るべき世界だった。氷点下四十度以下の寒さとブリザードが荒れ狂うという、その極限の自然環境もさることながら、読んでいて何よりも心が凍りついたのは、寒さや飢えで衰弱した男たちが次第に自分の命に無関心になっていく、その人間の崩壊過程だった。スコット隊はそうした極寒の世界を永久に乾きそうもない寝袋、重いだけで風に弱そうなテントといった不便な装備や不十分な食糧に耐えながら、船みたいに重い橇を自分たちで引いて旅を続けたのだ。

しかしその極限的な行為は、自ら進んで死に向かって歩んでいるようにしか、当時の私の目には映らなかった。彼らは凍傷で指や鼻が膿《う》み、無気力になり雪の上に倒れる仲間の様子を、極めて冷徹に、淡々と、まるで無感動に記述していた。あたかも死というものを拒否するのではなく、その辺に転がる路傍の石みたいに、自然を構成するありふれた要素として受け入れているように思えた。死に対するハードルが自分と比べてあまりにも低いような気がして、人間とはこうなってしまうのかという薄気味の悪さを覚えたのだ。

おそらく極地というのはそういう場所なのだろう。生から死へ至る一連の過程が、あくまで地続きに、滞りなく起きてしまう。圧倒的に過酷な自然環境が、そこにいる人間に死を無意識のうちに受容させる場所なのだ。当時の極地探検家とは、おそらくそのことを半ば織り込み済みで極地に向かった、半分壊れた人たちだったに違いない。『世界最悪の旅』を読むことで、私はそうした「極地観」を抱くようになった。ナイーブだった当時の私にとって、死とはまだ生から遠く隔たった世界にあるものだった。だから極地のようなあたかも生と死が渾然《こんぜん》一体となった場所に、自分が行くことなど想像もできなかったのだ。

しかし時間というのは恐ろしいものだ。それから十三年が経《た》った時、私は慌ただしくザックに荷物をつめこんで、その極地に行く準備を進めていたのである。

私が「転向」したのは、二〇〇九年に行ったチベットのツアンポー峡谷の単独探検が間接的なきっかけとなった。ヒマラヤの東の果てにある世界最大の峡谷を二十四日間にわたり彷徨《ほうこう》した体験は、私の世界観をかなりの部分で変えてしまった。この旅の最後で私は追いこまれ、野垂れ死にする自分の姿を、それほど遠くはない未来にやってくる現実としてリアルに想像することができた。そういう事態に陥ったのである。幸運にも生きてツアンポー峡谷を脱出することができたが、この旅が終わってからも、私は最後に追い詰められた時のあの感じを忘れることができなかった。忘れるどころか、回想して言葉でその記憶を説明しようとしたために、印象的な部分だけが切り取られて頭の中に残ってしまった。自分の死が少なくない確率で訪れることを悟った時の絶望と、しかし生きのびることを決断した瞬間は、私の人生の中での最も鋭い部分となった。ツアンポー峡谷で死を意識して過ごした日々は単純に生きることだけに専念できた時間だった。その時に知ったのは、生から死に至る時間の傾斜は自分たちが考えている以上になだらかであり、実は生は死を内包することでしか存在し得ないという感覚だった。

私に再び極地探検の世界に触れる機会が訪れたのは、ツアンポー峡谷の旅から帰ってきて五カ月近くが経った二〇一〇年五月のことだった。以前から知り合いだった荻田から、久しぶりに会わないかと誘われたのだ。荻田は〃北極バカ〃を自称するぐらい北極にばかり通っている冒険家で、その年の春にはレゾリュート湾から北磁極（地表面で磁石のN極が真下を向く地点）までの六百キロ少々ある凍った海の上を、一人で三十七日間かけて踏破していた。それが十回目の北極旅行だというのだから、たぶん本当に〃北極バカ〃なのだろう。

どうせ会うのなら飲むだけではもったいないので、私は荻田から話を聞いて、それをインタビュー記事にまとめて山岳雑誌に載せてもらうことにした。荻田に北極に通う理由を訊《たず》ねることで、冒険をしなければ生きていけない冒険家という人種の切迫した心情に切り込めるかもしれないと思ったし、それに記事にすれば彼の活動の宣伝になるだろう。本音をいえば私の小遣い稼ぎにもなる。当時ほとんど収入のなかった私にとって、荻田との飲みは金を稼げるいい機会でもあった。

待ち合わせ場所だった新宿の大きな書店の前で合流した後、私と荻田は駅前のカフェに移動した。奥のほうの席に座ると、私は彼が北極を旅する理由や、次の目標としていた北極点単独無補給徒歩到達の方法、そしてなぜそれをやらなければならないのかといったことについて突っこんだ質問をした。

フランクリン隊の話が出たのは、そのインタビューの最後の方だった。

「北極圏の島嶼《とうしょ》部を旅するのは面白いですよ」と荻田は言った。「動物がいたりとか、自分にとって興味の対象が多いんですね。昔のイヌイットの人はこういうところで生活していたんだとか、ここでフランクリンが死んだのかなとか、そういういろんな歴史があったりして」

「フランクリン?」。どこかで聞いたことがあるような名前だった。

「英国のフランクリン。フランクリン隊っていうのがいて、一八四〇年代かな。百三十人くらいが行方不明になった」

話としてはそれだけだった。私はフランクリンという探検家の名前にやや引っ掛かりを覚えたものの、その時のインタビューの内容とは関係がなかったので、そのまま流して取材を続けた。

その後、私はその山岳雑誌で荻田のインタビューに加え、北極を冒険することの意味みたいなものについて少し長めの記事を書くことになった。それで改めて北極の探検史を調べ始めると、フランクリン隊の話が次から次へと出てきたのだ。この探検隊についておぼろげな記憶があったのは、『世界最悪の旅』やアムンセンの『ユア号航海記』の中に若干の記述が含まれていたからだったと思われる。チェリー゠ガラードは『世界最悪の旅』(朝日文庫)でフランクリン隊について次のように書いていた。


その探検はロス島(引用者注・南極大陸の近くの島)を発見したとおなじエレバス、テラーの二船によっておこなわれたもので、両船はフランクリンの死後北海の氷中に沈み、クロジール(クロージャー)船長が代わって指揮をとり、探検の歴史はじまっていらいの恐ろしい旅をしたのであるが、くわしいことは、話をつたえる一人の生残者もないのでわからない。（加納一郎訳）

フランクリン隊に興味をもった私は、インターネットの通信販売で米国から当時の探検記の復刻版や、フランクリン隊に何が起きたのか、その謎について書かれた英書を大量に注文し、連日読みふけった。その結果分かったのは、チェリー＝ガラードの簡潔な記述はフランクリン隊の核心を細大漏らさず伝えているということだった。

フランクリン隊がロンドンの港を出港したのは一八四五年のことだった。しかし探検を終えるはずの頃になっても、彼らからの連絡はまったく来なかった。探検隊を派遣した英国海軍は捜索隊を次々とカナダ北極圏に向かわせたが、これといった手掛かりは何も得られなかった。行方が分かったのは出発から十年近くが経った頃だった。ある探検家が北極の先住民族イヌイットから、彼らの悲惨な最期を物語る生々しい証言を聞き出したのだ。それから五年後、今度は別の探検隊がフランクリン隊の隊員自身の手による一枚のメモ書きを発見した。それらの証拠から、どうやら百二十九人の隊員は全員、極北カナダの凍てつく荒野のどこかで命を落としていたことが分かったのだ。

『世界最悪の旅』にも書かれている通り、フランクリン隊が航海に使ったエレバス号とテラー号という二隻の軍艦は、カナダ北極圏のキングウイリアム島付近で、分厚い氷に包囲され動くことができなくなった。隊員たちはやむなく船を放棄し、衰弱した体と重い足を引きずりながらキングウイリアム島に上陸し、そして生き残りをかけて、南極で死んだスコット隊と同じように、ボートを載せた重い橇を人力で引き南を目指した。キングウイリアム島の周辺では後に捜索に訪れたいくつかの探検隊により、彼らの無数の白骨や墓、遺品などが発見された。またイヌイットの中には絶望的な行進を続ける隊員たちと遭遇し、会話を交わした者までいたのだ。そうした証言も当時の探検家の記録には残っていた。

フランクリン隊の記録は私の想像力を刺激した。なぜ彼らは全滅しなければならなかったのだろうか。船はどこに沈んだのか？　何よりも最後まで生き残った隊員は、バタバタと仲間が斃《たお》れていく中、どこを目指し、何を思って死んだのか。彼らはいったいどこまで到達したのだろう？　そこにはどういう風景が広がっていたのか……。

資料を調べるうちに、私は彼らが見た風景を自分でも見てみたいという気持ちを抑えることができなくなっていった。彼らの旅はまさに北極における、もう一つの「世界最悪の旅」だった。彼らが旅していた舞台こそ北極と呼ばれる場所なのではないだろうか。私はフランクリン隊の足跡を自分の足でたどり、彼らが見た風景を体験することで、ただひたすら地べたを這《は》いつくばって生きのびようとした人間の姿を北極の地に垣間見《かいまみ》ることができるのではないかと考えたのだ。

私はフランクリン隊のルートと重なるように旅の計画を立てた。まずレゾリュート湾を出発し、彼らの多くが力尽きたキングウイリアム島のジョアヘブンという集落まで一千キロ前後の氷の海の上を歩く。そして最後に生き残った何人かの男たちが向かったとされるフランクリン隊の最終目的地を目指し、ジョアヘブンから北米大陸のツンドラ地帯へと渡るのだ。

荻田が私のその計画に参加することを決めたのは、出発まであと三カ月と迫った二〇一〇年十二月九日のことだった。彼はもともと、日本人として初めてとなる北極点単独無補給徒歩到達を目標にしていたが、スポンサー集めがうまくいかず、結局そのシーズンでの実施を断念することにした。私は以前から、もし資金集めがうまくいかない場合は、自分と一緒にフランクリン隊の跡をたどる旅に出かけないかと持ちかけていたので、彼は私と一緒に行くことにしたのである。

二〇一一年二月二十二日、私と荻田は知り合いの新聞記者の見送りを受けながら日本を出発した。

道は行き止まりとなり、ウェインのピックアップトラックは白い雪の上に停車した。昔のレゾリュート湾の村はこのアレン湾の近くにあったらしく、出発地点のすぐ近くには当時のごみ捨て場が残っていた。散乱したドラム缶やスチールボックス、燃料機関系の機械の残骸などが雪の下から顔をのぞかせていた。

「お前は本当にごみ捨て場が好きな男だな」

ウェインは荻田のことをからかって笑った。荻田は北磁極に行った前年の旅でも、ウェインに同じごみ捨て場まで送ってもらって出発したらしい。私たちは三人がかりで荷台から橇を下ろし、ハーネス（引き具）を体に装着してロープを橇に連結した。見渡す限り凍った海が西に向かって広がっていた。太陽の光は弱く、氷ばかりのモノクロームの風景は色彩に欠け、冬の日本海のような寂しげな雰囲気に包まれていた。

出発の様子をウェインに撮影してもらうと、荻田は彼と握手を交わし海に向かって橇を滑らせた。私も最後に別れの握手を交わそうと思い、ウェインの顔を見上げた。その瞬間、彼の顔に浮かぶ複雑な表情に気づき思わずたじろいだ。

ウェインは笑顔だった。しかしどういうわけか頰を真っ赤にそめ、眼からは涙を流していた。

なぜこの男は泣いているのだろう。私は意表をつかれた思いがした。そしてずいぶんと感傷的なやつだなと思った。自分たちがやることなんて、これから千キロばかりの氷海を五十日か六十日かけて歩くだけのことじゃないか、と。

荻田は先に坂を下り、海に向かって歩き始めていた。もう一度後ろを振り向くと、ウェインがこちらに向かって再び大きく手を振った。彼は顔を紅潮させたまま明るい笑顔を浮かべた後、坂を登って車のほうに歩き、そして雪の向こうに姿を消した。それにしてもウェインの涙には何か意味があったのだろうか。私たちがこれから向かう氷の世界には、彼が涙を流さなければならないほどの多難な何かが待ち受けているとでもいうのだろうか。私はすでにかなり先で小さな点になった荻田の背中を追いかけ、重い橇を引き歩き始めた。
それからずいぶんと長い間、他の人間の姿を目にすることはなかった。

デボン島
コーンウォリス島
アレン湾
レゾリュート湾
ビーチェイ島
フランクリン隊がたどったとされるルート
ルーサー島
バロウ海峡
ウォーカー岬
サマセット島
ピール海峡
プレスコット島

第一章 バロウ海峡
——乱氷

バサースト島
角幡・荻田隊がたどったルート
ハミルトン島
グラント岬
ラッセ
プリンス・オ
ウェールズ島

1

目が覚めると顔の真上に、長さ五センチくらいの霜柱が何本も垂れ下がっていた。

寝ている間に鼻と口から出た吐息が、テントの生地にぶつかって結露したものだ。テントの中は霜がびっしりとこびりつき、業務用冷凍庫の中にでもいるみたいだった。寝袋の顔のまわりの部分も、息の水分が凍り、白い霜で覆われていた。

外気温が氷点下三十度から四十度にまで下がる北極では、テント内のあらゆる水分は結露し、霜となって生地に張りついてしまう。そして困ったことに、その水分の大部分は自分の体から排出されたものなのだ。おそらく、普段の生活で自分の息や汗にどれほどの水分が含まれているのかを意識する人は、それほど多くないだろう。しかし北極のような場所で二十四時間生活していたら、汗や息に含まれる水分はすぐに凍って不便や不快に直結するので、誰でも自分の体から出る水分量に敏感になる。私は毎朝目が覚めるたびに、自分の体から発散される水分があまりにも多いことにうんざりした。まったく、この毛穴とか呼吸とか、もう少し何とかならないものなのだろうか……。

極地探検の一日の仕事量というのは驚くほど多いが、その最初の仕事は寝袋の中から手を伸ばし、顔の真上にできた霜柱を落とすことから始まる。それもなるべく慎重にだ。手で触れると霜柱はひらひらと顔のまわりに落ちてきて冷たい思いをするが、それでも放っておいたまま寝袋から起き上がり衣服を濡らしてしまうよりはマシだった。

霜柱を落とすと寝袋から体を出して、そばにあらかじめ置いてあった羽毛服を着た。着る時に羽毛服がテントの霜に触れて濡れてしまうのが気になるが、悔しいけれどもその程度は我慢するしかない。

私が用意した寝袋は氷点下四十度まで使える、たたんでもビア樽みたいに巨大な化学繊維の素材のものだった。羽毛は濡れてしまうと、それまでの温もりは何だったのかと思うぐらい保温力が低下するが、化学繊維は濡れてもそこまで寒くはならない。極地探検のような長期にわたる旅で羽毛より化学繊維の寝袋のほうが信頼が置けるのは、そのためだ。

寝袋を袋の中にしまうと、私たちはテントの生地の内側にこびりついた霜をブラシで落とし始めた。隣で寝ていた荻田泰永がテントの隅からコンロを引っ張り出して火をつけた。コンロに火をつける前にテントの霜を落としておくのは、そうしないとコンロの熱で霜がとけて羽毛服が濡れてしまうからである。極地だろうがジャングルだろうが、長い探検旅行で最も気をつけなければならないのは、とにかくモノを濡らさないことだ。長い間、北極で生活していて私が一番濡らしたくなかったのが羽毛服、そしてその次が寝袋だった。できれば呼吸や汗や小便を止めて活動したいところだが、残念ながらその望みは生きている限りかなわないだろう。生きるということは不快に耐えてやり過ごす時間の連なりに他ならないが、北極のように非日常的な環境に身を置いていると、もしかしたら人間の肉体にはなにか根本的に欠陥があるのかもしれないとさえ思えてくる。少なくとも北極探検中ぐらいは息に含まれる水分量を減らしたいところなのだが……。

霜の取り除き作業がひと段落すると、私たちは前日の晩のうちに魔法瓶に入れておいたお湯を鍋に戻し、火にかけて朝食を作り始めた。

朝の食事は、最近日本でも人気がある韓国製の即席ラーメンに、高カロリーのペミカンを百グラム、それにサラミやソーセージなどの加工肉を少々、あとは乾物などを加えたものだ。ペミカンとは肉や脂を固めた昔からある極地食のことで、フランクリン隊の食糧リストの中にも入っていた。私も学生の頃ぐらいまでは冬山を登る時によく自分で作って食べていたが、最近では面倒くさいので冬山ぐらいでは作らない。韓国ラーメンを選んだのは一袋当たりの麺の量が日本のものよりも多いうえ、味も申し分ないからだ。朝食は計算上、一食だけで千三百から千四百キロカロリーにもなる。

前日、ウェインと別れた後、私と荻田は雪の斜面をアレン湾に向かって下り、三時間ほど氷海の上を歩いて午後六時頃に幕営した。出発したのが午後三時過ぎだったので、初日は予行演習みたいなものだった。進んだ距離は五・五キロ。最初の目的地であるジョアヘブンまでは約一千キロあるので、昨日一日で二百分の一ほど進めた計算になる。

随分と気の長い旅になりそうだった。

朝食を食べ終わると、私たちは荷物をまとめてテントをたたんだ。空は晴れていたが、前日と同じようにうすい霧が立ちこめ、太陽の光は弱くにじんでいた。私たちは橇引き専用のハーネスを上半身につけ、それをロープで橇と連結した。出発したのは午前十時二十分だった。しばらくは平らな新氷帯が続き、頻繁に休憩を交えながら時速二・五キロほどのペースでのろのろと前進した。旅は始まったばかり、橇にはこの先六十日分の食糧や燃料がすべて積みこまれているので、その重さはゆうに百キロ前後はあった。体も慣れていないし、初めのうちはまだゆっくりとしか歩けない。もちろんそれも織りこみ済みで計画を立てている。

北極の氷の上を歩くというと、多くの人は摩擦のないカリカリのスケートリンクみたいなところを想像するだろうが、それは勘違いというものだ。残念ながらそういうスケートリンクみたいな場所は北極の海にはほとんど存在せず、実際の氷の上には固い雪が何十センチもの厚さで堆積している。新氷帯のようにその年にできた新しい氷でもそれは同じで、氷海には必ず風でたたかれた固い雪が積もっている。そして氷上に積もった固い雪は大小様々な障害を、私たちのような人力橇旅行者に提供してくれる。

氷の上に雪がたまる仕組みはとても単純だ。海には遮蔽物がないため、軟らかな新雪は風で飛ばされ、氷や雪の起伏の風下側にたまっていく。それが次第にどんどん大きくなり、巨大な吹き溜《ふだ》まりとなる。風で削れてギザギザになっているところもあり、そういうのはサスツルギと呼ばれる。吹き溜まりやサスツルギが雪でできているからといって軟らかいと思ったら大間違いだ。なにしろ気温が低いので雪は氷のように固く、スキーで踏みしめようと、百キロの橇を引こうと一向に壊れることはない。海氷上にはそうやってできた大小無数の固い雪の凹凸が広がっており、一見どうということもないように見えるが、実際に百キロの橇を引いて越えてみると、それが大変な障害物だということが身にしみて分かる。

午後になると次第に水平線の辺りに黒い影が見え始めた。

「あそこに黒い影ができているだろ」

荻田がその方向をストックで指し示した。

「乱氷帯だ。氷が突き出して影ができるから、乱氷帯があるとその辺りは黒く見えるんだ」

乱氷帯とは潮や風の圧力で海氷が割れ、それがグサグサと表面から突き出したり、氷同士が積み重なって盛り上がったりした場所のことをいう。つまり最悪な場所ということだ。乱雑にできあがった乱氷帯が極地旅行者にとって最大の障害であることは、私たちが訪れた二〇一一年も、フランクリン隊が旅をしていた一八四五年も特に変わりはない。

私には北極に来た経験はなかったので、生の乱氷帯を見たのはそれが初めてのことだった。外から見ると規模が小さく、氷の大きさも密度も大したことがなさそうに見えたので、私はなめた気分のまま中に突っこんだ。しかし実際に中に入ってみると、重さ百キロの橇を引いて高さわずか十五センチしかない雪の段差を越えることが、どれほど体力を消耗することなのかよく分かった。

乱氷帯は平坦な新氷帯とちがい、至る所で氷が表面から突き出している。そのせいで風が殺されるため、突き出した氷と氷の間に軟らかい新雪が吹き溜まる。乱氷帯を歩いていて骨が折れるのは、その新雪の下に固い雪の段差が隠されていることと、どうやら無関係ではないらしい。氷と氷の間は平坦に見えるため、その部分を調子よく進んでいると、突然雪の下に隠れた固い雪の凹凸に橇の滑走面がはまってしまい動かせなくなるのだ。

雪の段差にはまった百キロの橇をそのまま歩いて動かすことなど、大学ラグビー部員でもない限り不可能だ。人間には楽をして物事を解決しようとする傾向があり、それは乱氷帯で橇がはまった場合にも当てはまる。私は大学ラグビー部出身でもないし、事態に正面から対峙《たいじ》し、困難を解決するタイプでもないらしい。乱氷の中で橇が止まると、私はまず、それをなかったことにしようと考えた。つまり体勢をなるべく変えずに橇を動かせないものかと考えるのだ。まずストックをついたまま上半身を前に倒し、体の重みで橇を動かそうとした。多くの場合、その程度のことでは橇はびくともしないので、次にストックを放り投げて雪の上に四つん這いになって踏ん張った。そこまですると五割ぐらいの確率で橇は動いた。しかしそれでも動かない場合は、後ろを振り向きロープを思い切り引っ張って、橇の先端を雪の段差から外した。そうするとかなりの確率で橇は動いた。だがロープを引っ張っても一向に動いてくれない時もあった。その場合は腰に力を入れて踏ん張り、そして絶叫した。不思議なもので絶叫して引くと橇はだいたい動いてくれた。

しかし気合を入れすぎて失敗することもあった。

その日の夕方のことである。乱氷帯を歩いていると、例によって橇が氷に引っかかったので、私は四つん這いになり思い切り踏ん張って動かそうとした。後から考えると、この時に一度でも後ろを振り向くべきだったのだ。いくら踏ん張っても橇はびくともしないので、私はそのまま絶叫し、血管が切れそうになるぐらいの勢いをつけて何度もぐいぐいと引っ張った。するとバキッと何かが壊れる嫌な音がした。と同時に橇は突然解き放たれ、いきなり体が自由になった私は勢い余って前のめりになって雪の中に突っ込んだ。雪の下から顔を上げると脱力感から思わず、ふわぁと気の抜けたビールのような声を上げた。そしてさっきの嫌な音のことを思い出した。あれは一体、何が折れた音だったのだろう……。

後ろを振り向くと、橇の上に固定していたスキーのテールが折れ、ソールがはがれてしまっていた。橇が動かなかったのはスキーが氷に引っかかっていたからだったのだ。なんということだ。私は頭を抱えた。まだ一度も使っていないというのに。

私は前を歩いていた荻田に追いつくと、スキーが壊れたことを正直に告白した。できるだけ何でもないような顔をしてみせたが、内心では親の財布から金を盗んだことを母親に告げた時のような気分だった。彼はあきれた顔をした。

「マジで？　まだ二日目だぜ」

「大丈夫だろ」

私はあくまで強気の姿勢を崩さなかった。私は彼より年上だし、いろんなところを探検してきたのだという自負もあった。

「ビスと針金で固定したら、こんなものはどうにでもなるよ」

その日の晩はテントの中で修理に追われた。テールの滑走面がはがれて、中の木の一部も露出し折れてしまっており、人間でいえば右脛骨開放骨折といったところだった。私ははがれた滑走面の上からビスをねじこみ、中の木の部分に固定した。そして埋めこんだビスを支点にして針金を何重にも巻きつけ、その上からダクトテープをしっかり巻きつけた。骨にボルトを埋め込み、ギプスで固定しなければならないような状態だったわけだ。

壊れたスキーを前に、そういえば……と、スキー屋のおやじとの会話を思い出していた。そのスキーは神田駅西口前にある専門店で買ったものだったが、その店のおやじは私がこのスキーを買うのをやめさせようとしていたのだ。

「角幡君、このスキーは軽いことは軽いけど、丈夫じゃないから、たぶん壊れちゃうよ」

おやじはそう言っていた。しかし私は、大丈夫ですよと言い張った。

「氷の上を歩くだけなんだから、壊れようがないですよ。とにかく軽くて安いのが一番です」

何事につけてもプロの言うことには耳を傾けるべきである。私はあのおやじの助言を聞き入れ、多少お金を出してでも、もう少し丈夫なスキーを買っておくべきだった。

まだ旅が始まって二日しか経っていなかった。

2

私たちの旅のテーマでもあるフランクリン隊の探検の目的は、ヨーロッパとアジアを結ぶ幻の北西航路を発見することだった。

北西航路と聞いても多くの人にはピンとこないだろうから、ここで少し北極の探検史について説明しておいたほうがいいかもしれない。私が北西航路の探検史と書かず、北極の探検史としたのには理由がある。北極の探検史とは、とりも直さず北西航路の探検史であるといってもいいほど、昔は北西航路の発見は北極探検における、いわば〝聖杯〟だった。

北西航路の探検の歴史は十五世紀末から十六世紀にまでさかのぼる。当時、英国やフランスやオランダといった西欧諸国は中国との貿易を望んでいたが、その時代に最も国力のあったスペインとポルトガルに阻まれ、東洋に進出することができないでいた。スペインはアメリカ大陸にいち早く到達、ポルトガルもすでにアジアとアフリカに貿易網を構築しており、両国は一四九四年にトルデシリャス条約を結び、世界を東西に二分することに決めていた。ヨーロッパから東洋に進出するには、アフリカの喜望峰か南米のマゼラン海峡を回るか、あるいは中東を経由して陸上から到達するかしなければならないが、喜望峰はポルトガルに、マゼラン海峡はスペインに押さえられ、中東からアジアに抜けるにはトルコ商人に高い関税を支払わなければならなかった。そのため後発組である西欧諸国はアジアに向かう安全で誰からも妨害されない航路を開拓する必要があった。そのために考えられるルートは二つあり、その一つがヨーロッパからロシアの北側を東に向かいベーリング海峡を抜ける北東航路、そしてもう一つが北米大陸を北から回りこむ北西航路だった。つまり北西航路とは貿易を目的とした商業航路のことなのだ。

初期の北西航路の探検史はヒマラヤの〝人喰《ひとく》い山〟ナンガパルバットの登山史と同じくらい、目を覆いたくなるような悲惨な話であふれている。昔は多くの船乗りが越冬のできない小型帆船で地図のない海に漕ぎ出し、そして寒さや飢え、それに部下の反乱などで死んだ。現在、極北カナダの島や湾や海峡にはバフィンやハドソン、デービスやフロビッシャーといった名前がいくつも残っているが、これらの地名は北西航路探検の初期から中期にかけて活躍し、カナダの群島部に彷徨《さまよ》いこんだ勇敢な人たちの名前である。とりわけヘンリー・ハドソンの最期の物語は胸を打つ。彼はあまりにも勇敢だったせいで部下がそれについていくことができず、息子と病人とともに氷の浮かぶ海上にボートごと置き去りにされたのだ。そして彼が取り残されたその海は、現在ハドソン湾という名前で呼ばれている。

彼らの時代にはカナダの真ん中あたりにアニアン海峡とかいうのがあって、その海峡を西に進めばカリフォルニアあたりに抜けられるという楽観的な見通しが幅をきかせていた。しかし実際に探検をしてみて分かったことは、そういったものは存在しないということだった。アニアン海峡が見つからないので探検はどんどん北にずれていき、そのうち探検家は極北カナダの島や入江や海峡や川が入り組んだ、迷路みたいに複雑な群島部に船を進ませることになった。今だったら世界地図を開けば五秒で分かることだが、おそらく地図のなかった時代の探検家には、誰にも想像がつかなかったにちがいない。極北カナダの群島部の地理状況がここまでわけの分からないことになっているとは。

しかし、こうした数多くの探検家の努力や命と引きかえに判明したことといえば、毛細血管のように広がる狭く複雑な海路には夏の間も氷が張ったり押し寄せたりして、危険でとても商業航路としては役に立たないという厳しい現実だった。北西航路が航路としては使えないことが徐々に明らかになっていく一方、北西航路探検の副産物として始まったカナダの毛皮貿易や、それ以前から北極地方の海域で行われていた捕鯨業や漁業が隆盛を迎えたことも、北西航路探検の意義を弱める結果となった。それまで経済的に探検を後援してきた商人や国家にしてみると、アジアの香辛料を求めて危険な北西航路を探し、大事な船が行方不明になるぐらいなら、鯨を獲ったり先住民から狐の毛皮を安く手に入れたほうが、よほど安全で確実な見返りが期待できたわけだ。またスペインやポルトガルの国力が弱まり、危険を冒して北極の海に漕ぎ出さなくても、アフリカや南米の先端を南から回り込んでアジアに接近できるようになったという事情もあった。そうしたこともあり、フランスやオランダは賢明にもアジアに出るためだけに氷の漂う海に船を漕ぎ出すような馬鹿な真似《まね》からは手を引いた。北西航路など見つかっても見つからなくても、どうでもよくなったのだ。

しかし英国は北西航路探検をやめなかった。商業的な観点だけからみると、氷に船を包囲される危険など冒す必要はなくなったのに、彼らは探検を続けた。やめるどころか国家を挙げて、ますます力を入れる始末だった。もちろん科学への寄与や北米大陸へ進出してきたロシアとの軍事的な緊張など、探検を続けなければならない新たな事情が生じたことも、その背景にはあった。当時の探検は正真正銘の国家事業で、国の税金が投入される以上、個人の情熱以外に多くの人が納得できる理由が必要だった。しかしそんなことは実は些末《さまつ》な問題で、それよりも結局のところ英国の探検家にとって重要だったのは、探検によってもたらされる実利ではなく探検そのものだったのではないかという気が私にはする。

十六世紀以降、英国は北極や南極の探検においてライバル国を常にリードする存在だった。北極点に到達することと、アジアへと続く北西航路を発見することは、当時の極地探検の世界において最大の冒険的な目標だった。ナイル川の源流から南太平洋の絶海に至るまで、世界中の未知という未知に足跡を残してきた英国人という人たちは、当然、極地におけるこの最大の地理的課題も自分たちの手によって片づけられるべきであると考えていた。役に立つとか立たないとかは二番目に大切なことで、最も重要なことは英国人が未知の世界に足を運ぶことだった。例えば十九世紀の英国の北極探検を強力に推進した海軍首脳は、次のような率直な言葉を残している。「赤道から極点に至る地球の最果ての、これまで接近することができなかったような場所には、まず女王陛下の旗を立てなければならない」

実際のところ、北西航路は存在していた。フランクリンの時代から約六十年後、ノルウェーの大探検家ロアール・アムンセンが一九〇三年から〇六年にかけて帆走した航路が、今も昔もカナダの群島部を船で越えられる唯一のルートとなっている。アムンセンが成功したこの北西航路の正解ルートとは、バフィン湾からバロウ海峡に進みピール海峡を南下し、キングウイリアム島を東から回ってベーリング海峡に抜けるというものだった。このルート以外の海路は北極海から浮氷や氷山が押し寄せるため航海が難しいのだ。しかしアムンセンは自力でこの北西航路を見つけたわけではなかった。彼の時代にはすでにこの海域の海図や地図は概《おおむ》ねそろっており、どの海峡からならベーリング海峡に抜けられるかは大体明らかになっていた。海図のない未知の世界に足を踏み入れ、複雑なカナダの群島部のどこに海路が存在しているのかを探し続け、最終的にアムンセンの成功を導き出したのは、十九世紀の英国海軍と、英国の国策毛皮交易会社ハドソン湾会社の探検家たちだった。

その中でもフランクリンは北極探検が生み出した最大のヒーローの一人だった。彼は一八一九年から二二年にかけての探検で、北極海にそそぐコパーマイン川を下り、河口からバサースト入江までの北米大陸北岸を初めて探検した。この時の探検は、彼にほとんど探検の経験がなかったこともあり壮絶なものとなった。彼らはカヌーと橇と徒歩で八千九百キロもの未知の荒野を踏破したのだが、途中で生の苔《こけ》や革の靴を食べなければならないほど、極限の飢餓に追いこまれたのだ。

しかし結果的に、探検家として彼の経歴にはそれが幸いすることとなった。探検に協力した現地の先住民の隊員が何人も斃れた中、死地から祖国に生還したフランクリンは〝靴を食った男　The man who ate his boots〟として英雄となったのである。先住民の隊員が死んだことなど関係なく、いやむしろ先住民が死に英国人が生き残ったことが、逆に探検の壮絶さを照らし出し、英国人の優秀さを証明する劇的な効果となり、彼は当時、世界で最も強力な国家だったヴィクトリア朝英国を象徴するアイコンとなったのだ。ある探検家の次のような芝居がかった文章を読めば、当時の英国の空気と、その空気がフランクリンをどのように見ていたのかを想像することができるだろう。


彼は悪天候下の、生存すら難しい不毛な荒野の中で、比類なき困難と前例のない苦しみにもかかわらず、堅忍不抜の精神と偉大なる能力、活力、不屈の魂を示すことにより、英国人が達成できない任務など存在しないことを、また英国人が義務を果たせないほど動揺し、ひるんでしまうような障害や困窮など存在しないことを世界に最大限示したのだ。

（アルバート・マーカム『フランクリン卿の人生と北西航路』）

その後も彼は一八二五年から二七年にマッケンジー川からコパーマイン川にいたる北米大陸北岸探検を成功させ、探検家として確固たる地位を築きナイトの爵位を受けた。彼はフランクリンではなくフランクリン卿と呼ばれるようになったのだ。そして今回、私たちが旅のテーマにした、隊員全員が死亡する一八四五年の探検隊を率いることになったのである。

彼が軍艦エレバス号とテラー号を率いて行ったこの探検は、北西航路の探検史上、最大規模の遠征隊となった。しかしこの探検が遂行されることが決まった時、隊長役がすんなりとフランクリンにおさまったわけではなかった。なぜなら彼は出発時点で、すでに五十九歳という初老といえるような年齢にさしかかっていたうえ、探検隊を率いることが適切なのかどうか、周囲が疑問に思ってしまうほど太っていたからだった。それに彼がそれまで率いた探検はカヌーや徒歩や橇による陸上探検ばかりで、極地の氷海に軍艦を進ませた経験はあまりなかった。

海軍が隊長として誰よりも期待したのは、当時最も実績豊富な極地探検家であったジェームズ・クラーク・ロスだった。北磁極の発見や、エレバス号、テラー号による世界初の本格的な南極探検の他、いくたびもの北西航路探検の経験があるロスの経歴はまさに輝かしい栄光で満ちていた。軍艦による航海の経験も豊かで、犬橇で氷の大海原を駆け抜けたこともあった。さらに彼はフランクリンとは違い四十五歳とまだ若かった。しかしロスは隊長役を引き受けるのを頑なに断った。どうやら南極から帰国した直後に結婚した若い妻に、もう金輪際危ない探検に行くようなことはしないよ、と約束していたことがその理由だったらしい。

次に候補に挙がったのはジェームズ・フィッツジェームズという海軍の中佐だった。彼は三十二歳と年齢的にもまだ若く、人柄的にも魅力にあふれており、本人にもやる気が十分にあった。しかし極地探検の実績に乏しく、海軍は若さと経験不足を理由に見送った。また海軍にはウィリアム・エドワード・パリーというフランクリンと並ぶ古強者の英雄がいたが、その彼もすでに五十四歳となっており、海軍内の郵便事業や蒸気部門の経営に忙しかった。

他にも経験豊かな極地探検家は何人もいた。だが結局、極地に戻ることを最も望んでいたのはフランクリンだった。彼は極北の荒野に魅せられていた。北極探検以上に彼の心を躍らせるような仕事は他になかった。彼は行かなければならなかった。彼には彼だけにしかわからない北極に戻る理由があったのだ。彼の年齢を危惧する海軍卿との面接でもフランクリンは頑なな態度を崩さなかった。

「あなたはもう五十九歳だというじゃありませんか」

「まったく問題ありません」

「あなたがどれほど困難な陸上探検を経験したかは皆知っています。しかしもう若くない」

「自分で耐えられると思わなければ、探検に行きたいなんて言い出しませんよ」

結果的にはこの情熱が周囲を動かし、フランクリンは指揮官に選ばれることになった。それに歳を重ねていることや体格に問題があることなど、大衆にとってはどうでもいいことだった。なにしろフランクリンは国民的な英雄だった。〝靴を食った男〟が再び北極の氷の世界に舞い戻るのだ。何百年間も探検家の挑戦の的となって来た北西航路の謎が、ついに〝靴を食った男〟の手によって解明されるのである。他に一体、何が必要だというのだろう。こうした全体的な気分を、当時の王立地理学会の会長は次のように書いている。


わが賢明で進取の精神に富んだ友人ジョン・フランクリン卿と彼の精力的な士官、水兵に任せる限り、科学の前進のために、また英国の名と海軍の名誉のためにあらゆることが達成され、人間の努力が完成されると私は完全に信じている。まさにフランクリンの名前はそれだけで国家的な保証となっているのだ。

（リチャード・サイリアクス『ジョン・フランクリン卿の最後の北極探検』）

誰もが、フランクリンは十六世紀以来の地理学のミステリーを解明し、自らの栄光の経歴にまた一つコレクションを加えて凱旋《がいせん》するものだと思っていた。探検は成功するに決まっていたわけだ。

3

出発から二日が経った三月十八日の明け方、私は寝袋の中で小便を漏らしてしまった。寝小便である。漏らした量はそれほど多くはなかった。少しといってもいいぐらいだった。少しで済んだのは、漏れた瞬間にまずいっと気がつき、すぐに尿道に力を入れて漏れを防いだからだろう。しかし漏れてしまったことにはすぐに気がついた。何かの間違いに違いない、小便をする夢を見ても実際に漏らしていないというのはよくあることだ。そう自分を落ち着かせながら恐る恐る右手をパンツのほうに持っていき、事実を確認してみたが、極めて残念なことにパンツは意外としっかり濡れていた。正直言ってショックだった。自分は何歳だったろうか。三十五歳である。とんでもないことが起きたものだと思った。

私はすぐに寝袋の脇に用意してあったプラスチックボトルを手に取り、寝袋の中に突っこんで残りの小便を中に出した。ボトルは夜中に小便をしたくなった時に、氷点下四十度の世界に出なくて済むよう、尿瓶《しびん》代わりに常に寝袋の脇に用意していたものである。小便をボトルに入れながら、北極とは恐ろしいところだと思った。たぶんこれが北極を旅するということなのだろう。日常生活とあまりに環境が違いすぎるので、体が異常反応を起こして、泌尿器系の調節機能や危機管理システムに狂いが生じてしまったに違いない。何しろ氷点下三十度から四十度という低温下で二十四時間生活しているのだ。それに少し頭も痛い。これも冷たい空気を常時吸い込んでいることから起きている体の異変の一つにちがいない。

とはいえレゾリュート湾の暖かいホテルを出発してから、まだたかだか一日半しか行動していないことも事実である。もしかしたらこの失態は北極にいることとはまったく無関係なところで起きたのではないだろうか。そのような恐ろしい可能性も頭をよぎったが、あまりに恐ろしすぎるため、私はそれ以上、その方向で考察を進めるのをやめ、寝小便の原因は北極での非日常的な環境が原因であると結論づけることにした。

隣で寝ている荻田の様子をそっとうかがうと、どうやら私の失態にはまったく気がついていないようだった。それ以上ごそごそ動いて彼が目を覚ますといけない。どうしたのと訊《き》かれたら、答えに窮してしまうだろう。私は濡れたパンツをはいたまま、静かにもう一度眠ることにした。翌朝、目が覚めるとパンツはすでに乾いていた。私は速やかにボトルの小便をテントの排気孔から外に捨て、何事もなかったかのような顔で朝食を食べ始めた。まだ若干、パンツからいやな臭《にお》いが漂っている気がしないでもなかったので、荻田にばれないかひやひやだったが、何とか気づかれずにやり過ごすことができたようだった。そしてこの日から一週間ぐらいは、また小便を漏らすのではないかとびくびくしながら寝袋に入ることになった。

その日は幸運なことに乱氷帯は現れず、新氷帯の上をひたすら進んだ。天気は晴れ、日中の気温は氷点下二十七度、南から弱い風が吹いていた。レゾリュート湾の南西に浮かぶ大きな島影を眺めながら、私たちはバロウ海峡をひたすら西に向かった。

出発してから一時間後にコーンウォリス島から突き出た小さな岬が右手に現れた。通常、岬の周りには波と同じように氷が押し寄せるので、必然的に大なり小なり乱氷帯が形成される。乱氷帯は橇を動かすのが大変なだけではなく、次のような単純な三段論法があてはまるので危険でもある。まず乱氷帯には氷と氷との間に海水面が出ている場合があり、そのような場所ではアザラシが時々、呼吸のために水面下から上がってくる。次にアザラシは北極熊が常食にしている動物である。そのため乱氷帯では腹を空《す》かせた北極熊が食事にありつこうとうろうろしている。

北極熊は地球上で最大の熊であり、悪いことに主に肉食で、腹が減って機嫌が悪いと人間を襲うこともある。彼らは間違いなく北極圏の島嶼部を旅する場合における最大のリスクだ。北極熊がいなければ北極の旅はずいぶんと楽になるだろう。銃を始めとした威嚇のための道具も必要なくなるし、何よりも行動中や就寝時に、もしかしたら熊が現れるのではないかとおどおどしなくても済むからだ。北極熊の危険性は、例えばカナダ国立公園局が発行する「北極熊の棲息域における安全確保」というパンフレットに目を通すだけでも少し分かる。

〈北極熊の行動は灰色熊《グリズリー》や黒熊のそれとは全然違います。北極熊は捕食動物で、主にアザラシを捕食しますが、一方、灰色熊や黒熊は主に植物を食べます。捕食動物として北極熊は人間や人間の幕営地を調べに来るでしょう。そして人間を食料源だと判断してしまうことも考えられるのです。〉

北極熊は北極圏の氷海に均一に棲息しているわけではない。パンフレットに書かれている通り、彼らはアザラシの肉を主食にしているので、そのアザラシが現れないような割れ目のない氷のビシッと張った海にはあまり姿を見せない。氷が張っているとアザラシは海から顔を出して呼吸できないからだ。しかし、この時私たちが歩いていたレゾリュート湾の南のバロウ海峡は、例年氷の状態が悪く、沖のほうではひどい乱氷帯となっているところが多い。そういうところではアザラシが頻繁に呼吸のために顔を出すので、必然的に北極熊の出現頻度も高くなる。

荻田は二〇〇七年にレゾリュート湾から南に向かってケンブリッジ湾という別の村を目指して歩いたことがあったが、その時はなんと十二回も北極熊と遭遇したという。一回の旅における北極熊の目撃回数としては、もしかしたら世界記録かもしれない。少なくともバロウ海峡の乱氷帯には、それだけ多くの北極熊がいることは間違いなかった。

そんなこともありバロウ海峡を移動していた間、私たちは熊に極めて敏感になっていた。目の前に現れた岬の海岸線にも複雑な乱氷ができあがっており、近づくにつれ緊張感が少し高まった。

「去年はあの氷のあたりに熊がいたんだ」と荻田が岬を指差した。

慎重に氷の背後に熊がいないか確認し、そして熊の姿が見えないことに一安心し、また次の氷の陰に注意しながら歩くといった感じで進んだ。

今回の旅では熊対策として次の四種類の装備を用意していた。

まずテントの周りに設置する赤外線センサーである。これはスキーのストックを短く切り、それに市販されている防犯用の赤外線感知式センサーをテープで巻きつけた荻田のアイデア装備だ。正確にいうとレゾリュート湾のウェインが考案し、そのアイデアを荻田が取り入れたものである。彼は出発前に新宿駅南口の東急ハンズで一個千円程度のセンサーを計五個購入していた。安価で実用的、ストックにつけているのでテントを固定するペグ代わりにもなり一石二鳥である。ただしこのシステムには問題が一つだけあり、それは荻田本人もまだ寝こみを北極熊に襲われた経験がなかったため、目論み通り作動するのかどうかよく分からないということだった。以前、氷点下四十度の環境下で犬を近づけてみたところ、きちんと作動したのでたぶん問題ないだろうというのが彼の見解だった。

カナダのアウトドア用品店ならどこでも売っているベアバンガーという、強力なロケット花火みたいなものも持っていった。ボールペンを太くしたぐらいの砲身に火薬のつまった弾をつめこみ、引き金をひいて放つというものだ。撃つと派手な音を立てながら四、五十メートル先で火薬が爆発する。熊を傷つけずに脅かして追っ払うことができるので、極地を旅する人間はみんな持ち歩いている。

もちろんベアバンガーで逃げない熊もいるので本物の銃も必要だった。熊を撃ち殺すためではなく音で脅かして追っ払うためだ。今回はショットガンを準備した。弾は散弾を百発ほど用意したが、散弾は野鳥を撃つためのもので、いざという時に熊を撃ち殺せるほどの威力はないため、大型獣を撃ち殺せる単発のスラッグ弾も五発用意した。また熊が接近した時に至近距離から吹きかける熊除《よ》けスプレーも携行した。スプレー缶にレバーがついていて、それを引くと唐辛子エキスの入ったガスが噴き出し、相手の目の粘膜などを攻撃する。しかし使った人間もダメージを受ける可能性があるため、使用時には風向きなどを考慮しなければならない。

岬を越えると氷は平らな新氷帯となり、私たちは進行方向をやや北向きに変えてバロウ海峡を西に向かって進んだ。乱氷帯がなくなると、熊が出現する心配も少なくなる。私たちは午後三時四十五分に幕営をすることに決めた。テントの周りに東急ハンズで買った赤外線センサーを五本突き刺し、さらにその周囲にスキーとストックを立ててロープを張り渡した。テントの入口の近くに橇を置き、余ったストックを二本ずつバツ印に交差させて突き刺した。いずれも万が一、熊が現れた時に近づきにくいよう、少しでも向こうの心理的な障害になるのを狙ったものだ。

　万全の対策をとりはしたものの、水平線には目立った乱氷帯の影も見えないし、行動中に熊の足跡を見ることもなかった。この場所ならさすがに北極熊が出ることもないだろうと、その日は安心してテントの中に入った。

　しかし、翌朝未明のことだった。

　寝袋の中で眠っていた私は、何やら耳慣れない電子音が鳴っていることに気がつき目が覚めた。隣で寝ている荻田のつぶやく声が聞こえた。

「熊かもしれない……」

　彼の言葉が真剣なことはその雰囲気で伝わってきた。それに暗闇と寒気が、北極熊という私にとっては未知の存在に確かな実体を与えてもいた。私は体を強張らせた。物音ひとつたてないように、外の様子に耳をそばだてた。

　何も聞こえなかった。

　引きずりこまれてしまいそうなほどの深い静寂だけが不気味にテントをつつんでいた。本当に熊なのか？　私は荻田の言葉を一瞬、疑った。狐の可能性だってあるじゃないか。すべてが夜の闇に包まれていた。空気は冷たく、ひびが入りそうなぐらい乾いていた。緊張のせいで高まる心音以外、何も音はしなかった。

　しかし、その時、荻田には何かが聞こえたらしい。

「来た！　熊だっ！」

荻田はいきなり物騒な大声を上げ始めた。

「ウオーッ！　ぶっ殺すぞっ！　こらっ！」

彼はすぐにベアバンガーを取り出すと、テントの換気孔から夜空に向けてまず二発撃ち放った。乾いた破裂音がテントの外で鳴り響いた。

何が何だか分からないまま、私もすぐに寝袋から上半身を起こして、首に巻いていたヘッドランプを頭に付けようとした。しかし情けないことに焦りのあまり手が震えてしまい、ヘッドランプの本体部分がベルトの部分から外れてしまった。慌てて本体部分をベルトに付けなおそうとしたが、暗くて何も見えない上、手が震えているのでうまくはめることができない。

私がヘッドランプに手間取っている横で、荻田は羽毛服を身に着け、寝袋の脇に置いていたショットガンをいつでも撃てるように準備し始めた。

「弾はどこ？」と荻田が言った。

暗闇の中、私は弾を入れていたザックの雨蓋の中をごそごそまさぐって、荻田に弾丸を手渡した。弾を受け取ると荻田はすぐ外に飛び出した。

外で罵声とともに銃声が二発轟《とどろ》いた。

いったい何が起きているというのだ。戦いでも始まったのだろうか？

私の焦りはいっそうつのった。なんとかヘッドランプを頭に付け、羽毛服を着こみ、テントシューズを履き、手袋をつけ、ベアバンガーと熊除けスプレーを用意して、あたふたとテントの外に飛び出した。

外に出て最初に目に飛び込んできたのは、夜空に皓々《こうこう》と輝く黄色い満月だった。しかし熊の姿がどこにあるのかよく分からなかった。辺りはまだ暗く、ヘッドランプで照らしても雪やテントや橇しか見えない。私は必死に目を凝らした。せっかくだから野生の北極熊の姿を記憶に焼き付けておきたいという気持ちもないことはなかった。

「寝こみを襲いやがって、ぶっ殺すぞ、コラッ！」

普段の穏やかな表情からは想像もできないような汚い言葉を吐きながら、荻田がゆっくりと満月のほうに歩いていくのが見えた。彼の向かう先に目を向けると、ぼんやりと白い塊のようなものが見えた。氷なのか熊なのかは暗くてよく分からなかったが、荻田も月に向かって罵声を浴びせかけているわけではないだろうから、たぶん熊なのだろう。そう考え、私もその熊らしき白い塊に向かってベアバンガーを発射した。しかし焦っていて手元が狂ったのか、熊ではなく空高くに撃ちあげてしまった。星空をバックに火薬が無意味に破裂した。

「ヘイヘイヘイヘイ！　ざけんじゃねえぞ、この野郎！」

荻田が罵詈《ばり》雑言を浴びせつつ、再び銃を一発放った。先ほどの白い塊はもうそこには見えなかった。私も熊がいたほうに歩きながら、ベアバンガーをもう一発放った。今度は地面に向かって撃ってしまい、二度、三度バウンドしてから熊がいた辺りで爆発した。荻田のようにぶっ殺すぞとかそういう言葉で罵声を浴びせたかったが、真似しているようで格好悪いので、やむなく「うおーっ！」とか「おあーっ！」とかいった意味のない大声で威嚇した。

いつの間にか熊は暗闇の中に姿を消し、どこかに逃げたようだった。私たちは熊が逃げたと思われる方向に向かって早足で歩き、途中で現れた氷を熊ではないかと多少ビビって近づいたりしながら、真っ白い氷原を二百メートルぐらい追いかけた。念には念を入れて追いこまないと、また私たちのことを食べ物と勘違いしてテントに来られてはかなわないからだ。

テントに戻ると、ロープを張っていたストックは引き倒され、周りに直径二十センチほどの丸い足跡が無数に残されていた。熊は私たちのテントから十メートルくらい離れたところで立ち止まって警戒していたらしく、足跡は同じ場所で集中的に見つかり、雪の上に鋭い前爪と雪面をなでた柔らかそうな毛の跡がしっかり残っていた。

「これは結構大きいよ」と足跡を見ながら荻田が言った。「少なくとも旭山動物園の北極熊よりは大きい」

旭山動物園には現在四頭の北極熊が飼育されており、特に雄のイワンは肉付きのよい、なかなか迫力のある体つきをしている。しかし今追っ払った熊の大きさはそのイワンを上回るのではないかと、荻田は言った。荻田によると、熊は私のほうではなく、彼が寝ているほうに近づいてきたという。赤外線センサーが鳴って目を覚ました直後、彼にはザッ、ザッという熊が雪面を歩く時に出す独特の足を擦る音が聞こえてきたらしい。そして前肢《まえあし》でテントの生地に触れ、少し揺らしたというのだ。その時、荻田と熊との間はわずかに三十センチぐらいしか離れていなかっただろう。

それにしても熊のほうも驚いたに違いない。いつも歩いている氷の上に、普段は見かけない黄色くて大きなものがあったので近づいてみたところ、突然中から大声が上がって夜空に火花が散り、あちこちで爆発が始まったのだから。

テントの中の霜がヘッドランプの光に照らされて白く輝いた。温度計を見ると気温は氷点下四十度、ひと騒動が終わり、すべてを凍らせる闇と静寂が戻って来た。まだ午前四時四十六分だった。私たちは再び寝袋の中に入って朝までもう少し眠ることにした。

だが寝袋には入ったものの、熊の出現に興奮していたのか、私はなかなか寝付けないまま朝が来るのを待っていた。そして、あれはどれぐらい時間が経った頃だったのだろうか、気がつくと耳の奥のほうでザッ、ザッという、先ほど荻田が言っていたような摩擦音が聞こえてきたのだ。

また北極熊がやってきたのだろうか？

私は外の様子に耳を澄ました。今度こそ狐じゃないのか？　胸の鼓動が高鳴った。さっきのやつだろうか……。追いこみ方が足りなかったのかもしれない。荻田にも知らせなければ。そう思い、私は大声を出そうとした。だが、どういうわけか体が金縛りにあったように声がまったく出ない。どうして声が出ないんだ！　私は寝袋の中でもがいていた。しばらく声を出そうと必死になっているうちに、ようやく体がほどけて叫び声をあげた。

「うあーっ!」

その瞬間に目が覚めた。

4

今回の旅の当初の計画では、私たちはレゾリュート湾に到着してからすぐに旅を開始するのではなく、まずレゾリュート湾の東にあるビーチェイ島という島に徒歩で行く予定にしていた。本番のキングウイリアム島までの徒歩旅行に備えて、寒さや橇引きに体を慣らしておくためである。カナダに入国してから、まずエドモントンに住む荻田の知人の家で旅の準備を進め、その間に市内の地図屋でビーチェイ島の五万分の一の地形図を用意して、島を訪れる態勢を整えておいた。しかし、インターネット上で公開されている衛星画像を見る限り、この年のビーチェイ島周辺の海氷状況はあまり良くなく、レゾリュート湾に入るかなり前の段階で、この島を訪れる計画は断念せざるを得なくなった。島の手前の氷が例年よりも発達しておらず、もし島に行くとしたら大きく迂回《うかい》しなければならなかったからだ。結局、私たちはビーチェイ島を訪れるかわりに、バフィン島のイカルイットという北極圏では比較的大きな町に寄り、町の前の大きな湾の氷上で一週間ほど移動と幕営を繰り返し耐寒訓練を行った。

訓練はイカルイットで済ませたので特に問題はなかったが、ビーチェイ島を訪れることができなかったのは私にとってはとても残念なことだった。実は訓練とは別に、私にはビーチェイ島に行ってみたい、もう一つの理由があったからだった。

実はこの島にはフランクリン隊の隊員の墓が今でも残っているのだ。

一八四五年五月十九日にロンドン近郊を出港した後、フランクリン隊のエレバス号とテラー号はスコットランドの北、オークニー諸島のストロムネス港に立ち寄り、それからアイスランドの南沖をグリーンランドに向かって進んだ。四年後に発見された金属の円筒に入った記録用紙によると、六月三十日の時点で船はグリーンランド西岸沖まで進んでいたようだ。七月四日にホエールフィッシュ諸島で輸送船から物資の補給を受けた後、バフィン湾を北上したが、その際、彼らは計三隻の捕鯨船に目撃されている。三隻のうちで最後にフランクリン隊の姿を目撃したのは、捕鯨船エンタープライズ号のロバート・マーティン船長だった。彼の報告はそれから七年が経った一八五二年一月三日の「タイムズ」紙に掲載されている。この記事によると、マーティン船長は一八四五年七月二十二日にバフィン湾北部の海上でフランクリン隊の船と遭遇し、十五分ほどエレバス号に横づけし隊長のジョン・フランクリンと次のような会話を交わしたという。

「探検隊はどのぐらいの食糧を用意しているんですか」

「五年は十分に持つ。食いのばせば七年はいける。今、鳥を仕留めるために分隊をボートで派遣しているところだ。撃ち取った肉はすでに樽に入れて塩漬けにしている。鳥はたくさんいるみたいだ」

何日かして今度はフランクリン隊の幹部六人がマーティン船長の船を訪問した。その際、彼らは今度の探検には四年から五年、長くて六年かかるかもしれないという見通しを伝えた。その翌日、フランクリン隊から船長のもとに夕食の招待状が届いたが、船長は海の氷が開き鯨を仕留める好機を迎えたため、その誘いを断った。彼の仕事は有名な祖国の探検家とワインを囲んで高価な食事をとることではなく、鯨を仕留めて革製品の混合剤やランプの燃料となる脂肪を手に入れることだった。氷山に停泊していたエレバス号とテラー号の船影が見えなくなったのは、それから二日後の七月二十九日か三十一日のことだったとされている。その後、フランクリン隊の消息を知る者はイヌイットを除き誰一人としていなくなった。

ところがそれから五年後の一八五〇年、彼らがビーチェイ島で最初の冬を越していたことが判明した。ビーチェイ島はレゾリュート湾のあるコーンウォリス島から、ウェリントン海峡を隔てて東に九十キロのところにある周囲約十三キロの小さな島だ。島の東には顕著な湾があり、彼らはどうやらそこで最初の冬を迎えたらしい。それが分かったのは、島に様々な道具、キャンプや橇の跡、貯蔵庫の基礎、金床が取り払われ木枠だけ残った炉の跡、黒い指で方向を示した高さ二・四メートルの道標といったものが残されていたからだった。

ビーチェイ島で遺留品が見つかった一八五〇年、フランクリン隊から連絡がこないことはすでに英国で大きな問題になっていた。彼らの探検はヴィクトリア朝英国という、当時、世界で最も国力のあった国家による、まぎれもなき国策事業だった。

彼らの船や設備には今日の宇宙事業と同じように時代の最先端のものが用意されていた。エレバス号（三百七十トン）とテラー号（三百四十トン）には、氷から船を守るため六メートルの鋼板が船首に張りつけられ、蒸気エンジンやスクリュープロペラが搭載されていた。わずか二十馬力のエンジンでは、たとえ海面が理想的な状態でも時速七・四キロの速さしか出なかったが、それでも当時の技術としては画期的なものだった。図書室には千二百冊もの書籍が用意され、過去の北極探検記や地理学に関する雑誌、蒸気船の取り扱い説明書、ディケンズの小説や軽い読み物雑誌が並び、船室には温水暖房まで設置されていた。同じ北極の旅といっても、私と荻田による個人旅行が〝猿岩石〟なら、彼らがやっているのはケネディ大統領のアポロ計画に近かった。そのため月面に着陸できなかったアポロ十三号に米国民がやきもきしたように、出発から何ら音沙汰もないフランクリン隊に英国民は痺《しび》れを切らしていた。

探検を主催した海軍は一八四七年から捜索隊の派遣を開始した。一八五〇年には夫の行方不明を心配するフランクリンの妻ジェーン夫人や、米国の船舶業者などが組織した捜索隊も含めて計十三隻の艦船が英米両国を出発した。船は続々とランカスター海峡に進入し、ビーチェイ島の近辺にまで達した。彼らはまず、島から海をはさんですぐ東のデボン島の岬でフランクリン隊が残したと思われるロープの切れ端や牛の骨、テントの跡などを発見し、続けてビーチェイ島でさらに重要な別の人工物を見つけることになった。その時の様子を捜索に参加した探検家は次のように書き残している。

士官や水兵がボートいっぱいに乗りこんで岸に近づいた。上陸するとヨーロッパ人が来ていたことを示す遺物がいくつか見つかった。私は今でも胸を高鳴らせながら急な坂をよじ登り、叩《たた》き壊されていたケルンを見つけた時のことを思い浮かべることができる。崩れ落ちた石、わずかに掘り返された地面、そして、ああ、そこには文書や記録などは何も残されていなかった。

（シェラルド・オズボーン『北極の日記からさまよい出た記録』）

このオズボーンという探検家の「ああ」という嘆きには、多少の説明が必要だ。まず、捜索隊が一番知りたかったのは、フランクリン隊がどこに向かったのかということだった。そのため行き先を示した記録が情報としてもっとも価値があったのだが、どういうわけか島にあった石積みのケルンからは記録類が一切見つからなかったのだ。これは非常におかしなことだった。通信手段がなかった当時の探検では、岬や丘などの目立つ場所にケルンを積み上げ、中に記録を残すのが、現代の衛星携帯電話に相当する文明世界との唯一の連絡手段だったからである。遭難して捜索隊が来る時に備えて、それまでの行程とこれからの予定をメモに残しておくことは当時の探検家の最低限の義務だった。それなのにフランクリンはその義務を怠っていた。オズボーンにはそのことが理解できなかったのだ。いったい何だって彼はメモを残さなかったというのだろう？

さらに捜索隊は衝撃的な発見を続けた。島の海岸から坂を登ったところで、地面から三つの奇妙な石が突き出しているのを見つけたのだ。発見した隊員が息を切らせて隊長のもとに駆けつけて叫んだ。船長、墓だ、墓が見つかった！　と。捜索に参加した米国人の探検家は〈その男がもたらした知らせはとてもスリリングなものだった〉と冷静に振り返っている。

> デ・ヘイブン船長、ペニー船長、フィリップス中佐、そして私は氷の上を走って近づいた。ビーチェイ島から岸に突き出した、やわらかくて荒れた坂をよじ登り、ふらふらと頂上にたどり着くと、雪と平石が広がったやせた地面の真ん中に、三つの墓石が立っていたのだ。
>
> （エライシャ・ケント・ケーン『北極浮氷帯の漂流』）

墓碑銘によると、死亡していたのは二十代から三十代前半の三人の若い水兵だった。最初の犠牲者が出たのは一八四六年一月一日で、一月四日、四月三日と、三人は比較的短い期間に連続して死亡していた。この三つの墓は残された探検家や歴史家に大きな謎を突きつけることになった。つまり、なぜこの早い段階で三人もの死者が出たのかという謎である。

英国海軍が北西航路の発見に本腰を入れて艦隊を派遣し出したのは一八一八年のことで、それ以来、彼らは多くの遠征隊を北極に派遣してきた。その過程で壊血病や寒さ、疲労、飢えなどにより犠牲者を出した探検隊もあったが、しかしその数は決して多くなかった。少なくとも十八世紀までの、より劣悪な条件のもとでの探検隊のように、数十人単位で死亡したり、行方不明になったり、ヘンリー・ハドソンのように子供とボートに置き去りにされたりするような大きな遭難は一度もなかった。だから出発して一年が経たないうちに一挙に三人が、それも続けざまに死亡する事態など想定していなかったのだ。

しかも通常なら見つかるはずのメモや文書の類も島からは一切見つからなかった。当然ながら多くの人が首をひねることになった。

フランクリン隊にいったい何が起きたのだろう。

5

外では強い風が吹き荒れていた。風は未明から強まり、テントの生地越しに唸《うな》るようなひどい音が聞こえてきた。外を見てみると視界は十メートルぐらいしかなかった。太陽がどこにあるのかも全然分からなかった。

「風向きって北風かなあ、南風かなあ」

「どっちだろう。テントを立てた時って月はどっちに出ていたっけ」

昨晩の月の位置を記憶の底から掘り起こして、風が今どの方角から吹いているのか私と荻田は意見を交わした。だがそれも無駄なことだった。

極地探検では風向きはいつも行動に大きな影響を与える。とりわけ氷点下三十度から四十度にまで気温が下がる季節は、風向きが行動できるか否かを分ける大きなポイントになることがある。同じ強さの風でも向かい風の場合は行動できないが、追い風だったら行動できることがよくあるのだ。氷点下三十度の気温で強い向かい風を受けたら、スピードは速まらない上、あっという間に鼻や頰や手足の指先が凍傷になってしまうが、追い風だったら後ろから風を受けるので逆にいつもより速く行動できることになる。

しかしこの日は少し風が強すぎた。こんな天気だったら誰だって寝袋の中でぬくぬくと一日をやり過ごしたい気分になるだろう。テントの向こうの風の音を聞きながら、私たちは行動するかどうかの決定を先送りし、まず朝食を食べることにした。食事が終わると私は羽毛服を上下とも着こみ、帽子を目深にかぶり、万全の態勢を整え、強い決意を胸に出たくもない外に出ることにした。用を足さなければならなかったからだ。風の強い日に北極でウンコをすることほど憂鬱なものはない。テントの入口をくぐった瞬間、激しく吹きつける地吹雪に、私の羽毛服の生地はばたばたと激しく揺れた。空は厚い雲に覆われ、周囲はうら寂しい灰色の世界と化していた。テントも私と同様、風に殴られて大きくへこみ、早くも風下側には雪がどっさり吹き溜まっていた。私はスコップで足元の雪面に穴を掘り、パンツを下げ、尻を風上にむけてしゃがみこんだ。その瞬間に思い知らされた。今日は出発しないほうが賢明だ……。

　気温は氷点下三十一度、尻の肉の感覚は一瞬でなくなり、大きな陶器をくっつけているみたいな感じになった。風が強いので、汚いものが衣服につかないように細心の注意を払い、後処理の拭き取りもそこそこにして、私は雪まみれになってテントの中に転がり込んで言った。

「今日は止《や》めたほうがいいようだ」

　結局、その日は行動を見合わせ停滞することにした。

　冬山登山の時などでも同じだが、停滞というのは一度決めこんだ瞬間に、その日一日は何があろうと動く気力は失われる。寝袋に入りこんだら、もうおしまいだ。まわりの氷が突然割れだすとか、機嫌が悪くてやたら巨大な北極熊が現れるとか、そういう緊急事態でも起きない限り行動を再開する気にはならない。寝袋から出ることすら限りなく避けたい事態なのだ。小便を我慢するのが限界を超えた時か、風下に雪が溜まりすぎてテントへの圧迫感が恐怖感に変わった時にだけ、不本意ながら寝袋から出て動作に移る。あとはひたすら眠るか、眠るように努力することぐらいしかやることはない。

　その日は出発してからまだ五日目だった。こんなに早い段階で停滞するのは想定外だった。ここまで三日半の行動で進んだ距離はわずかに三十八キロ少々。このペースだとジョアヘブンまでは百日以上かかることになる。出発したばかりで荷物が重く、ペースがあがらないのはしょうがないが、それでもやはり焦りはあった。というのも今回の旅で最初にして最大の難関は、実はこの時に歩いていたバロウ海峡だと考えていたからだ。バロウ海峡を縦断してラッセル島に到達するのがいつになるのかが、今回の旅の成否を分けるポイントだったのだ。

フランクリン隊のエレバス号とテラー号が百六十六年前に進入したランカスター海峡は、西に進むとレゾリュート湾あたりでバロウ海峡と名前を変え、その後も次々と名前を変えて北極海にまで続いている。

私たちが訪れた年、そのバロウ海峡の氷の状態は非常に悪かった。

レゾリュート湾に到着したのは三月十二日のことだったが、飛行機の上から見たバロウ海峡の氷には至るところに大きな割れ目が入っていた。旅に出発するまでの間、私たちは気象観測官であるウェイン・ダビッドソンの自宅や仕事場をたびたび訪問して、氷が渡れる状態にあるのかどうか意見を求めたが、彼によると、やはりレゾリュート湾の南の海域は氷が動いており非常に不安定だという。レゾリュート湾の約七十五キロ西のあたりにはルーサー島という比較的大きな島があり、その島の近くの空でウォータースカイと呼ばれる現象が観察されると、彼は言った。ウォータースカイは海の氷が割れ、水面がむき出しになった時に発生する現象で、水面に太陽光が吸収され、上空の雲が黒ずんで見える状態をいう。つまりウォータースカイは、そのすがすがしい語感とは全然異なり、海氷が危険な状態にあることを示している。

「ルーサー島の東は氷の状態が悪いよ」とウェインは言った。「この島の周りは避けたほうが無難だ。それに、ルーサー島がイヌイット語で何と呼ばれているか知っているか？」

もちろんそんなことは知るわけがなかった。

「ナヌックシオビック。北極熊の多い島という意味だ」

さらにウェインはサムスン社製のパソコンの画面に赤外線の衛星画像を出して見せた。それを見ると、バロウ海峡ではいたるところに開氷面や割れ目が発生しており、そうした不安定な氷はやはりレゾリュート湾からルーサー島付近まで続いていた。

「できたばかりの新氷が割れてしまったんだろう」

そう言ってウェインは画面の画像を指差した。画像には白い氷に黒い線が入っており、海氷にリードと呼ばれる割れ目が入っていることを示していた。

「海氷は非常に不安定だ。不意にパックリと割れる危険性がある。いつ割れるかは分からない。大丈夫だと思って鼻歌まじりで歩いていても、パーンと突然割れることもある」

ウェインはニヤッと笑った。

「それでも行くのか？」

本当にバロウ海峡を渡る気なら……と言って、彼が助言してくれたルートは次のようなものだった。

まずバロウ海峡の北側、つまりレゾリュート湾側をひたすら西に進み、北極熊に会わないことを祈りながら、ルーサー島を北側から回り込み、割れ目のない安全なところまで進む。そしてそこで南に向かって一気にバロウ海峡を縦断してしまう。つまり予定よりも大きく西に迂回しないと、バロウ海峡はとても渡れる状態ではないというわけだ。

ただそのように迂回すると、レゾリュート湾から直接南下するという当初の計画より、歩かなければならない距離が二百キロ近く増えてしまう。そのうえ赤外線画像を見ると、バロウ海峡縦断時に通過することになるルーサー島の西の海域は真っ白になっていた。それはそのあたりの海に相当ひどい乱氷帯が形成されていることを示していた。

バロウ海峡にそのような乱氷帯が形成されやすいのは、北極海にある時計回りに流れる強い渦状の海流や風の影響による。海流の力により北極海に浮かぶ巨大な多年氷や、下手をすると巨大な氷山までもが極北カナダの多島海に流れこみ、狭い海峡を氷で封じこめるのだ。北極海からバロウ海峡にかけて乱氷帯ができやすいことは、実はフランクリン隊の時代からよく知られていた。北西航路の探検の歴史とはつまるところ、この押し寄せてくる氷との格闘の歴史であると言い換えることさえできるのだ。

もちろんひどい乱氷帯ができているからといって、私たちはおめおめと日本に帰国するわけにはいかなかった。知り合いに見得を切ってきたし、レゾリュート湾までの飛行機代だってバカにならないものがあった。だからそれでも行くのか、というウェインの質問に、私たちはそれでも行くと答えるより他なかった。

ただし計画には多少の変更を迫られた。当初の計画だとレゾリュート湾からジョアヘブンまで最大五十五日を予定していたが、西に大きく迂回しなければならなくなったので、私たちは五日増やして六十日分の燃料と食糧を用意することにした。

しかしそれ以上時間がかかるようなら、バロウ海峡のどこかでレゾリュート湾に引き返すことを検討しなければならなくなるかもしれない。私たちのようなひ弱な現代人は、食糧と燃料がなければ、この氷と雪の世界では生きていけない。だから私は焦っていたのだ。こんなところで早くも停滞を強いられるとは。


幸運なことに強風は一日で止んだ。氷の不安定な海域を迂回するため、私と荻田は翌日から再びバロウ海峡の北側を西に向かって歩き始めた。私たちの目的地はレゾリュート湾から真南の方角にあるのに、しばらくはその方角からほぼ九十度ずれた方向に歩かなければならなかった。歩けば歩くほど目的地は遠ざかった。

まだ荷物が重くペースは上がらなかった。感覚としては一日に十五、六キロぐらい歩いているつもりでも、実際には十二、三キロしか進んでいなかった。バロウ海峡を西に進んでいる間は乱氷帯が現れることはほとんどなかったが、四百から五百メートルに一度ぐらいの割合で、新氷と新氷のプレートがぶつかる境目に高さ数メートルの氷脈が現れた。橇が重く氷脈を越えるのには時間がかかりひと苦労だった。そこを越えるとまたしばらくは平らな新氷が続き、そして再び氷脈が現れた。そういうパターンが何日も続いた。

出発当初は日中でも氷点下三十度以下という寒い日が続いたが、バロウ海峡を西進している最中は異常とも思えるほどの暖かい日が続いた。あまり暖かいと汗をかくし、それに雪が軟らかくなり橇を引く時の抵抗にもなる。暖かいことは良いことばかりだとはいえなかった。

今回の旅で私が行動中に着ていた服装は次のようなものだった。上半身は一番下に半袖Tシャツ、次にノルウェー製の極地用の網タイツ状の半袖Tシャツ、さらに網タイツ状の長袖Tシャツを着る。その上に中厚手の長袖フリース、さらに寒い時はフリースをもう一枚重ねた。そして一番外側には必ずゴアテックスのジャケットを着用した。下半身は、下着の上にノルウェー製の網タイツを二枚重ね着し、その上に厚手のフリースのズボンを穿《は》き、一番外側にゴアテックスのズボンを着た。羽毛服は上下とも用意していたが、行動中は暑いので休憩する時とテントの中でしか着用しなかった。頭には耳あてのついた厚い生地の帽子をかぶっていたが、暖かい日は頭の熱を逃がさないと汗がひどいので、薄手のフリースのものですませた。風が強い日は顔をおおうフェースガードとゴーグルが必要で、風がなくても雪盲になるのでサングラスは必須である。

三月二十一日、二十二日は日中の気温が氷点下二十度前後まで上がった。こう暖かくなると、歩いていると暑くて汗がだらだらと噴きこぼれてくる。極地では発汗は不快なだけではなく、体の冷えや凍傷の原因にもなる立派なリスク要因だ。それにテントの中での乾かし物が面倒になるし、ゴアテックスの上着やズボンの内側が結露で真っ白にもなる。あまりたくさん霜がつくと、テントの中で落とすのに三十分ぐらいかかってしまう。そのため氷点下二十五度以上の〝暑い日〟は汗をかくのを避けるため、フリースを二枚とも脱ぎ、網タイツのシャツの上に直接ゴアテックスの上着をはおるだけの軽装で行動することが多かった。

三月二十三日は風の強い日だった。横からの突き刺すような風の中を私たちは重い橇を引き、ひたすらルーサー島の先の氷が安定する海へと向かった。強風を避けるため、休憩中は橇の陰に身をひそめるようにして行動食を食べなければならなかった。細かな雪の粒子が地吹雪で舞い上がり、それが上着の内側に入りこんできた。顔を覆うフェースガードをふと見てみると、鼻水や行動食のチョコレート、そのほか正体不明のゲル状の物質が凍りつき、厚さ一センチぐらいの変な色の氷板がくっついていた。

氷の上には大きくて固い雪の吹き溜まりが次々と現れた。風が横向きに吹いているため、吹き溜まりは私たちの進路に対して直角に、壁になるように出来上がっていた。吹き溜まりを橇を引いて越えるたび、体力はじわじわ奪われていった。

その後も南風はおさまらず曇りがちの日が続いた。気温はさらに上昇を続け、三月二十四日には日中の気温が氷点下十八度、二十五日にいたっては朝が氷点下十五度、日中は氷点下十一度まで上がった。乾燥している冬の北極にしては珍しく、しっかりとした雪が降ることもあり、三月なのに五月のような変な天気が続いた。

空が曇っていいことなど何もなかった。視界がきかないことは北極の旅では行動が制約される大きな要因になる。一番困るのは太陽の位置が分からなくなることだ。北極では磁極が近くてコンパスの針が正確な方角を示さないため、必然的にナビゲーションは太陽の方角を基準に行うことになる。だから太陽が見えないと、どちらに進めばいいのかよく分からなくなるのだ。それに視界が悪くなると太陽が見えないだけではなく、単純に前が見えずに歩きにくくもなる。辺りが霧に覆われた時など最悪で、目の前から完全に影が失われてしまう。真っ白な雪と氷の世界から影が失われると、周囲のあらゆる物体は存在しないに等しくなった。足元の雪面の形状や凹凸、傾斜などあらゆるものが見えなくなり、吹雪で視界が失われるホワイトアウトに近い状態となる。どこかに目印となるものがないか文字通り血眼になって探すので、目の疲れもバカにならないものがあった。

その後もひたすら西に進み、私たちはバサースト島の南側に達した。

夕方、前を歩いていた荻田が、「あまり南向きに進路をとらないほうがいいかもしれない」と言った。

「現れたか？」

「そうかもしれない」

私たちが気にしていたのは、ウェインの家の赤外線画像で見た乱氷帯の存在だった。どうやら水平線の向こうに、乱氷帯の存在を示す黒い影が見え始めたらしい。私たちはまだ、赤外線画像の新氷帯のところを歩いているつもりだったが、実際にはもう目の前まで乱氷帯は迫っているらしかった。フランクリン隊の船を閉じこめたのと同じ、北極海の海流が押し出す多年氷の乱氷帯が、気がつくともう南の海に広がっていたのだ。

三月二十六日、私たちは十日間かけてようやくバロウ海峡の迂回を終え、南下ポイントと考えていた西経九十九度付近に到達した。ここから先では進行方向を九十度近く左に旋回させ、南に向かうことになる。朝の気温は氷点下十八度、異常ともいえる高温はその日も続き、私は網タイツのシャツの上にゴアテックスの上着をはおっただけで行動していた。これだけ暖かいと北極にいるというより、春の立山でも散歩している気分になってくる。

夕方小さな氷丘を越えると、雪の中に突然深くて丸い足跡が現れたので、私はギョッとした。自分の足跡かと思ったのだ。雪山で霧が立ち込め視界を失ってしまった時などに、登山者が同じところをぐるぐる回ってしまう現象はリングワンデリングといってよく知られている。私は過去にリングワンデリングを体験したことはなかったが、北極では周りに真っ白い風景しか広がっていないので、もしかしたら知らないうちにリングワンデリングしてしまっていたのではないかと焦ったのだ。

だがよく見ると、その足跡は自分のものではなく北極熊の足跡だった。足跡は軟雪の中に深く沈みこんでおり、輪郭がよく分からなかったので勘違いしたのだ。熊の足跡は別に珍しくもなんともないので、私たちはそのまま前進を続けた。それからしばらく歩くと、今度はクリーム色をした生き物が数百メートル前方の氷の陰で素早く動いているのが見えた。私はそれを人間だと再び勘違いし、なぜこんなところに人間がいるのだろうと自分の目を疑った。しかしそれは人間ではなく北極熊だった。

「熊だ！」

北極熊にまだそれほど免疫のなかった私は、そう叫び、早く迎え撃つ態勢を整えなければならないと焦った。しかし荻田は恐ろしく冷静だった。

「あ、本当だね」

「どうする。追い払うか？」

「いや、せっかくだから、もう少し近づいてみよう」

熊も私たちに気がついた様子で、こちらをちらちらと見ながら、氷の陰を行ったり来たりしていた。なめらかで素早い動きだった。

「二、三発、銃弾でもぶっ放したほうがいいんじゃないか」

「そうだね。まあ、テントを立ててからでいいんじゃない。向こうに興味があれば近づいて来るし、興味がなければテントのすぐ脇を横切って行くこともある」

そう言って荻田は十メートルぐらい先に進み、「大体、これぐらいまでは近づいて来るよ」などとのん気に説明してくれた。慣れというのは恐ろしいもので、北極熊といえども、十回も二十回も会っているうちに、どうやら友達感覚になってしまうものらしい。幸運にもその熊はどうやら人間に興味を抱かないタイプだったらしく、私たちがテントを立てているうちに姿を消した。

翌日の朝の気温も氷点下十六度と暖かかったが、上空には久しぶりに青空が広がった。私たちはこの日から本格的にバロウ海峡の南下にとりかかった。目指すはバロウ海峡を越えた先にあるラッセル島の西端グラント岬である。靄《もや》が漂うような曇天から久しぶりに解放され、私は口笛でも吹きたくなるような上機嫌で幕営地を出発した。しかしそんなピクニック気分は、出発してからすぐに吹き飛ぶことになった。

出発してから間もなくのことだった。目の前に突如、これまで見たことがないぐらい遠くまで広がる乱氷帯が姿を現したのだ。小高い氷丘に登って南のほうを眺めた時、果てしなくグサグサの氷で覆われた海に私は呆然《ほうぜん》としてしまった。

「びっしりつまっているな」と荻田が言った。「これは、思ったより大変かもしれない……」

ついに恐れていたバロウ海峡の乱氷帯が始まったのだ。グラント岬までは約百キロ。乱氷帯がなければ一週間もあれば十分に届く距離だが、目の前の氷の状態を見る限り、いつ到着できるのか想像することさえできなかった。乱氷帯は巨大な氷の壁に仕切られた迷路のようだった。中を歩いていると凍った海面から突き出した氷の陰に荻田の姿が浮かんだり消えたりした。何度も氷に行く手をさえぎられ、その度ごとに引っ張ったり、踏ん張ったりして橇を運び、一人でどうしようもない時は二人で協力して氷の上に橇を持ち上げ、向こう側にたたき落とさなければならなかった。特に状態のひどいところだと三時間で五百メートルとか、一キロしか進めなかった。

歩いているうちに南から生暖かい暖気が流入し、午後になると私たちはいつものように白くて生ぬるいガスに取り囲まれた。数日前から続いていた三月とは思えないほどの異常な高温はこの日ピークに達した。昼間の気温は氷点下二十度まで下がっていたが、暖気にまわりを取り囲まれた途端、荻田の橇のバックルにつけていた寒暖計の目盛りは壊れたように急上昇を始めた。氷点下十六度、氷点下十四度、氷点下十一度……、そして夕方にはついに氷点下九度を指した。通常よりも二十度近く気温が高くなったのだ。

「この高温だと、本当に氷が割れないか心配になってくるな」

乱氷帯の中での休憩中、私は橇に腰かけながらそう言った。あまり思い出したくはないが、レゾリュート湾で見たウェインの赤外線画像だと、私たちが今座っている場所からわずか三十キロほど東側では、たしか海氷がぱっくり口を開けていたはずだ。あのクラックは画面上ではモルタルの外壁に入ったひび割れ程度の幅しかなかったが、実際に目の前に現れたら泣きたくなるような大きさに違いない。

「この状態だとバロウ海峡を越えたら、もうレゾリュート湾には戻れない。暖かくて氷がいつ開くか分からないから。海峡を越えたら進むしかないけど、時間がなくなってたどり着けなくなるのが一番怖い」

荻田も少し不安を感じているようだった。

私たちのここまでの行程は予定よりもやや遅れていた。もしバロウ海峡の乱氷が予想以上にひどいものだと、予定の六十日ではジョアヘブンに到着することができなくなるかもしれない。だからといって一度バロウ海峡を渡り切ってしまったら、氷が緩んで割れてしまうのが怖いので引き返すことはできなくなる。最悪なのはバロウ海峡を引き返すこともできず、時間切れでジョアヘブンにたどり着くこともできないというケースだ。そうならないためにも、乱氷の状態次第ではバロウ海峡の途中で進むか戻るかの判断を迫られる可能性があった。

バロウ海峡は幅が百キロもある大きな海峡で、バフィン湾から北極海にかけて名前を変えながら、約千四百キロにわたり群島部を東西に貫通している。私たちの計画ではバロウ海峡を縦断した後、ラッセル島の西端のグラント岬をかすめて、その南にあるプリンス・オブ・ウェールズ島に上陸することにしていた。その後、島の地峡を横断して、その先のピール海峡に出る。ピール海峡までできれば二十日、どんなに遅くても三十日以内で到着することを計画続行の前提条件と考えていた。しかし乱氷の状態があまりにも悪ければ、そこまで三十日で着かない可能性も出てくる。

時間的な余裕があるわけではないのに、乱氷が現れたせいで、この日も稼げた距離はわずかに十キロに過ぎなかった。朝八時から九時間、目一杯行動したのに、それしか進んでいなかったことが分かり、私はショックを受けた。

疲労が日毎《ひごと》に蓄積し、また時間に追われていたこともあってか、私たちの口数は次第に少なくなっていった。テントの中での会話は明日の予定や、進路の確認だとか、夕食の具材に何を使うかといった必要最低限のことか、あるいはその時の願望を極度に単純化した小学生レベルのプリミティブな内容に限られるようになった。

「あー、明日の朝起きたらピール海峡に着いていないかなあ」

荻田が夢みたいな戯言《たわごと》を言った。テントの中は鍋から沸き上がる水蒸気に包まれていた。

「記憶だけは残っているの。バロウ海峡の乱氷帯は大変だったなあとか、プリンス・オブ・ウェールズ島もなめてたけどしんどかったなあ、とか話してさ。で、カリブーの肉が目の前で山盛りになっている。そしたら最高なんだけど」

荻田の願いもむなしく、翌朝も目が覚めると、私たちはまだバロウ海峡の乱氷帯のど真ん中にいた。しかも悪いことに、南に進めば進むほど乱氷の激しさは増していった。二時間ほど歩くと氷の規模は次第に大きくなり、それがびっしりと海面を埋めつくしていた。途中で小高い氷丘に登って南のほうを偵察すると、海の氷はすべて壊れ、まるで氷の墓場のようになっていた。私は思わず東京大空襲の時の凄惨なモノクロ写真を思い出した。

「驚愕《きょうがく》だな」と荻田は言った。「この乱氷帯はひでえや。普通はもう少し開いているところがあるんだが……。こんなのが百キロも続くとは思えんけど……」

私たちは頻繁に氷丘の上に登り、ルートを見つけるために偵察を繰り返した。高いところに登らないと、表面に突き出た氷のせいで先の状態が見えないのだ。乱氷帯の中には、新氷が壊れていない〝空き地〟のような平らな雪面が点在していることが多く、氷の上から偵察して、そうした〝空き地〟をうまくつなげられないかを探すのだ。もし進行方向に平らな〝空き地〟が続いていれば、むやみに乱氷帯の中を直進するより時間と労力の節約になる。だが無理矢理、進行方向とずれた方角にある〝空き地〟をつないでも逆に遠回りになって時間がかかる。乱氷の中をまっすぐ突っ切っていくか、遠回りしてでも平らな〝空き地〟を行くか、どちらが早いかを常に判断しながら進まなければならなかった。

三月二十九日は朝の気温が氷点下二十八度と、そこそこ冷えこんでくれたが、三十日は再び気温が上昇し、朝が氷点下十九度、日中は氷点下十一度まで上がった。南から弱い風が吹き、湿度が高まり、雲が発生して太陽はむなしく姿を消した。こうなると何も見えなくなるので、直進する以外にどうしようもなかった。視界がきかないので目の前に氷の丘が現れても気づかず、知らず知らずのうちに登ろうとしてしまったりする。先を歩いていた荻田が突然姿を消したこともあった。目の前の一メートルの段差に気がつかず、落っこちたのだ。

どんなに進んでも乱氷が消えることはなく、バロウ海峡はクランキーチョコレートの表面みたいに、びっしりと大小さまざまな氷で埋めつくされていた。平らな〝空き地〟がしばらく続いた時などは、毎回、ああ、今度こそ乱氷帯を越えたに違いないと淡い期待を抱くのだが、そのうち必ず再び乱氷帯が現れ、それがはかない幻想だったことを知る。そういうことが連日続いた。

レゾリュート湾を出発して五日目に強風で停滞して以来、私たちは連日百キロ近い重さの橇を引き、乱氷帯の中を必死に動き回ってきた。いい加減に疲れがたまり、風がなく天気のいい日だと、休憩中に橇の上に座っていて眠ってしまいそうになることもあった。脚の奥のほうにたまった乳酸のせいで、一歩一歩踏み出すごとに重さを感じ、立ち止まっただけで不意に眠気に襲われることもあった。

橇の重さは八十キロぐらいにまで減っていたはずだが、まだ乱氷の中を引きずりまわすには十分に重かった。事前の見通しだとバロウ海峡の乱氷帯では一日平均十三キロから十四キロほどの距離を進めると考えていたが、氷の状態が想像以上に悪かったせいで三月二十七日から三十日までの四日間は一日たった十キロしか進めなかった。

バロウ海峡には熊の足跡と乱氷以外、何もない世界がどこまでも広がっていた。南下するうちに北に見えていたバサースト島の島影も消え失せ、陸地を示す黒い影は水平線のどこにも見当たらなくなった。それは垂直の要素が排除された、どこまでも氷と雪の水平線だけが広がる苛立《いらだ》たしいほど変化のない世界だった。この単調な風景にはレゾリユート湾を出発してから数時間で飽きていたのだが、恐ろしいことに私たちはまだ四十日以上もこの雪と氷だけの世界と付き合わなくてはならないのだ。あまりにも先の行程が長すぎて、この旅に終わりがくることなんて考えることもできなかった。早く旅を終えて暖かいベッドで寝たいとか、うまいメシを食いたいという願望さえわかない。完全に非日常的な生活が日常に変わり、氷の中で過ごす時間が当たり前になった。

とはいえコカ・コーラが飲みたくなることも、たまにはあった。

「しっかし、何にもないところだな」と橇に腰かけながら私は言った。「コンビニもねえのかよ」

ウヒャヒャヒャヒャ……と荻田が私の冗談を聞いて力なく笑った。

その翌日の休憩中には、今度は荻田が突拍子もないことを叫んで私を笑わせた。

「ケンタッキーが食いてえ!」

私は爆笑した。この隔絶された環境でケンタッキーという固有名詞が出てくるあたり、もしかしたら彼はなかなかのユーモアの持ち主なのかもしれない。しかし、つい何日か前まで、彼の一番食べたいものはケンタッキーではなく、たしか吉野家の牛丼特盛だったはずだが……。

「そういや、ケンタッキーならジョアヘブンのノーザンストアになかったたっけ?」と私は言った。

「たぶんあったと思う」

「今、ケンタッキーに行ったら、すいません、百五十ピースください、とか言っちゃうんだろうな」

荻田が飛ばした冗談は、冗談でもあり本音でもあった。実際のところそれが冗談ではないほど、私たちは腹が減り始めていた。四月一日の時点における私たちの最大の夢は、ケンタッキーフライドチキンを百五十ピース食べることだった。

私たちは食糧を一日三食で重さ一キログラム、五千キロカロリーを目安に用意していた。朝は即席麵に、ペミカンという肉や野菜に火を通して脂で固めた極地食を五十グラム、それにソーセージなどの肉類や乾物などを加えたものだ。ペミカンはカナダの著名な極地探検家から、決して安くはない値段で購入した〃高級品〃で、百グラムで七百キロカロリーもあり、かつ味も非常によく作られていた。夜はアルファ米（米飯を炊いたあと一定の処理をして乾燥させた、水だけで調理できる米）やパスタをカレーやシチューで味付けし、それにペミカン、ソーセージ、乾物、バター、チーズなどを加えたものだ。出来上がると一人分で直径二十センチ、深さ十センチほどの鍋がいっぱいになり、北極以外の場所ではとても食べきれないぐらいの量になった。

昼は休憩中に食べる行動食で、ジップロックに一日分五百グラムごとに分けていた。中にはカロリーメイト、ビスケット、ナッツ、ドライフルーツ、あめ玉などが入っていたが、一番の目玉は何といってもサラダ油とゴマ、それにきな粉を加えた荻田特製のチョコレートだった。

レゾリュート湾を出発してからしばらくは、まだ体に余分な脂肪が残っていたせいか、私には規定量通りの食糧を食べるのがしんどいぐらいだった。それに荻田特製のチョコレートは、私にいわせれば、あまりいい出来だとは思えなかった。一日の行動が終わり、テントの中に入ると、いつも行動食のジップロックの中にはチョコの塊が残っていた。寒さのせいでチョコレートというよりも煉瓦《れんが》のブロックのように固くなり、無理して食べようとすると歯が折れるのではないかと少し怖くなるほどだった。荻田は北極に来る時は必ず、この固い物体を食べているのだという。

「そのうち疲れてくると、このチョコがうまくなるんだ」

荻田はことあるごとにそう言っていた。

「最後のほうはいつも、日本に帰ったらこのチョコをたくさん作って食いまくってやろうと思うんだよね。信じられないだろうけど」

私には彼の話が信じられなかった。たぶん彼とは味覚が合わないのだろう。もしかすると顎《あご》や歯の強さが違うのかもしれない。そもそも私はチョコが嫌いなのだ。最初のうちはそう思っていた。

しかし出発してからしばらく経つと、彼が言ったとおり、私にも確かにそのチョコがおいしく感じられるようになってきた。疲労が蓄積し、荻田の話が現実のものとなりつつあったのだ。そして驚くことに二週間も経つと、休憩の時にジップロックをあけて最初に食べるのは、このチョコになっていた。相変わらず固くて食べにくかったが、ビーバーのように前歯でがりがり削ると、何ともいえないとろりとした上質な甘みが口の中に広がった。そして出発してから二十日ぐらいが経った頃だろうか、荻田が御託宣を述べるように言った。

「ついにこのチョコが一番うまくなった。体が本当に消耗している証拠だ」

夕食も次第に規定量では足りなくなり、いつの間にか私は大きな鍋に一杯になった、表面に脂の膜が浮かんだカレーやシチューを何の痛痒《つうよう》もなく食べられるようになってい た。荻田は夕食を食べ終わった瞬間に、あー腹が減ったとつぶやくようになった。その冗談に最初は噴き出したものだが、何日か後にそれが冗談ではなかったことがよく分かった。いつの間にか私も、夕食を食べ終わった瞬間に腹が減ったと感じるようになっていたのである。

6

乱氷帯に突入して五日目になると、ようやく氷の状態も落ち着き出した。それまで一日に十キロしか進めなかったが、三月三十一日は十三キロ、四月一日は十二キロと、それまでよりも少しずつ距離を延ばすことができるようになっていった。ラッセル島のグラント岬までは残り四十四キロとなった。どうやらついに乱氷帯が終わるあたりにさしかかってきたらしい。そんな希望的な見通しが徐々に現実的なものに感じられ始めていた。

バロウ海峡を早く渡り終えたかったのは、進行が遅れて食糧や燃料が尽きる心配があったことの他に、春のような高温が続いていたせいで、足元の氷が突然、割れるのではないかという不安があったからでもあった。

「今日は新月か……」

その日の幕営地を決める時、珍しく荻田が月の様子を気にかけていた。一緒にいるのは私なので、別にロマンチックな気分になったわけではないだろう。そうではなく、彼が月のことを気にしていたのは、海の氷の上では月の満ち欠けが命を脅かす要因になるかもしれないからだった。

「新月の時は潮汐《ちょうせき》の関係で氷が動くから、平らな氷の上でキャンプをしたほうがいいかもしれない。乱氷の上だと氷が割れる可能性があるし」

「新月の時にはすでに、バロウ海峡を渡り終えているはずだったんだけどなぁ」

ラッセル島までは四十四キロ。つまり私たちはこの時点で、距離にして少なくとも四十四キロ分、事前の想定より遅れていたことになる。

荻田が気味の悪いことを口にした。

「去年の四月十六日の衛星画像を見ると、このあたりの氷はぱっくり割れていたんだよね。あの写真見てから、おれ、怖くてさ……」

「おれも見たよ、あの写真」

「見た？　今のレゾリュート付近の海氷状況は分からないけど、あっちの氷が割れたら終わりだぞ。その場合はこの辺の氷も一気に流れ出すだろうから」

「もし氷が割れたら……」。私は思わず自分の弁当箱みたいな形をした橇を見つめた。

「これで海を渡るしかないのか……」

その夜、寝袋に入って寝ていると時々、ズズズ……、ズズッ、ズズズズズ……という不気味な音が断続的に聞こえてきた。最初はまた熊が来たのかと思ったが、そうではなく、どこかで私たちのいる氷が動いて軋《きし》んでいるのだ。テントの下で氷が軋む音を聞きながら眠る気分は、正直言ってあまりいいものではなかった。

翌日の朝の気温は氷点下十九度と相変わらずの高温が続いた。早くバロウ海峡を渡って、少なくとも氷が割れる不安から解放されたかった。こんな高温が続くようでは、本当に氷が割れるのではないかと心配になってくる。私たちは先を急いだ。前日から乱氷の間に平らな〝空き地〟が続くことが多くなり、これまでよりもさらに距離を稼げるようになってきた。どうやら、もうひどい乱氷帯は終わったようだ。あとはできるだけ早くこの不安定な海峡を渡り切ってしまうことだ。そう思いながら先を急いだ。

しかし正午頃のことだった。目の前に突然、これまで見たことがないような大きさの氷脈が立ち塞がったのだ。

その大きな氷脈が東西に長く連なっているのは何百メートルも手前から見えていた。最初はいつも現れるのと同じ規模の氷脈に見えた。しかし足元の雪面が段々と上り坂になっていくので、どうもおかしいなと思いながら私は近づいていった。そして近づいていくうちに、上り坂になっている理由が分かってきた。どうやら氷脈があまりに巨大なために、周りの氷が地面ごと山脈のように盛り上がっているようなのだ。上り坂を登りきって氷脈の前に立った時、私は一個一個の氷の大きさに圧倒された。氷脈は一辺が五、六メートルはありそうな青い多面体が無造作に積み重なってできていた。氷一個の重さが果たして何十トン、あるいは何百トンになるのか想像もつかなかった。

「完璧なパックアイスだな」と荻田が言った。

氷脈はその年に凍った新氷が割れて積み上がったものではなく、北極海を何年も漂った多年氷が流されてきて、潮やら風やらの圧力で盛り上がり、そして冬に凍結したものだった。

ピアリーの乱氷みたいだな、と私は思った。北極点に初到達したとされる米国の探検家ロバート・ピアリーの著書『北極点』には、隊員たちが協力し合って巨大な乱氷の上に橇を押し上げる印象的な写真がある。目の前に現れた氷脈はその写真の乱氷と変わらないほどの大きさだった。一人ではとても橇を持ち上げることはできないので、荻田に後ろから押してもらい、私たちは二人で協力して氷脈を越えた。一つの氷を越えて、その先の窪《くぼ》みに橇を突き落とし、さらに次の氷の上に持ち上げ……ということを繰り返し、一時間以上かけてなんとか私たちはこの巨大な氷脈を越えた。

氷脈の上から目指すラッセル島のほうを眺めると、再び平らな雪原が続いていた。その光景を見て、この氷脈はきっと何かの間違いでできたのだろう、と私はひとまず安心した。そして氷脈から下り立ち、その平らな雪原を再び歩き始めた。

しかし一時間ほど歩くと、再び似たような巨大な氷脈が前方に見えてきた。そして同じように上り坂が現れ、それを登ると、その先に山のような巨大な氷脈が現れたのだ。私たちは先ほどの氷脈と同じように二人で一台の橇を持ち上げ、氷の壁から橇をたたき落とし、三十分ほどかけてその氷脈を越えた。

それにしても一体どうしたというのだろう。明らかに海にはそれまでと異なる不穏な兆候が現れていた。見たこともない巨大な氷脈が二回も続くと、さすがに不安を抑えることができなかった。私たちが感じていたのは、この巨大な氷が一度越えたらひとまず終わる氷脈ではなく、一面に広がる乱氷帯として自分たちの前に立ち塞がったら、果たして越えることができるのだろうかという不安だった。

風もない青空の中を太陽だけがぎらぎらと照りつけていた。私たちは先を急いだ。この雪原がラッセル島まで続いているように。そう祈るような気持ちで先を進んだ。だが、その願いもむなしく、周囲には次第に巨大氷の乱氷が現れ始めた。

乱氷は私たちを取り囲むようにしながら、その密度を徐々に増していった。進めば進むほど周りの氷のブロックは巨大になり、氷同士の間隔も密になっていった。そのうち乱氷には隙間がなくなり、高さ十メートル近くに達する山があちこちに現れ始めた。

私たちが歩いていた雪原は完全にまっ平らだった。だが、周りは進入すら不可能にしか見えない巨大氷の乱氷帯に取り囲まれていた。まっ平らな雪原と通過不能にしか見えない乱氷。両者の間には明確な境界線ができており、その内側と外側では完璧な断絶が見られた。私の周りには地球上で最も驚異的な光景の一つが広がっていた。ピラミッドみたいな山もあれば、巨大な氷が不安定そうに乗り上げているのや、倒壊したビルディングみたいな氷もあった。その乱氷帯には、中に足を踏み入れる必要さえなければ、一生に一度は見ておいたほうがいいと思えるほどの迫力があった。

先に進むに従い、私たちの歩いていた雪原は、さっきまであんなに広かったのに、じわじわ狭まっていき、周囲の乱氷は私たちを圧迫するようにどんどん近づいてきた。もしこの乱氷に完全に行く手を塞がれたら、どうやって越えたらいいのだろう。外から見る限りこの乱氷を越えることは不可能にしか見えなかった。

「レベル五の乱氷だな」

荻田が言った。最悪の乱氷という意味らしい。だが彼もそのレベル五とやらの乱氷を見たのは、これが初めてだという。

惨状をきたした乱氷の中を、真っ白な雪原が細い道となり、かろうじてラッセル島の方角に向かって続いていた。なんとか雪原が消えないようにと心の中で祈りながら、私たちは南に進んだ。しかし、先ほどの不安が的中することは、もはや避けられそうになかった。雪原は三車線の道路が二車線に、二車線が一車線に変わるように次第に狭まっていき、そしてついに森の小径《こみち》のようにか細くなってしまった。そして最後は恐れていたレベル五とやらの乱氷に吸収されてしまったのだ。

もはやこの絶望的な乱氷に突入するより他に選択肢はなかった。

私たちは覚悟を決め、スキーを脱ぎ、ストックを外して、橇を引いて乱氷に向かって前進することにした。すぐに垂直の氷の壁が現れたが、乗り越えるより他にどうしようもなかった。私は氷の壁の上に登ると、獣のような雄叫《おたけ》びをあげて橇のロープを引っ張り、全力で氷の上に持ち上げた。引き上げると、橇は壁の上にある氷と氷の間の窪みに落っこちてしまった。それを再び全力で持ち上げ、デコボコとなった氷の上を運んで向こう側にたたき落とした。そうやって大変な苦労をして、なんとか少し先にある二十メートル四方の〝空き地〟まで橇を運んだ。普通に歩けば十秒で着く距離だったが、二時間もかかってしまった。

私たちは近くにある氷の丘に登り、ラッセル島のほうを眺めた。丘の向こうの光景を見た時、私も荻田もそのあまりの光景に息が詰まりそうになった。

そこに広がっていたのは信じられないほどの大混乱だった。海は巨大氷でどこまでもぎっしり埋め尽くされていた。

「なんだありゃ。軍艦島みたいのが見えるぞ」

何キロか先に高さ二、三十メートルはありそうな島のような氷山が、確認できるだけでも二つ、巨大氷の乱氷帯の中に浮かんでいた。ああいう巨大なものが、いったいどこから、どのような力で運ばれてきたのだろうか。あまりにも現実離れした光景に言葉を失った。

「あり得ない。まるでクロッカーランドだ」と荻田が言った。

北極点に初到達したピアリーは北極海に在りもしない島を発見し、クロッカーランドと名付けた。彼は私たちが今見ているような氷山を遠くから見て、島だと勘違いしたに違いない。

「それにしてもでかいな。誰か人でも住んでいるんじゃないか?」

精一杯、冗談を言ってみたつもりだったが、荻田はくすりともしなかった。

はるか南の水平線に筆でさっとなでたように薄い島影が見えた。バロウ海峡の終わりを示すラッセル島だった。そこまで行けば長かった乱氷帯はついに終わる。だが、その島影を見ても私たちからはため息しか出なかった。

どこまで続くか分からない、この混乱の極みにある氷海をこれから突破しなければならないのだ。うんざりするような話だった。もう十分だった。もう一生分、乱氷を体験したつもりになっていた。乱氷ってこういうものなんだよ、と人に話せるぐらいのものは見た気がしていたし、レベル五までは求めていなかったのだが……。

ラッセル島まであとわずか三十キロとなったが、その三十キロは果てしなく遠かった。

この日の夜、私はひどい気分で日記に次のような一文を書いた。

〈ラッセル島は見えた。だがこの光景を見ると、本当に島までたどり着けるのか疑問に思わざるを得ない。〉

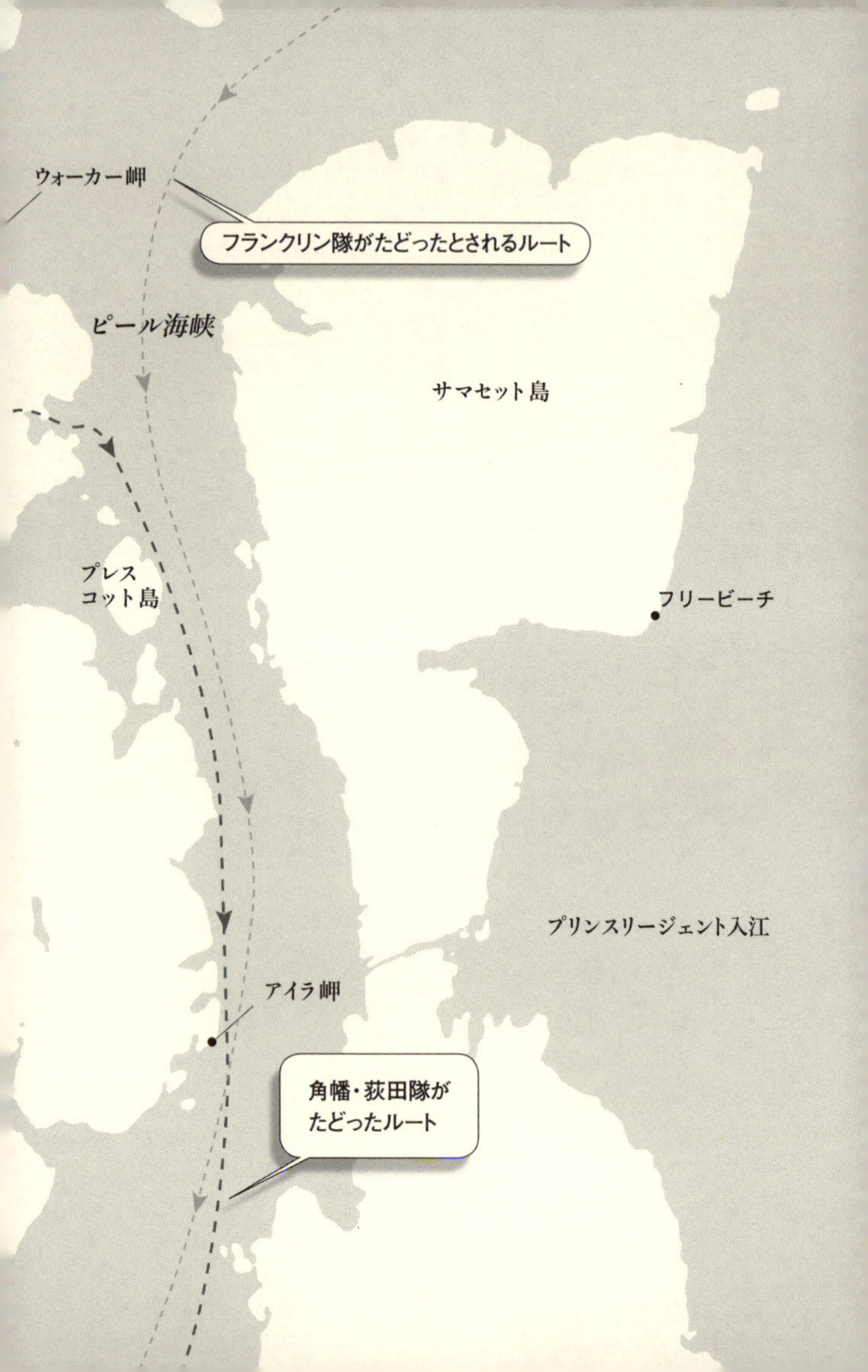
ウォーカー岬
フランクリン隊がたどったとされるルート
ピール海峡
サマセット島
プレス
コット島
フリービーチ
プリンスリージェント入江
アイラ岬
角幡・荻田隊が
たどったルート

第二章

ピール海峡

——未知の回廊

1

西陽《にしび》が激しく乱氷を照らしていた。

ひどい乱氷帯に突入してから四時間ほど氷と格闘したが、私たちが進めた距離はわずかに二百メートルに過ぎなかった。これまでいろんなところを探検してきたが、単位時間あたりの移動距離としては、この時がそれまでの私のワーストに違いなかった。

夕方から急に冷えこみが厳しくなり、足の指先の感覚がなくなった。私は氷の合間で立ち止まり、必死に足先を動かして血行を取り戻そうとした。靴の内側が汗で濡れ、それが凍ってしまい靴の保温力が低下しているのだろう。目的地のジョアヘブンまではまだずいぶんと距離がある。こんな前半部分で凍傷を負ってしまったら、この先の旅は続けられない。凍傷にだけはかからないように気をつけなければならなかったが、その日はテントの中に入るまで足の感覚は戻らなかった。

時刻はすでに午後八時に差し掛かっていた。いい加減疲れたので、無造作に氷の積み上がった丘の合間にテントを立てて幕営することにした。

「ウェインの赤外線画像だとハミルトン島の西側は真っ白になっていた。すごい乱氷になっているなと思ったけど、ここがそうなんじゃないかな」

テントの中で荻田が地図を広げた。ハミルトン島とはその日の幕営地から数キロほど東に浮かんでいる小さな島だ。荻田の分析によると、この日に入り込んでしまった最悪の乱氷帯は、北極海から流れてきた多年氷が、そのちっぽけな島の西側の浅瀬でスタックしてできたものではないかという。

「でもずっとは続かないと思う。長くても十キロで終わるはずだ」

「十キロあったら三日はかかるな」

「……なんとか二日で終わらせないと」

「こんなひどい乱氷は今まで経験ある？」

「何キロか閉じ込められたことはあるけど、こんなに長い間乱氷が続くのは初めてだ。こんなに、何日間もね」

翌四月三日の朝の気温は氷点下二十五度にまで冷えこんだ。ここしばらくは春のような暖かい湿った天気が続いていたが、ようやく北極らしい冷えこみが戻ってきた。テントをたたみ、私たちはこの日も重い橇と体をロープで連結し、ギリシア神話に出てくるシシュフォスのように、巨大な多年氷で埋め尽くされた海の前進にとりかかった。

ハミルトン島の乱氷帯がそれまでの乱氷帯より大変だったのは、一つ一つの氷が大きいということだけが原因ではなかった。それよりもむしろ、その大きな氷がそれまでよりも密集して突き出しているところに、大変であることの本当の理由はあった。

それまでの乱氷帯には、いくら氷が大きくても、氷同士の隙間に橇を滑りこませるだけのスペースがあった。だが、ハミルトン島の乱氷帯では足を踏み入れる隙間がないほどびっしりと大きな氷がつまっているのだ。遠くから見ると歩けそうな平らな雪面もあるにはあるのだが、そこまで足を運んでみると実際には数十センチ級の氷が河原みたいにデコボコと広がっていて、その中で橇を引くのはこれまでの乱氷帯で一番大変だった部分を進むのと同じぐらいに苦労した。しかもそうしたデコボコを五十メートルも進むと再び壁のような氷の山に突き当たり、そのたびに二人で協力して橇を持ち上げ、壁の向こう側にたたき落とさなければならなかった。そして壁を越えたと思ったら、次の壁が現れる。ひどい所では一時間に五十メートルぐらいしか進めないのだ。

途中、大きな氷丘を突破しようとした時、橇が氷の壁と壁の間の窪地にはまりこんでしまったことがあった。一度橇が氷の中にはまると、それを動かすことは容易ではない。どんなに氷の山を越えても、最悪の乱氷帯に終わりが見えてきそうな気配は一向にない。そのことを思った時、私は呆然とし、思わず手を休めて氷の上に腰を下ろしてしまった。そしてもしかしたら無理なのではないかという思いが、ふと胸をよぎった。

この状態が続けば、どう頑張っても一日に一キロか二キロしか進めない。このひどい乱氷帯を抜けるのにいったい何日かかるのだろう。本当に時間切れでジョアヘブンまでたどり着けないかもしれない。そんなことになるのなら、レゾリュート湾に引き返すことを考えてもいいのではないか……。

敗退の二文字が一瞬、頭をかすめた。しかし、いくらなんでも再びバロウ海峡の乱氷帯を渡り、レゾリュート湾まで戻るというのは現実的ではなかった。それにこれ以上季節が進むと、不安定だった海氷が緩んで開いてしまうかもしれない。そのことへの怖さもあった。私たちには衛星携帯電話があったので、最悪の場合はピックアップを要請するという手段を取れないこともなかったが、救援の要請というのは、そのままだと死が不可避であるという最悪の状況にのみ許される選択肢だ。それは別にルールではなく、冒険者に課せられた倫理のようなものだといっていい。もし敗退するとしても、冒険者は必ず自力でどこかにたどり着くことを考えなくてはならない。だとすると、結局のところ私たちには前進するしか残された道はない、ということになる。

何度も氷の丘を越えるうちに、私たちが〝軍艦島〟と呼んでいた氷山が、すぐ間近に迫っていた。目測で高さ三十メートル、幅は百メートル以上ありそうだった。北極海にはグリーンランドの氷河などが崩れてできた氷山が漂っている。そのうちの一つがバロウ海峡に迷いこみ、私たちの目の前の浅瀬に乗り上げたのだろう。水平線の果てにはスフィンクスのような形をした、別の氷山もあった。水平線は、普通の水平線とは違って直線ではなく、乱氷のせいで凹凸になっていた。いくつもの氷山や氷丘が複雑に組み合わさり驚異的な光景を作り上げていた。

うんざりした気分だった。それに疲れてもいた。せめて、あとどのぐらい進めばこの乱氷帯が終わるのか、それが少しでも分かれば気持ちに張り合いというものも生まれてくるのだが。私は近くにあった氷丘に登って遠くを見渡した。その日何度目になるか分からない偵察だった。

何度見ても、どうせ周りには足の踏み場もない乱氷帯が広がっているだけに違いない……。

そのようにあきらめまじりで私はラッセル島がある南の方角に目を向けた。しかし、よく観察してみると、〝軍艦島〟とは別の、そのスフィンクスのような形をした氷山の左の奥に、氷が開けた白い雪面が続いているように見えなくもないところがあった。目を凝らせば凝らすほど、そこは今までと違い、普通に歩けるぐらいの平らな雪面が続いているようだった。そしてその先の水平線もそれまでと違って、普通の水平線と同じように真《ま》っ直《す》ぐな線でできているように見えたのだ。

もしかしたら、あそこでこの激しい乱氷は切れているのかもしれない。あの雪面がこの乱氷帯の出口なのではないか？

そこに行くまでにはまだ、いくつもの氷の壁を乗り越えなければならなそうだったが、私たちはワラにもすがる思いで、その雪面に賭けてみることにした。氷の壁を乗り越え、橇を向こう側にたたき落とし、私たちはその平らな雪面を目指し、ひどいデコボコの氷を越えた。近づけば近づくほど、確かにその雪面にはそれまでのような激しい乱氷がないようだった。無数の氷の障害を乗り越え、何度も右往左往し、私たちは乱氷の切れ目を目指した。

その雪面にたどり着いた頃には、すでに日は傾き始めていた。そこには思った通りの平らな雪面が続いていた。いや正確にいうと、そこは平らな雪面などではなく、これまで通りの平坦な雪面と乱氷の丘が交互に現れる、いつもの乱氷帯に変わっただけだった。しかしこの時の私たちからしてみたら、これまで通りの普通の乱氷帯など〝平らな雪面〟と呼ばれるのに相応《ふさわ》しいものだった。

私たちは、ようやく巨大な多年氷がスタックするハミルトン島の浅瀬を越えたのだ。この最悪の乱氷は永久に終わらないのではないかという不安がとりあえず取り除かれ、二人の間から重苦しい雰囲気が消え去った。

「やったな！」

先を進んでいた荻田に追いつくと、私は嬉《うれ》しくなって声をあげた。

「あの乱氷を越えられて、本当に良かったわ」

「天気がよかったから助かったな。これで視界がなかったら、俺たち、死んでたぜ」

私たちはそれからもその日の遅れを取り戻そうと必死に南にスキーを滑らせた。進めた距離はわずかに六・九キロ。その日は今回の旅の全行程を通じて一番距離の稼げなかった日となったが、テントの中の雰囲気は決して悪いものではなかった。

ラッセル島が近づくにつれて今度は猛烈な寒さが再びぶり返してきた。ハミルトン島の乱氷帯を抜けた翌日の四月四日は、朝の気温こそ氷点下二十六度だったものの、夜は氷点下三十五度にまで冷えこんだ。その翌日の五日も氷点下三十度と寒い日となった。日中の気温が氷点下三十度ぐらいにまで下がると、足先は完全に冷えてしまい、歩いていて体が温まっても感覚はほとんど戻らなかった。私にとっては足の凍傷が何よりも怖かったので、テントの中では必ず血行を良くする軟膏《なんこう》を塗りこんだ。それだけではなく、末端の血管を拡張するための錠剤を飲むことも増えていった。

足の凍傷に加えてもう一つ、私は体に困ったトラブルを抱えていた。

そのトラブルが始まったのは、レゾリュート湾を出発してから三日とか四日とか、せいぜいそれぐらいの日数しか経過していなかった頃のことだった。上唇の先端にわずかな腫れと独特のむずがゆさを感じたのだ。そしてすぐに口唇ヘルペスを発症したことが分かり、弱ったなと思った。発症したこと自体はそれほど困ったことではなかったが、薬がないのでそのうち困ったことになるだろうと思ったのである。日本でも私はしばしば、疲れた時やストレスのたまった時に口唇ヘルペスが出る。薬を塗れば間もなく治るのだが、今回はまさか北極で発症するとは思いもしなかったので、私はヘルペスの治療薬を旅の医薬品セットに入れず、自宅の台所の物入れに置きっぱなしにしてきてしまったのだ。

寒さや疲労、それに空腹が重なって体力が落ちてきていたのだろう。口唇ヘルペスの症状は次第に悪化し、いつの間にか上唇の真ん中の水泡が巨大化し、不気味に腫れ上がっていた。じんじんとした掻痒感《そうようかん》と、触っただけでもそれと分かる見た目の気持ち悪さが大きな憂鬱となっていった。その後も症状は一向に改善する気配はなく、じゅくじゅくと腫れ上がった唇は疲労と空腹と並ぶ、北極探検における私の最大のストレスになっていった。

ハミルトン島の激しい乱氷を越えた後も、まだまだ私たちの周りには乱雑な氷の山がうずたかく積みあがっていた。乱氷の間にたまった新雪には至る所に北極熊の足跡がついていた。レゾリュート湾を出発してから北極熊の姿を見かけたのは二度に過ぎなかったが、足跡はそれこそ毎日無数に見かけた。姿を見かけないといっても、それは私たちが熊の姿に気がついていないだけで、雪面に残された足跡の数を考えると、向こうが私たちのことに気がつき、いつの間にか氷の陰に姿を消しているのは間違いなかった。すべての北極熊が、人間を見つけたら食料だと思って近づいて来るような凶暴な動物であるわけではない。多くの熊は、私たち人間と同じように慎重で臆病な動物なのだ。ただし、もちろん中には大胆なやつもいて、長い間旅をしていると、そういう熊と鉢合わせすることもあった。

四月五日、テントをたたんで出発してから一時間後のことだった。氷丘に登って先の氷の状態を偵察していると、後ろから、熊だ！　という荻田の大きな声が聞こえた。彼の指差すほうに目を向けると、六、七十メートル先の大きな氷の陰で、クリーム色をした獣が悠然と首を上げ下げしているのが見えた。私は慌てて後ろに置きっぱなしにしていた橇に戻り、羽毛服を着て、荷物を解き、ショットガンの銃口に雪が詰まっていないか調べた。雪が詰まっていると銃が暴発してしまう可能性があるからだ。それから四発の散弾を銃に装塡し、いざとなったら射殺できるようにスラッグ弾もウエストポーチに用意した。ベアバンガーと熊除けスプレーも、いつでも取り出せるところにしまった。

「ちょっと見張ってて」

荻田はそう言うと雪の上に三脚を立て、ビデオ撮影の準備をし始めた。

熊は私たちに気がつくと、流れるような動作でこちらに近づいてきた。かつての捕鯨船の乗組員は北極熊のことを、そのゆったりとした動きから〝農夫〟と呼んだという。確かに動きはゆったりしているものの、しかし一歩一歩の幅が大きいので、歩く速度は見た目の印象以上に速い。熊はあっという間に私たちから四十メートルぐらいのところまで近づくと、突然立ち止まり、ピタリと動きを止めて、表情を変えずにこちらの様子をじっとうかがい始めた。

荻田はビデオ撮影の準備を進めたが、寒さのために機械がうまく作動しないようで苦戦していた。熊は十秒ほど動きを止めた後、再び私たちのほうに無駄のない動きで近づいてきた。動作は悠然としていたが、私たちとの距離はみるみる縮まった。その速さは、もしそのまま止まらずに近寄って来たら、銃を発射する準備が間に合わないのではないかと不安になるぐらい、スピードがあった。

私はたまらなくなってベアバンガーを一発発射した。弾がヒューッと音を立てて飛び出し、熊の目の前で赤い閃光《せんこう》と共に大きな破裂音があがった。効果はてきめんで、熊は驚いて飛び跳ねた後、踵《きびす》を返してこちらのほうを用心しながら七、八歩向こうに逃げ出した。そして氷の窪みにしゃがんだかと思うと、ペタッと張りつくようにして、そのまま雪の上にうつ伏せになった。そこからしばらくの間動かず、ずいぶんリラックスした様子で、時々、顔をあげて私たちの様子をうかがったり、前肢で顔をまさぐったりし始めた。

「メスの熊かもしれない。表情が柔らかいね」

荻田はすでに撮影の準備を完了し、ビデオカメラを覗《のぞ》きこんでいた。

北極熊は白熊とも呼ばれるが、実際のところは茶色がかったクリーム色だ。保護色としての機能はほとんどなさそうで、真っ白な雪の中にいると遠くからでも見分けられる。体毛は断熱効果の高い中空構造になっており、色は白ではなく無色透明で太陽光が透過して皮膚で蓄熱しやすくなっている。体がクリーム色に見えるのは体毛に光が当たって屈折するからだという。

「いいねえ、この熊いいよお。全然逃げない」

荻田は嬉しそうに声をあげながら撮影を続けた。北極熊は肉食で凶暴な獣というイメージが定着しているが、性格は内向的で灰色熊に比べて攻撃的ではないという。確かに北極の探検記の中には北極熊を食べた人間の話ならいくらでも出てくるが、北極熊に食べられた人間の話というのは読んだ記憶がない（もしかすると食べられたから本を書けなかっただけかもしれないが)。ただ、そうした予備知識があっても、この熊が特別に凶暴な個体である可能性を消せるほど私には北極熊に対する免疫がなかったので、片時も目を離さずにベアバンガーを構えていた。遠くから見ると動物園で見るような愛くるしい顔をしているが、その腕には黒目がちな眼からは想像もできないほどの強いパワーが秘められているに違いない。それに自然の熊は寒さから身を守るため脂肪をたっぷり身にまとっており、動物園の熊より一回りも二回りも大きく迫力があった。

私たちはそのまま観察を続けたが、熊には移動する気配がないし、荻田からも撮影をやめる気配は感じられなかった。三十分も経つと、私には喧嘩《けんか》両成敗がその場の判定としてふさわしいもののように思えてきた。もしかしたら荻田は撮影に夢中で忘れてしまっているのかもしれないが、気温は氷点下三十度を下回っているのだ。私は体が冷えてきたし、いい加減熊を見るのにも飽きてきた。動物園でも三十分以上、檻《おり》の前で熊を見る人は少ないはずだ。

「おい、そろそろ追っ払おうぜ」

私が声をかけると、荻田はそうだねと少し残念そうな声で相槌《あいづち》を打った。撮影をやめて、私からショットガンを奪うようにして手に取ると、例の罵声を浴びせながら銃の引き金を引いた。

熊はあまりにもリラックスしていたせいか、最初は荻田が放った銃声に気がつかず、気持ちよさそうにゴロゴロと横になったままだった。しかし二発目を撃つと、身の回りで何か大変な事が起きていることに気づいたらしく、はっと首をもたげて慌てて辺りをうかがい始めた。続けて私がベアバンガーを撃ち放つと、目の前で閃光と爆発音が響いたことに驚き、ようやく重い腰を上げてあたふたと遁走《とんそう》を開始した。私は荻田からショットガンを受け取ると、数百メートルにわたって熊を追っかけ、大声を出しながら銃を撃ち鳴らして威嚇した。熊は時折こちらを振り返りながら、乱氷の中を例の素早い動きで滑るように走り去った。

それから行進を再開して一時間ほどが経った頃、おそらく先ほどのと同じ熊が遠くの乱氷の合間に姿を見せた。しかし私たちのことを確認すると、またこっぴどく怒られると思ったのか、すぐに再び乱氷の向こうに走って消えた。

長かった乱氷帯に終わりが来たのも、その日のことだった。

夕方、私たちの前に再び高さ十メートル以上はありそうな城塞みたいな巨大な氷丘が現れた。地図でラッセル島が目と鼻の先にあることは分かっていたが、ハミルトン島の時と同じように、ラッセル島の海岸にも氷が押し寄せスタックしている可能性がないとはいえなかった。それだけにその巨大な氷丘を見た時、再び時速数十メートルでしか進めないような激しい乱氷が続いているのではないかと思い、私はその先を確かめるのが怖かった。

橇を氷丘の手前に止めると、スキーを脱いで氷丘に登った。そして頂上からラッセル島のほうを見渡した時、思わず、おいおいマジかよ！　と叫んでしまった。危惧した通り、氷丘の向こうには再び悲惨な乱氷が隙間なく広がっていたのだ。

しかしそれは私の早合点だった。落ち着いてよく見渡してみると、数百メートルほど左のほうに、乱氷の消えた平らな雪面が島のほうまで続いているのが見えた。

「おい、あそこの氷の薄いところ、あれ、島の海岸まで続いているんじゃないか」

私はその雪面のほうを指差した。

「本当だ」

荻田も声を上げ、彼はラッセル島のほうを指差した。

「あの黒い氷！　あれは島の海岸に打ち上げている氷の影に間違いない」

その雪面を行けば、うまい具合に荻田の指差すラッセル島の海岸線まで苦もなく到着できそうだった。雪面までは一時間か二時間ほど乱氷と格闘しなければならなそうだったが、そんな苦労は乱氷帯が終わるという喜びに比べれば、もはや存在しないに等しかった。ようやくバロウ海峡の乱氷帯のゴールが見えたのだ。ラッセル島は今や目の前にあり、氷丘の上からでも細かな尾根や谷の様子がはっきりと見分けられた。

島に間もなく到着すると分かった時、旅はまだ始まったばかりなのに、私の胸にはゴールを迎えたかのような妙な感動がこみ上げてきた。結局バロウ海峡では、南下を始めてからラッセル島に至るまで、約百キロにわたる乱氷帯を越えたことになる。その長かった乱氷がついに終わったのだった。

2

私たちがその日に見たこのラッセル島という島は、身も蓋もない言い方をすれば、プリンス・オブ・ウェールズ島の北に隣接する、ただの小さな目立たない島に過ぎない。下手をするとプリンス・オブ・ウェールズ島の岬に間違えられてもおかしくないような位置にある、より大きな陸地の付属物のような島だ。しかしフランクリン隊が探検を行った当時、この目立たない島は、彼らが発見に躍起になっていた北西航路の重要な水先案内になると考えられていた。

その理由は当時の地図を見ればかなりの部分を理解することができる。一八四五年にフランクリン隊が出発した時点で、ランカスター海峡からバロウ海峡にかけての地理は過去に英国海軍の探検隊――一八一九年から二〇年のウィリアム・エドワード・パリーの隊――が入っていたので概ね知られていた。一方そこから目を転じ、ベーリング海峡から北米大陸にかけての海岸線も、フランクリン本人を始めとした探検家の手により大部分が解明されていた。分かっていなかったのは、そのバロウ海峡と北米大陸にまたがるエリアで、そこは空白部として、当時の地図では不明部分を示す点線の先に消えていた。

そのため当時の地理学界や海軍内部には、幻の北西航路はそのバロウ海峡と北米大陸をつなぐ未知の世界のどこかにあるのではないかと考える者が少なくなかった。もはや他の地域や海域は散々探検され尽くしたのだから、もし氷に邪魔されない航行可能な海路が本当に存在するとしたら、それはもはやそこにしかないだろうというわけだ。

ラッセル島が重要視されていたのも、まさにそのことと関係があった。実はラッセル島は、フランクリン隊が出発した時点ですでにその一部——具体的にいうと島の東端のウォーカー岬——がパリー隊により確認されていた。しかし同時にこの島の地理は、ウォーカー岬より南西は何も確認されないままになっていた。逆の言い方をすれば、分かっているのはウォーカー岬までである、という状態だったのだ。要はウォーカー岬が小さな島の岬に過ぎないのか、あるいはより大きな陸地の一部なのか、もっと広げていうと、ウォーカー岬の周りには陸地が広がっているのか、それとも本当に未知の海路があって北米大陸の海岸線まで続いているのか何も分からなかった。ウォーカー岬の周りは完全に地図の空白部で、この岬は未知の世界からひょっこり飛び出しているという、そういう岬でもあったのだ。

未知の世界から飛び出してきていただけに、この岬はフランクリン隊の格好の目印となった。バロウ海峡と北米大陸の間の空白部に進入するには、まずこの岬を目指せばよかったからだ。彼が出発前に受け取っていた海軍の指令書には、ウォーカー岬という地名が最初に目指さなければならない場所としてはっきりと明記されていた。

ジョン・フランクリン卿は、バロウ海峡から南北に延びるいかなる海峡にも進入することなく、西経九十八度付近にあると思われるウォーカー岬まで、概ね北緯七十四度十五分の緯度を維持して航海しなければならない。そののち氷や未知の陸地の状況が許す限り、真っ直ぐベーリング海峡に向けて南か西に針路を取らなければならない。

（『ジョン・フランクリン卿の最後の北極探検』）

実際にフランクリン隊は最初の冬をビーチェイ島で越した後、このラッセル島のウォーカー岬を目指して船を進ませたものと考えられている。ただし彼らがいつビーチェイ島を出発したのかははっきりしない。当時の探検では万一の遭難に備えて、いつ出発するとか、どこに向かうとかを記したメモを残すのが常識だったのに、フランクリンはどういうわけか、島のケルンにそういったメモを一切残していなかったからだ。

ただし、彼らは島にメモを残さなかったのではなく、もしかしたら残せなかっただけなのかもしれない。リチャード・サイリアクスというフランクリン隊に関する最も権威ある歴史学者は、彼らがメモを残さなかった最大の理由は、メモを書き残す時間的な余裕がなかったからではないかと著書の中で指摘している。ビーチェイ島には鍵や手袋といった、明らかに持ち主が置き忘れたとしか思えない大事な装備もたくさん落ちていたし、また紙切れや布、木材といった燃料に使えそうな材料も残されていた。時間があればそうしたものは船に持ち込んだはずだが、彼らはそうしなかった。フランクリンとその仲間は、メモや記録を残す時間すらないまま、慌ただしくビーチェイ島を出発していたようなのだ。そしてその原因についてサイリアクスは、おそらく思わぬタイミングで目の前の氷が開いたからではないかと推測している。フランクリン隊をビーチェイ島に押しとどめていた、バロウ海峡の分厚い氷が夏の訪れとともに崩れ、開き、目の前に突然一筋の海の道が現れたのではないかというのだ。

確かに昔の極地探検記などを読むと、氷がうまい具合に開くタイミングというのは、そうめったにあるものではなかったようだ。そのタイミングを逃せば、下手をすると再び船が氷に閉じこめられ、その年もビーチェイ島で越冬しなければならなくなるかもしれない。フランクリン隊にとって、そのような恐れはまんざら杞憂《きゆう》でもなかっただろう。私と荻田が越えた時の様子からも分かるように、バロウ海峡には北極海から大量の多年氷が流されてくるし、その中には信じられないような〝軍艦島〟みたいな大きさの氷山もある。サイリアクスの指摘通り、フランクリンは氷が開いたのを見て、即座に号笛を鳴らす指示を出し、隊員たちは慌てふためきながら島を離れ出帆の準備を整えたのかもしれない。そしてフランクリン隊は海軍の指令書にもあった通り、ラッセル島のウォーカー岬に向けて船を進ませた。

彼らの物語を振り返り、この時のフランクリンの心情を思う時、私はどうしても彼の決定の裏側にあった決意のようなものに心を動かされてしまう。もしかしたら彼はこの時、故国に帰ることのできる、その最後の境界線を踏み越えることにしたのではないか。

現代の私たちに分かっているのは、彼の部下からすでに三人の死者が出ていたということだけだ。それは当時の探検界の常識としては異常なことであり、隊の中で異常事態が進行していることは彼の目には明らかだったはずだ。それでもフランクリンは隊長としてウォーカー岬の南西の未知の海域に船を進ませることを決定した。どうあっても彼はそこから故国に引き返すつもりなどなかったようなのだ。

フランクリンの任務の中で最も困難な部分はまだ目の前に横たわっていた。しかし明らかに、彼にはベーリング海峡以外の場所からイングランドにもどる意志などまったくなかったのだ。（前掲書）

フランクリンは靴を食って生きのびてなお、探検をあきらめきれなかった男だった。彼は北西航路の発見に取り憑《と》かれていた。幸運にも彼はウォーカー岬のそのすぐ東に知られざる未知の海路が南に続いているのを見つけることになった。現在ピール海峡と呼ばれている未知の海が、本当に北米大陸の海岸線に向かって延びていたのだ。

3

私たちが目指していたラッセル島のグラント岬は島の西端にある岬だった。フランクリン隊が目標にしていたウォーカー岬は東端にあるので、ちょうど反対側にあたる。本当はフランクリン隊と同じように、ウォーカー岬をかすめてピール海峡に突入したかったのだが、残念ながら二〇一一年春は氷の状態が悪くウォーカー岬に近づくことさえできそうになかった。そのため私たちはグラント岬を西から回りこみ、プリンス・オブ・ウェールズ島の地峡を横断してピール海峡に出ることにした。

グラント岬に着いたのは四月六日だった。朝の気温は氷点下三十度と冷えこんだ。おまけにその日は風も強く、空も雲におおわれ視界も悪かった。

さらにいうと風向きも悪かった。朝から強い南風が真正面から吹きつけ、私の足はすぐに寒さで感覚を失った。風を避けようと下を向いて歩いていると、平らな海氷を歩いているはずなのに、どう考えても斜面を登っているようにしか思えなくなってきた。地吹雪による地面の雪の流れと、向かい風の圧力で体全体が錯覚を起こしていたのだ。その時は荻田が前を歩いていたのだが、私は彼が方角を間違えて島を登ってしまっているのではないかという疑いを、なかなか拭い去ることができなかった。しかし方角を確認してみると、確かに間違いなく私たちは予定通り南南東の方向に進んでいるのだ。

凍てつく風が顔を突き刺し、唇のヘルペスの状態はいっそう悪化した。潰瘍から黄色い液体が流れ始め、それが凍って唇に気味悪い皮膚の出来損ないみたいなものができた。それが歩いているうちにはがれ、再び液体が流れて固まるというプロセスが、私の唇では絶え間なく続けられていた。頬もまた風のせいで凶器をつきつけられたように痛かった。冗談ではなく私は痛えよー、と声をあげ、涙を流しながら前に進んでいた。出発する時に寒さから顔を守るためのフェースガードを付けておくべきだったと後悔した。途中で付けようかどうしようか迷ったが、歩くのをやめたら、その途端に体が冷えてしまう。それが嫌でどうしても立ち止まって作業をする気が起きなかった。しかし最後は痛みを我慢することができなくなり、途中で橇の荷物からフェースガードを取り出したものの、時すでに遅く、顔の左側が凍傷にかかった上、唇のヘルペスも悪化し、上唇だけではなく下唇もぷっくりと腫れてしまった。荻田の顔も左側が薄黒く変色し、皮膚が固く腫れていた。しかし寒さに苦しめられたものの、この日からは乱氷帯ではなく平らな氷を歩くことになったので、進行距離は過去最高の十九・三キロに達した。

翌日、プリンス・オブ・ウェールズ島に上陸した。北極の旅では陸を移動するより海を移動するほうが速い。陸上は細かなアップダウンがあるし、雪質も海より軟らかくて橇を引く時の抵抗が大きくなるからだろう。雪の表面には風で固い雪の風紋ができており、その上を細かな雪の粒子がさらさらと風に流されていた。同じぐらいの速さで歩いているように思えても、実際には海を歩く時ほど陸上では進行ははかどらない。そのため私たちは島の一番狭いところを横断して、さっさとピール海峡に抜けることにしていた。

島に上陸すると寒さはいっそう厳しさを増し、寒暖計は連日、氷点下三十度から四十度を指すようになった。とりわけ四月十日は寒い一日となった。朝の気温は氷点下三十五度、目が覚めるとテントの生地は霜で白く覆われ、顔の真上には吐息が結露してできた〝霜ツララ〟が長く垂れ下がっていた。前日の晩に凍りついたブーツをコンロで溶かし、それを枕にして寝たため、平べったく凍ってしまい履くのにひどく苦労した。外に出ると西から強い風が吹きつけていた。珍しく上半身にフリースを二枚着こみ、下半身にも荻田から使っていない網タイツを一枚借り、いつもより暖かくして出発したが、足先はこれまでにないほど冷え切り、一日中指を閉じたり開いたりして歩かなければならなかった。

気温だけみると島は海の上よりもはるかに寒かった。たぶん、海には氷の下に海水という天然の〝暖房〟があるが、島の下には冷え切った凍土しか存在しないからだろう。バナナは持っていなかったが、生姜《しょうが》やソーセージはガチガチに凍り、釘《くぎ》があれば簡単に打てそうなぐらい固くなった。触れているだけでも手が冷えるので、食事の時はコンロで少し溶かしてからでないと切ることさえできなかった。

四日間にわたった寒いプリンス・オブ・ウェールズ島の横断もこの日で終え、間もなくピール海峡に到着するところにまで私たちはやって来ていた。勝手なもので海上を歩いていると陸が恋しくなり、陸上を進んでいると海を歩くのが待ち遠しくなる。

北極熊以外の大型獣と初めて遭遇したのも、その日のことだった。海への到着が目前に迫った午後三時頃だった。いつものように雪の丘の上を歩いていると突然、百メートルほど前方で黒い影が雪煙を巻き上げながら動き出したのが見えたのだ。

初めて見る大型動物の群れに、年甲斐《としがい》もなく私は小学生のような歓声を上げた。

「うおーっ、すげぇ！」

麝香牛《じゃこううし》だ。

牛の群れは一糸乱れぬ動きで走っていたが、突然急ブレーキをかけたかのように停止すると、今度はどこかの国のマスゲームみたいに統制のとれた動きで、全個体が同時にこちらのほうを振り向いた。彼らもまためったにお目にかかれない動物に出くわし、私たちに強い関心を抱いているようだった。頭数は二十五頭ぐらいだろうか。

「警戒してこっちを見ている。ちょっと近づいてみよう」と荻田が言った。

麝香牛はヒマラヤ山脈に棲息《せいそく》する麝香鹿と違い、麝香腺をもっているわけではない。雄が発情期に眼下腺から麝香に似たにおいの液体を分泌することが、その名前の由来だという。体長は二～二・五メートル、肩高は一・二メートルほどだが、全身が長い毛で覆われているため実際よりも大きく見える。大型草食動物の性《さが》なのか、目はどこか虚ろで眠たそうだ。頭部は汚れたモップのようなたてがみで覆われていて、全体的にはひどくむさ苦しい感じがする。小さな角が外側に向かって湾曲するように突き出し、雄が決闘をする時はお互いが猛スピードで突進し、岩のように固い頭をぶつけ合って決着をつける。人間や狼などの天敵が近づいてくると、リーダーの指揮により驚くような速さで一カ所に固まり防御態勢を整え、不用意に近づくと突進してくることもあるので、決して安全な動物だとはいえない。

麝香牛の行動はあまりにも唐突に始まった。私はなるべく警戒心を起こさせないように近づいたが、それでもその動きは彼らから見るとあまりにも不用意だったようだ。ある一線を越えた時——その一線がどこにあったのか、私には分からなかったのだが——、群れの全個体はほぼ同時に後ろを振り向き、猛然と雪煙を巻き上げながら走り出してしまった。そのまとまりのとれた行動に、私は半ば呆然とし、牛たちが走り去るのを見送るしかなかった。群れは数百メートルを一気に駆け抜けたかと思うと、再び一斉に急停止し、こちらを一分ほど眺め、再び一気に駆け出すと、また止まり……といった行動を何度か繰り返し、丘の向こうに消えてしまった。

群れが去った後、雪の上には彼らの踏み荒らした跡が残されていた。

「跡をちょっと見てみよう」と荻田が言った。「もしかしたら雷鳥がいるかもしれない。雷鳥は麝香牛の後ろを金魚の糞のようにくっついて冬を生きながらえている。自力で雪の下から餌を掘ることができないんだ」

日本だと雷鳥は一部の高山にしか棲息しない絶滅危惧種だが、世界的には北半球の寒冷地に広く棲息する、特に珍しくない、日本でいうと鳩《はと》みたいなありふれた鳥だ。この後も長い期間にわたり私たちは北極圏を歩くことになったが、旅の間に一番よく見かけた鳥が雷鳥だった。

荻田の言うように牛の食べ荒らした跡を注意深く観察してみると、真っ白な雷鳥の群れが雪から顔を出した草を夢中になってついばんでいた。雷鳥の白い羽は完璧な保護色になっており、周囲の雪の色と完全に溶け合っていた。かすかな首の上下運動がなければ、そこにいることは決して分からなかっただろう。

「お、本当にいるぞ」

私は声を潜めて言った。

私たちがショットガンを持ってきたのはあくまで北極熊を追い払うためだった。しかし、私たちはすでに疲労と空腹にひどく悩まされ始めていた。出発して五日目に停滞して以来、氷点下三十度から四十度にもなる寒さの中を、すでに二十一日間も連続して重たい橇を引いて歩き続けてきた。しかもその間、百キロにもわたる長い乱氷帯を乗り越え、プリンス・オブ・ウェールズ島の厳しい寒さにも耐えてきた。歩いている間に考えることといえば次の休憩時間に食べる行動食のことばかりで、最初の頃に悩まされていた激しい性欲も、この時期になると体から脂肪分が失われ、そっちのほうに栄養分が回らなくなったせいか完全に消え失せていた。

雷鳥は私たちには天からの思わぬ恵みにしか見えなかった。私たちはその場に橇を止め、羽毛服をはおり、二本指のミトンから作業用の五本指の手袋につけかえた。ショットガンを取り出すと、私は四発の散弾を装塡《そうてん》した。銃を構え、できるだけ慎重に私は鳥の群れに近づいた。猟をした経験は今まで一度もなかったが、根拠のない自信はあった。どちらかといえば小さい頃から器用なほうだったし、ここぞという時の集中力は比較的あるほうだと思っている。

雷鳥の動きは思ったよりも巧妙だった。こっちが歩みを止めると、向こうも動きを止め、近づこうとすると、こちらが気づかないような細かな足の運びで遠ざかった。そうやって彼らは私が十五メートル以内に近づくのを容易に許さなかった。五本指の手袋に替えていたので、指先が次第に冷たくなってきた。いつまでも雷鳥と一進一退の攻防を繰り返してもきりがない。とりあえず一羽でいいからと思い、私は一番手前にいた鳥に狙いを定めた。弾は散弾だ。これほどの至近距離から外すことは考えにくい。そう思って引き金を引いた。

銃声が鳴り響くと、雷鳥の群れは一斉に飛び立った。地面に目を向けたが、斃れたのは一羽もいなかった。信じられない。どうやら私は撃ち損じたらしかった。

群れは見事な編隊飛行で、十五メートルほど上空を大きく旋回し、私の頭上を通り過ぎようとした。悔し紛れに、私は上空の群れに向かって再び引き金を引いた。しかしまたしても弾は外れ、一羽も墜落してこなかった。

「当たった？」

遠くで見ていた荻田が大声で訊いてきた。無視しようかと思ったが、そういうわけにもいかなかった。荻田は私の射撃に過度な期待をかけていたのだろう。かわいそうに、彼は私よりも腹を空かせていたのだ。

「外れたよっ」

申し訳ないことをしたと私は思った。

「マジでっ！」

あんな近くからかよっ！　と心の中で罵声をあげているのが聞こえた気がした。ところが逃げたと思った雷鳥の群れはすぐに奇妙な行動をとった。わずかに六、七十メートル飛んだだけで、再び上空から地面に降り立ったのだ。そしてさっきまでと同じように、まるで何事もなかったかのように、牛の食《は》み跡で草をついばみ始めた。生存本能というやつなのだろうか。他に餌を食べる場所がないものだから、銃で狙われるリスクを背負っても、ここで腹を満たしておかなければならないという選択を下したに違いない。

今度は荻田が銃を担いで慎重に鳥の群れに近づいた。私と同じようにしのび足で至近距離まで近寄り、引き金を引いた。だがやはり彼も撃ち損じてしまい、雷鳥は再び一斉に飛び立った。だが今度も逃げたはずの雷鳥の群れは、やはりまた近くに降りて来て同じように草を食べ始めた。意地になったのか、次は私の順番のはずなのに、荻田はそのまま群れに近寄り、今度は命中させた。その後、私たちは交代で雷鳥の群れを狙った。一発撃つたびに群れは飛び立つのだが、すぐに少し離れたところに降りて来ては草をついばみ始めた。外の気温は氷点下三十度、そのうち飛び立つエネルギーを失ったのか、私たちが近づいても雷鳥はあまり逃げなくなった。一羽撃っても、隣の鳥は飛び立たず、続けざまに三羽仕留めたこともあった。私たちは執拗《しつよう》に鳥を追いかけまわし、最終的に九羽の雷鳥の肉を手に入れた。

獲物を橇に放りこみ、私たちは再び海を目指して歩き出した。ピール海峡にはそこから少し歩いただけで到着した。海氷の上にテントを張り、私は中に入って雷鳥をさばき始めた。まず羽を根元から捩《ね》じってもぎ取り、羽毛を引っ張って皮ごとむしり取った。そして喉の下の窪みに親指を突っこみ、喉にある汚い消化物の入った餌袋を破かないように気をつけながら、下に引っ張って胸肉を剝《は》ぎ取った。それから両脚を開き腿《もも》の付け根にナイフを入れ、脚を捩じって切り離した。数羽さばくと手は血と脂ですっかり汚れてしまうので、雪でしっかりと手を洗った。肉もきれいに雪で洗い血糊を落とした。慣れてくると一羽につき五分ぐらいでさばけるようになり、テントの中は雷鳥の羽まみれになった。一羽分の胸肉を鍋の中に放りこみ、残りはニンニクや醤油《しょうゆ》と一緒にジップロックに入れて保存した。肉は固く引きしまっており、香ばしくて野性味があった。

その日の夕食では、他に日本から楽しみのために持って来た大好物の煮込みラーメンも開けて、ささやかにピール海峡への到達を祝った。とはいえレゾリュート湾を出発してからピール海峡まで私たちは二十六日もかかっていた。最大六十日の計画の半分近くを消化していたわけだが、距離に直すと三百十キロ、つまりジョアへブンまで千キロ以上ある行程のまだ三分の一も来ていなかった。懸案の乱氷帯を越えたとはいえ、本当の勝負はまだこれからだといえた。

ピール海峡に到着した翌日の四月十一日は濃霧に包まれたため休養日にした。出発して五日目に吹雪で停滞して以来、二十一日間もぶっ通しで重い橇を引いてきたので、さすがに体の奥のほうにとり除くことのできない疲労が蓄積していた。

翌十二日は海上を二十一・四キロほど東南東の方角に進んだ。天気は快晴となり、日中も氷点下二十五度と寒くも暑くもない理想的な気温だった。だが、それまでの冷えこみが災いしたのか、足の指先の感覚は一日中戻らなかった。行動終了後にテントの中に入って靴下を脱いでみると、右足の親指の先端が少し紫色に変色し、軽い凍傷にかかっていた。

私の足の血の巡りが悪いのは、その四年前の一月に甲斐駒ヶ岳に一人でアイスクライミングをしに行き、凍傷になって以来のことだ。買ったばかりの登山靴がどうやら少し小さかったらしく、親指など何本かの指が黒くなってしまったのだ。それ以来足先の血行は悪く、冬山どころか、冬に自宅の木造アパートで原稿を書いている時でさえ感覚がなくなることがある。そのため今回の旅では凍傷にならないようにすることに一番気をつかい、信じられないぐらいの数の靴下を穿いて行動していた。まず一番下に化繊の薄い靴下を穿き、その上にベイパー・バリア・ライナーをかぶせた。これは防水性の生地を一枚かぶせることで内側からの汗を遮断し、外側の靴下が濡れて保温力が低下するのを防ぐための措置である。といっても私たちが使っていたのはただのビニール袋で、その外側に中厚手、厚手、厚手と三枚のウールの靴下を穿いた。これだけ靴下を穿くと足はギプスをつけたみたいに膨れるので、防寒靴もそれに対応してかなり大きめのものを用意していた。数えてみると、私は靴を含めて六重もの防寒対策を足に施していたわけだ。

しかしそこまでやっても足は冷えて感覚を失ってしまった。この日も私は靴下を脱ぐと、血の気がひいて黄色くなった足を弱火にしたコンロの上に持っていき、入念にマッサージを始めた。十分ぐらいパンパンと手で叩いたり、爪でごりごりとこすったりするうちに、ようやく足が赤らんできた。血行が戻ると、すかさず血の巡りを促進する軟膏を塗りこみ、厚手の靴下を二枚穿いた。本当に温かくなるのは食事をとった後だった。

口唇ヘルペスの症状も悪化の一途をたどっていた。テントの中で、荻田が私の顔をじっと見つめた後、かわいそうに……とでも言いたげな表情を浮かべた。

「唇がひどいことになっているよ……。黄色とか、赤とか、白とか……。何それ？」

どうやら私の唇はヨーロッパの国の国旗みたいになっているらしかった。

「化膿したリンパ液とか、皮膚のできそこないとか、赤いのは血が固まってるんだ。白いのは薬だと思うけど……」

これまで気をつかって私の唇については一切触れてこなかった荻田が、今回あえて踏みこんだ指摘をしてきたということは、ヘルペスはよほどひどい状態になっているに違いない。私は意を決して彼から銀色のデジタルカメラを借り、ボディを鏡代わりにして自分の顔の状態を確認してみた。唇の症状は寒さのせいで一層悪化し、収拾がつかないことになっていた。表面からは膿のような黄色い液体が滲《し》み出し、イボみたいな皮膚組織の出来損ないみたいなものにおおわれている。毎朝、目が覚めると寝袋の口の周りに血の混じった赤黒い小さな塊がくっついており、歩いている最中も頻繁に黄色や赤の瘡蓋《かさぶた》がぼてっと足元に落ちるのは見ていたが、実際に唇の状態を確認するのはこの時が初めてだった。行動中はいつも少しでも風が吹くと痛みが走るので、風がある時には上着の首回りの部分を立てたり、目出し帽をかぶったりして、うまく唇を保護しなければならなかったが、これではそれもしょうがない。痛みもさることながら、見た目が気持ち悪く、そのことが、日本に帰ってもこの調子だったらどうしようという余計なストレスになった。治療薬がなかったので、私はテレビＣＭでおなじみの痔《じ》の軟膏を唇に塗っていた。どうせ似たような皮膚疾患だろうから、薬効成分の中にはヘルペスに効くものも含まれているに違いないと、半ばやけくそ気味で使っていたのだ。そして痔の薬を持って来ていることからもお分かりの通り、私はお尻に軽い痔系の疾患も抱えており、この時は体の入口と出口にボラギノールを塗るという体たらくだった。

ボラギノールを塗っても唇に改善の兆候は一切みられなかった。

「ジョアヘブンに着いたら医者に行ったほうがいいかもね。それまでにどんな状態になっているか分からないけど」と荻田が言った。

ジョアヘブンまではまだ七百キロ以上ある。それまでの間、自分の唇は現在の位置にくっついていてくれるのだろうか……。半ば本気で私はそんな心配をしていた。

翌日は再び西からの強い風が吹き荒れ、停滞を強いられた。テントの外ではごうごうと暴力的な音が轟いていた。テントの中にいてもひどく寒く、よほどのことがない限り寝袋から出る気はしなかった。外で北極熊対策に立てた赤外線センサーがひっきりなしに鳴っていたが、外に出て確認する気さえ起きなかった。日光が当たってその熱に反応しているに違いない。それに熊だってこんな風では行動するわけがなかった。

ひどい天気ではあったが、それでも私たちがおかれていた状況は、昔の探検家のそれと比べたらずいぶん恵まれているようだった。私は寝袋の中で、停滞時の暇つぶし用に持ってきていた『世界最悪の旅』を読んでいた。アプスレイ・チェリー＝ガラードが太陽の昇らない極夜の南極を旅した時は、かなり緊迫した状況だったようだ。〈名状すべからざる狂乱と想像を絶した怒号とが〉起こり、テントが嵐に吹き飛ばされ、〈内心これはいよいよ死が迫ってきたのかも知れないと思った〉という。それに比べたら私たちの現代的なナイロン製のテントは三重構造で暖かく、船底型にデザインされているので風にも滅法強い。おかげで私はどんなに風が吹いても安心して寝袋で本を読むことができた。

ところが午後になると風はいっそう強さを増し、テントの風上側が大きくたわんだ。突然ガタッという音がして、風上側のポールが大きくひしゃげた。ポールが折れたのか？『世界最悪の旅』を読んでいただけに、私は一瞬、〈名状すべからざる狂乱と想像を絶した怒号〉にテントが壊され、〈内心これはいよいよ死が迫ってきたのかも知れない〉という状況に追いやられてはたまらないと焦った。すぐに羽毛服を着こみ、確認のため外に出た。ものすごい風で視界は全然なく、風下側には細かな雪がどっさり吹き溜まり、テントの入口は雪に埋まりそうになっていた。風に抗うように風上側に向かうと、問題のポールは折れたわけではなく、張り綱の支点が吹き飛ばされただけだった。

四月十四日から私たちは本格的にピール海峡の南下に取り掛かった。出発してからちょうど三十日目にあたっていた。最大で六十日の計画なので、この日でちょうど半分の日程が過ぎることになる。しかしこれまでに進んだ距離はまだ三百三十二キロで、ジョアヘブンまでは七百キロ以上残っていた。ピール海峡を通ってキングウイリアム島の北端フェリクス岬まででも約四百三十五キロあり、一日平均二十五キロのペースで歩いても十八日かかる計算だ。しかし一日二十五キロのペースだと、そこから先のジョアヘブンまでの約三百キロに十二日しか残らない計算になる。それでは日数的にぎりぎりなので、私たちはその日から一日に二十七キロから二十八キロを目標に歩くことにした。

荻田が二〇〇七年にレゾリュート湾からケンブリッジ湾を目指した時は、ピール海峡には乱氷がまったくなく、ずっと真っ平らで歩きやすい氷が続いたそうだ。またレゾリュート湾の村に滞在中、私たちは犬橇で極地の旅を続ける極地探検家の山崎哲秀《やまさきてつひで》と出会っていたが、彼もまた過去にピール海峡を縦断した時には乱氷帯をほとんど見なかったと話していた。そのためバロウ海峡の乱氷帯を越えてピール海峡にたどり着いた時、私たちは山奥の曲がりくねった林道を越えて関越自動車道にでも入ったような気分になっていた。

その日は空は曇っており視界はあまりよくなかったものの、風向きは追い風に変わり、距離を稼ぐには好条件となった。私は手持ちの大きなビニール袋を帆の代わりになるように橇に括《くく》り付けた。袋は後ろからの強風を一杯にはらんで橇を後ろから力強く押した。時折乱氷帯が現れたが、風の力を受けて私たちはぐいぐいと力強く行進を続けた。ここ三日間で二日も休養していたので、疲労が回復していたこともあっただろう。午後七時に行動を終了し、GPSで距離を測ってみると三十・一キロも進んでいた。

乱氷帯の中にテントを立てると荻田が中でゴアテックスの上着を広げた。行動中にかいた汗が寒さで結露し、上着の内側は霜で真っ白になっていた。ブラシで上着の霜をこそげ落とすと、次はゴアテックスのパンツの霜を落とさなければならなかった。それが終わると今度は雪と霜で真っ白になった靴が待っていた。帽子も手袋も汗で湿っているので、テントの内側に張り渡しているゴムひもに洗濯バサミで吊《つ》るして乾かさなければならない。行動が終わった後の霜落とし作業はものすごく面倒で、毎日ゆうに三十分はかかった。

私は今まで自分のことを汗かきだと思っていたが、荻田と一緒にいる間はその認識を訂正しなければならなかった。荻田は馬みたいに発汗した。彼がいつもテントの中で入念にジャケットの霜をこそげ落としているのを見て、私はいつも気の毒になった。それと同時に見上げた男だとも思った。こんなに汗をかくのに十一回も北極に来るなんて……。彼が行動中に着ていたインナーは脱水機にかける必要があった。彼は毎日そのインナーを鍋の上にのせて乾かしていたが、私はいつもそこから煙のように立ち上る湯気を、これでは上に干している乾かし物がよけいに濡れてしまうではないか、と複雑な気持ちで眺めていた。

テントの中でやらなければならないことは他にもたくさんあった。GPSでその日に到着したポイントを地図に落とさなければならないし、お湯を沸かして食事の準備も進めなければならなかった。寝る前には、なぜ自分はライターという職業を選んでしまったのだろうと強く後悔しながら、三十分から日によっては一時間以上かけて日記を書いた。衣類に穴が開いたら針と糸で繕う必要があるし、スキーやストックの調子が悪い時は針金や細引きやビスで修理しなければならなかった。毎日長時間のハードな行動が続くし、私はどちらかといえばうっかり者で、コンロの火で羽毛服を焦がしたりしがちな人間なので、ほぼ毎日何かの修理に追われていた。

荻田は二日に一回の割合でバンクーバーに住む支援者に衛星携帯電話で定時連絡を行っていた。今回のような冒険旅行で衛星電話を持ちこむことの是非について私はあまり肯定的な意見を持っていない。過去には山岳雑誌で冒険で連絡手段を持たないことの積極的な意義について記事を書いたこともあったので、できればないほうがいいとは思っていた。しかし今回は荻田との二人旅だし、彼には彼のやり方がある。お互いの立場を尊重して協力しなければ旅は成功しない。そう思っていたので、自分のやり方をごり押しするつもりもなかった。

翌日、私たちはプリンス・オブ・ウェールズ島の横に連なる島々の岬を目指して、なるべく直線的に南下を続けた。歩いていると遠くに黒い島影が現れ、その島影を目指し直線的に進む。そして島が近づくと、さらに奥に別の島影が現れるので、今度はそれに向かって直進する。空には雲ひとつない青空が広がっていた。ところどころで乱氷帯が現れたがバロウ海峡ほどの規模はなく、それほど手間どるようなこともなかった。海面からはプレスコット島の切り立った岩壁が二、三百メートルの高さでそそり立っていた。

「いやー、懐かしいなあ」

荻田が橇に腰かけながら、プレスコット島の頂上のほうにストックを向けた。二〇〇七年にケンブリッジ湾を目指した時のことを思い出したらしい。その時もこのピール海峡を南下し、もう少し先に進んだところでリタイヤしたという。

「今、俺は四年前と同じところを歩いているよ。あの岬の形をはっきりと覚えている。この辺にフランクリンの墓があるのかなあ、なんて思いながら歩いたなあ」

「この辺にはないだろうな」

「どこで死んだのか分からないんじゃないの？」

「この辺ではまだ生きていたよ。キングウイリアム島の沖合で船が氷に閉じこめられ、別働隊がキングウイリアム島を探検して帰ってくる前後に死んだみたい」

「そうなんだ。でも水兵の墓ぐらいはあるかもしれない」

そう言って荻田は再びプレスコット島の頂上のほうにストックを向けた。

「あんなところ、ほとんど人間が来たことないだろうからな。誰にも気づかれずにどこかに墓が残っている可能性は十分にある」

確かに彼の言っていることはそれほど的外れなことではないように思えた。しかしこの時は正直にいうと、フランクリン隊のことなどどうでもよかった。

唇がただれて、あまりにも痛かったのだ。

4

荻田が指摘した通り、フランクリン隊の隊員がどこかその辺の島の上で埋葬されていた可能性は完全にゼロではないだろう。彼らは実際に重病人を抱えながら航海を続けていたのだから、ピール海峡のどこかに知られざる墓石が残っていても全然不思議ではない。

ただ実際のところは、ビーチェイ島と同じようにピール海峡でもメモの残されたケルンは一切見つからなかったので、彼らがいつ、どのような状態でこの海峡を下ったのかは判然としていない。ビーチェイ島で三人が死亡していたので、少なくとも隊は万全からは程遠い状態だった。たぶん彼らは、この海峡は北米大陸に続いているのではないかと期待に胸を膨らませる一方で、果たして本当に故国に戻れるのだろうかという不安を抱きながら船を進ませていたはずだ。彼らにとってピール海峡は前人未到の、しかも北極の海だった。先に船を進めても停泊に適した湾が見つかるとは限らないし、冬になって海面に新氷が張ったり、北からバロウ海峡の氷が流れこんできたりしたら、それこそ氷に閉じこめられて行き場を失う可能性もあった。そして北西航路の探検史はそういう先人たちの悲惨なエピソードには事欠かなかった。

しかし南に進むうちに、隊の中には明るい見通しが広がっていったということも、もしかしたらあったのかもしれない。なぜならピール海峡を南下するうち、この海峡が、既に一部が探検され、彼らの知識の範囲内に入っていたキングウイリアム島に向かっていることが、徐々に分かっていっただろうからだ。そして本当にピール海峡がキングウイリアム島まで続いているのなら、それはフランクリン隊が追い求めていたヨーロッパとアジアを結ぶ幻の航路、すなわち北西航路の発見が間近であることも意味していた。なぜキングウイリアム島に到着することが北西航路の発見につながるかというと、それは次のような地理的な理由があったからだ。まず北米大陸の海岸線がアジアへの入口であるベーリング海峡につながっていることは当時すでに知られていた。そしてキングウイリアム島の西側の海が北米大陸の海岸線に続いている可能性が高いことも分かっていた。ということはキングウイリアム島の西にまで船を進ませることができれば、かなりの確率で海はベーリング海峡まで、つまりアジアまでつながっているということになるのだ。

そしてピール海峡は本当にキングウイリアム島にまで続いていた。

ピール海峡を南下したエレバス号とテラー号は、遅くとも英国を出発してから約一年半が経過した一八四六年九月の時点において、キングウイリアム島北北西の沖合約二十四キロの付近につけていた。ところが彼らはその先の針路の選択を迫られた時に大きなミスを犯すことになる。そしてそのミスは、彼ら自身の遭難につながった可能性が高いと言わざるを得ないほど取り返しのつかないものだった。

今でこそ北西航路には「正解ルート」とでも呼ぶべきものがあって、実はキングウイリアム島は東から回りこまなければならないことが分かっている。なぜなら島の西側は北極海の多年氷が流れこんでくることが多く、西回りで船を進めようとすると氷に閉じこめられてしまう可能性が高くなるからだ。しかしキングウイリアム島に到達したフランクリン隊は正解である東回りルートを取らずに、危険な西回りルートを選択し、そして結果的に船は二隻とも氷に閉じこめられてしまったのだ。

なぜ彼らは間違った選択をしたのだろうか。実はそれにははっきりとした理由があった。彼らの誤った選択は過去の探検の結果により、いわば必然的なかたちで下されたものだった。少し複雑な歴史の話になるが、このことはフランクリン隊が遭難した決定的な分岐点のひとつだと思われるので、簡単に説明しておこう。

前述したように、当時の英国海軍にはジェームズ・クラーク・ロスというエース級の極地探検家がいた。若い頃から大規模な北西航路探検に何度も参加し、北磁極の発見やエレバス号とテラー号による南極探検で名を成した偉大な男だった。若くて、容貌も端整で、カリスマ性も抜群。叔父もジョン・ロスというナイトの爵位を受けた探検家で、血統的にも申し分なかった。当然、海軍は史上最大となる北西航路の探検隊の派遣にあたっても、太って初老に差し掛かったフランクリンより、若くて有能なロスに率いてもらいたかった。だが彼は若い妻にもう探検はしないと約束したからという、家族への愛情を感じさせる理由で断ったのだった。ロスはそんなふうにどこまでも完璧な男だったが、実は彼には探検家として大きな間違いを報告した過去があった。それは皮肉にも、彼の経歴の中でも最も輝かしい成果の一つとされている、北磁極を発見した時の探検で起きたことだった。

一八二九年にビクトリー号で英国を出発したロスは、ランカスター海峡に進入後、ピール海峡の東隣にあるプリンスリージェント入江を南下し、ブーシア半島東岸の小さな湾で越冬した。そして春になると越冬中に親しくなったイヌイットと犬を連れて、犬橇でブーシア半島を西に向けて横断することにした。彼は半島の西にある狭い海峡を渡り、小さな島々を経由して、探検家として初めてキングウイリアム島に到達した。さらに島の東の海岸線を北西に進んで北端の岬に到達し、探検の後援者の名前をとってフェリクス岬と名付けた。そして岬の西に海が広がっているのを見て、この海こそアジアにつながる北西航路の海だと確信した。

この時のロスの探検は地理的な成果も大きく、その観察もおおむね的を射ていた。二十年後に分かったことだが、彼が想像した通りキングウイリアム島の西に広がっていたその海は、間違いなく北米大陸まで続いていたのである。しかし大探検家ジェームズ・クラーク・ロスはこの旅で一つだけ大きな勘違いをしていた。彼は自分が到達したキングウイリアム島を、島ではなく北米大陸の一部だと思いこんでいたのだ。

実際にはキングウイリアム島の東と北米大陸のブーシア半島との間には海峡が存在し、この島は島として独立している。しかしロスはどういうわけか、この島を大陸の一部だと頑なに信じこんだ。島とブーシア半島を分ける海峡を橇で横断したにもかかわらず、その南には両者をつなぐ地峡があると想定し、その認識を改めようとしなかった。イヌイットから「夏の間は開いた海が続いており、海に氷はない」と海峡の存在を示唆されていたにもかかわらず、ロスはあくまで自説に固執した。イヌイットは地理を把握する能力に秀でており、彼らが正確に地図を描くのを見て、それまでにも多くの探検家が驚きの声を上げてきた。しかしこの時の目の曇ったロスからは、彼らの言葉をその通りに受け取る謙虚さが失われていた。キングウイリアム島最北端のフェリクス岬に到達した時、彼はそこを「北米大陸の最北端」だと誤った感慨にふけり、そしてキングウイリアム島をキングウイリアム島ではなく、〝キングウイリアムズ・ランド〟と呼んだのである。

それから十数年が経ち、一八四五年にフランクリンが最後の探検に旅立つ時になっても、キングウイリアム島は〝キングウイリアムズ・ランド〟と誤った名前で呼ばれていた。ロスの後にも何人かの探検家が〝キングウイリアムズ・ランド〟の周辺にやって来たが、ロスの誤りは助長されることはあれ、訂正されることはなかった。

ロスのこの誤りはフランクリン隊の針路の選択に深刻な影響を及ぼした。ロスは実際には海で隔てられているブーシア半島とキングウイリアム島との間に、ありもしない地峡があると信じ、そこは陸地でつながっていると報告していた。しかしロスが陸地があると間違って報告したその海こそ、実は船で回ることのできる北西航路の正解ルートだったのだ。

それを考えるとフランクリンはまったく不運な男だった。彼にはそれまでの探検の記録を参考に航路を選定するしか方法がなかった。彼はロスの報告を信じただろう。千二百冊の蔵書を誇るエレバス号自慢の図書室にはロスや他の探検家の本が収蔵されており、キングウイリアム島の東の海は陸地で行き止まりだと示唆されていた。ロスの地図ではキングウイリアム島とブーシア半島は点線でつながっており、ご丁寧にもそこには「ポクテス湾」という訳の分からない名前までついていた。フランクリンにしてみると陸地があることが分かっているのに、そこに船を進ませることなどできはしない。ポクテス湾に進んでも行き止まりだ。彼が目指す北米大陸の海岸線に出ることなどできないのだ。しかし実際にはポクテス湾へ進むのが正解だった。つまりフランクリンにはキングウイリアム島を東から回る正解ルートを選ぶ選択肢が最初から奪われていたのだ。

その結果、フランクリンはキングウイリアム島の手前で島を西から回りこもうとした。しかし彼が向かった海には毎年、北極海から多年氷が押し寄せ、そのことは当時の探検家にもよく知られていた（皮肉なことに、そのことはロスの探検記の中でも指摘されていた）。しかしキングウィリアム島を東回りに越えられない以上、彼にはこの西側の乱氷を船で越える以外に選ぶ道はなかった。彼らは戻ることなど考えられないぐらい、もう遠くまで来すぎてしまっていたのだ。そして予想通り船は氷に囲まれ、案の定動けなくなった。

エレバス号とテラー号が氷に攻囲されたのは一八四六年九月十二日のことだった。それから九カ月後、氷の海上でジョン・フランクリンは死亡する。詳しい日付が分かっているのは、キングウィリアム島のビクトリー岬で彼らが書き残したメモが見つかったからだ。ビーチェイ島でもピール海峡でも見つからなかった彼らのメモが、ついに発見されたのだ。

5

プレスコット島の南のあたりから私たちは再び厄介な乱氷帯に巻きこまれた。四月十六日はほとんど終日、乱氷帯の中での行動となった。乱氷帯といってもバロウ海峡でのような激しいものではなかったが、それでもやはり苦労はさせられた。右手に連なる島々の入江に、崩れた氷が運ばれて来るらしい。ただ荷物が軽くなったせいか、乱氷帯を前進したにもかかわらず、この日は二十六キロも進むことができた。乱氷帯が現れても最低二十六キロは進めるということが分かり、それまでのように乱氷帯を恐れる必要はなくなった。

進行距離はGPSで割り出した。GPSには毎日幕営した場所の緯度と経度のデータが記録されているので、電源を入れれば前日の幕営地からそこまでの直線距離が即座に示されるのである。

私は今までにGPSというのを、車に搭載されていたカーナビを除き、まともに使ったことがなかった。過去の探検でGPSを使ったことはあったが、別になくても困らない、どうでもいい存在だった。これまでに探検してきたチベットやネパール、ニューギニア島の山岳地帯は地形が険しいので、一日に直線距離で何キロ進んだかとか、その日の目的地がどの方角にあって、そこまであと何キロかという数字上のデータはあまり意味をなさなかったからだ。山では現在位置と目的地との間には激流や険しい岩壁があり、それを避けるために何キロも迂回しなければならないなんてことがざらにある。山岳地帯の探検で重要なのは、あくまでGPSが教えてくれるデジタルデータではなく、地形図から読み取れるアナログデータだ。地形図を見て、周囲の山頂、尾根や川の向きなどから現在位置を割り出し、複雑な地形の中から目的地へと続くなるべく行きやすそうなルートを選ぶ、というのが基本的な作業になってくる。そのため緯度経度という二次元情報より、地形との相対的な空間関係である三次元情報が重要になってくる。

しかし起伏のほとんどない極地探検の世界は事情がまったく違った。極地では海も陸も平坦で、垂直方向の要素に欠けるため、周囲の風景を見渡して現在位置を割り出そうとしても、地形というアナログデータはほとんど役に立たないか、あるいは茫洋《ぼうよう》とし過ぎていて信頼できない場合が多い。あの山と向こうの川から考えて今、自分はここにいる、という推測はほとんど成り立たないのだ。

その結果、極地では自分が地図上のどこにいるのかは、周囲の地形との対応関係から推し量るのではなく、緯度と経度という厳密な数字によって把握するしかない。また地形的な起伏がないため移動も極めて直線的になり、一日の行動はどの方角に何キロ進むか、という単純な話に落ち着く。山のように岩壁や谷に阻まれ右往左往するということがないのである。地図の上に大胆に定規で直線を引いて、実際に次の日はその通りに歩く、というのが極地探検の世界なのだ。

このような環境では、GPSが教えてくれる二次元的なデジタルデータが圧倒的な存在感を示す。GPSがこれほど便利な道具だということを、私は今回極地に来るまで知らなかった。というよりもむしろ、これは便利すぎて良くないと思った。

当たり前なのかもしれないが、GPSを使うと電源を入れてボタンを何度か押すだけで、自分が地球上のどこにいるか分かる。それだけではなく、その日の目的地の位置データを入力すれば、どの方角に何キロ進めばそこに到着するということまで表示される。冒険の世界でこの威力は、私にはちょっと違った意味で新鮮だった。自然の中を旅する場合、天気が悪くて視界が閉ざされてしまえば、周囲を見渡しても目的地に到着したかどうかは分からない。それが本来の姿だと思う。しかしGPSがあればそこが目的地かどうかが分かってしまう。親切にも、目的地は五十度の方角にあと四百二十メートルの場所である、ということまで教えてくれる。

GPSが登場するまで極地探検や航海では六分儀などの航海計器が使用されていた。六分儀だと太陽や星などの天体をもとに複雑な計算をして緯度経度を割り出さないといけない。つまり自然物を利用して現在位置や進行方向を導き出すわけだ。自然物が頼みなので視界が悪くて天体が見えない時は観測できないし、風が強い日も時間のかかる観測などわざわざ行う気にはならないだろう。つまり六分儀で位置を観測できるかどうかは、天候などの自然状況という不確定要素に大いに左右される。しかし人工衛星からデータを受信するGPSはそうした自然状況に左右されない。自然とは無関係に、つまり自分は今極地にいるのに、その「極地性」と関係のないところで、素早く、下手をすると右手で夕飯の準備でもしながら左手で現在位置を測定することができるのだ。

極地を旅することの意義は自然の中に深く入りこむことにある。自然にいたぶられ、その過酷さにおののき、人間の存在の小ささと生きることとの自分なりの意味を知ることにある。しかし、GPSのこの便利さは、こうした極地における冒険の意義を失わせかねない。自然の条件と無関係に作動するGPSは、たとえ氷点下四十度の乱氷帯の真《ま》っ只中《ただなか》にいたとしても、多かれ少なかれ私たちを自然から切り離す。何よりも、厳しい自然の中を自分の力だけで旅をするという最も基本的な部分が侵されているような気にさせられる。

　GPSがあると人間、何をしでかすかというと、次のようなことをする。

　私たちはピール海峡で一日最低二十六キロは歩きたいと考えていた。二回目の休憩になると、今まで何キロ進んだのかが気になり、私は荻田にいつもそれを訊ねた。何キロ進んだ？　荻田がGPSの電源を入れて、十四キロだと答える。二十六キロを達成するには、あと五時間で十二キロを進まなければならない。午後六時になると、私たちはGPSの電源を入れっぱなしにして歩いた。大体二十六キロぐらい来たと思われるところに達すると、荻田がGPSの画面を確認し、あと五百メートルだと教えてくれた。それから十分ぐらい歩くと荻田から声がかかる。着いたよ、キャンプにしようと。

　しかしよく考えてみると、私たちは一体どこに着いたというのだろう。もちろん昨日のキャンプから百八十八度の方角に二十六キロ進んだ、北緯七十二度一分三六四、西経九十六度二十五分五八三の地点に到着したのだ。だが周りの風景は昨日とさして変わりはない。それなのになぜ自分たちがそこに着いたことが分かるのだろう。もちろん、それはGPSがその数値を示しているからだ。GPSに間違いはない。私たちがどこに向かおうと、GPSは自分たちの能力とか努力とか現在の気象状況などおかまいなしに、正しい位置を教えてくれる。GPSが北緯七十二度一分三六四、西経九十六度二十五分五八三を示しているのだから、私たちはそこにいるのである。

　だがどこか釈然としない感じが残る。その原因はおそらく、GPSに教えられているという従属的な感覚が拭い去れないところにあるように私には思われた。正解はGPSの中にあり、自分たちが導き出したわけではないという感覚だ。その意味で現代の極地探検家はGPSに支配されている。少なくともこの時の私と荻田はそうだった。極地に来てGPSの威力を初めて知り、私はいつも複雑な気持ちにさせられた。旅を計画し、GPSを装備リストに入れた時、私はこの小さな機械がもたらす「支配―被支配」の関係にまで想像を巡らせることができなかった。

ただ時間の経過はその感覚を鈍磨させた。私は最初の頃、荻田に何キロ来たかを訊ねることに抵抗を感じていたが、日が経つにつれて、その抵抗感は徐々に薄まっていってしまった。

ピール海峡に来ると、プリンス・オブ・ウェールズ島にいた時に比べて暖かくなってきたものの、それでも朝は氷点下三十度、日中は氷点下二十度以下の日が続いた。四月十七日は二十七・二キロ、十八日は二十六・一キロの距離を稼いだ。ペースが落ちなかったのは連日空が晴れて視界が確保されたことも大きかった。南の空には太陽が常に力強く輝き、目標物となる遠くの島影を見失うことはほとんどなかった。ただ相変わらず北極熊の足跡だけは無数に見かけた。

快調にペースを保ってはいたものの、しかし疲労と空腹感は日毎に耐えがたいものになっていった。時折、乱氷が現れるガタガタとした氷の上を氷点下三十度の寒さの中、二十六キロから三十キロもの距離を、毎日毎日十時間も重い橇を引いていたら体は否応《いやおう》なく消耗する。朝、目を覚まし、外に出た時点で、私は自分の足が鉛のように重くなっているのを感じていた。疲労が体の芯まで浸透し、一晩寝たぐらいでは回復した感じなど全然得られなかった。

私たちは一日五千キロカロリーの食糧を食べてはいたものの、それでも徐々に痩せていった。明らかに五千キロカロリーでは十分ではなかったのだ。寒いというだけで体は予想以上にエネルギーを消耗し、同じ運動量をこなしたとしても氷点下三十度と氷点下五度とでは消費するカロリーの値は驚くほど違ってくる。少し極端な言い方をすると、呼吸で冷たい外気を吸いこみ、肺が酸素を摂取するだけでエネルギーはいつもより多く消費されているのだ。私たちの体からはすでにほとんどの脂肪が失われ、出発した時に比べて体の線はめっきりと細くなっていた。

日本を出発する二カ月ほど前のことになるが、私は知人の紹介で、あるドイツ人の極地探検家と一緒に食事をしたことがあった。ドイツ人として初めて、食糧等の補給を受けることなしにスキーで南極点に到達した人物だ。その人が私の体を見て最初にアドバイスしたことは、もう少し太ったほうがいいということだった。

「そんな細い体じゃすぐにばててしまう。もっと健康に悪いものを食べなければだめだ。チョコレートやピーナッツバターをがんがん食べたほうがいい。私は現在八十五キロだが、南極遠征に行く前は百五キロまで体重を増やした。女性の目を気にしてはいけない。

帰国する時にはすっかり痩せているから大丈夫だ」

その時の私の体重は七十キロ程度だった。そのドイツ人探検家の言うことはもっともだったので、私はその日を境に通常とは逆の〝肉体改造〟に励むことにした。肉や脂を積極的に摂るように心がけ、チョコレートなど甘いお菓子を可能な限り間食し、寝る前にはインスタントラーメンやポテトチップスを食べるように自分を厳しく律したわけだ。出発までに八十キロまで増やすことを目標に二カ月間そのような食生活を続け、レゾリュート湾を出発した時には何とか七十五キロ程度にはなっていたはずだ。

しかし出発前に蓄えておいた貯蓄は、この時点では完全に底をついていた。体から脂肪分が失われると体はその状態に敏感に反応する。汚い話になるが、空腹が進行するにつれ毎朝のウンコの大きさは日を追うごとに小さくなっていった。おそらくそれは体が可能な限り貪欲に栄養分を吸収しようと努めた結果だと思われる。少なくなるウンコの量を見るたびに、私はいつも、もったいないことをしたものだという気持ちにさせられた。体が反応するタイミングがもう少し早ければ……と思わないではいられなかったのだ。

つまりこういうことだ。もし、出発直後から腸が今ぐらいの吸収効率を達成していたら、体にはもっと脂肪が蓄えられていたはずだ。そうすれば空腹感も今ほどひどいものにはなっていなかっただろう。最初の頃は食べた分だけ出してしまっていた。その時はまだ、余計なカロリーを摂りすぎだと体のほうで勝手に判断していたのだろう。まったくひどい無駄遣いをしていたものだ。ウンコが小さくなるにつれて、ついこの前までたくさん出していたことが取り返しのつかない失敗のように思えてならなかった。

　極地探検でどのような食事を摂るのかは、昔から探検を成功に導くための最も重要な鍵だった。その意味で私たちの食事と過去の探検隊のそれとを比較してみるのは、それほど無意味なことではないだろう。

　フランクリン隊の食糧計画の詳細は、リチャード・サイリアクスの『ジョン・フランクリン卿の最後の北極探検』に載っている。この本によると、エレバス号とテラー号の二隻の船に積載された隊員百二十九人の三年間の主な食糧は固形物が計百五十一トン、スープや酒といった液体類などが五万リットルに及んだ。内訳は、ビスケット十六・六トン、小麦粉六十二トン、ペミカン〇・五五トン、牛肉十四・六トン、豚肉十四・五トン、缶詰肉十五・一トン、砂糖十・七トン、缶詰野菜四トン、牛脂一・四トン、レーズン〇・四六トン、チョコレート四・三トン、紅茶一・一トン、レモンジュース四・二トン、スコットランド大麦一・一トン、マスタード〇・四五トン、胡椒《こしょう》〇・〇九トン、濃縮蒸留酒一万六千七百四十七リットル、薬用ワイン九百九リットル、えんどう豆五千四百三十六リットル、濃縮スープ一万千六百六十四リットル、酢六千二十八リットル、オートミール六千百三十七リットル、ピクルス二千六百三十七リットル、クランベリー七百七十三リットルなどだった。

　これらの膨大な食糧品リストから想定される隊員一人当たりの一日の献立は、例えばビスケットか小麦粉が四百五十四グラム、塩漬け牛肉が三百四十グラム、砂糖七十一グラム、紅茶七グラム、チョコレート二十八グラム、レモンジュース二十八グラムといったような具合で、日によっては牛肉が豚肉だったり缶詰の肉だったりした。これらに加え野菜スープ、オートミール、酢、マスタード、胡椒などが支給された。

仮に小麦粉のカロリーを百グラム三百七十キロカロリー、牛肉を同二百五十、砂糖同三百八十、チョコレート同五百として、彼らの一日当たりの摂取カロリーをおおよそ計算すると、献立にある分だけで三千キロカロリー弱となり、これに野菜スープやオートミールなどを加えると三千五百キロカロリー程度にはなっただろう。彼らが用意した食糧は私たちのものと比べると千五百キロカロリーほど少なかったが、私たちが毎日寒い中、自力で橇を引いていたのに比べると、彼らは多くの時間を船上で過ごしていたのだから、その食事の量は必ずしも不十分だったとはいえないようにも思われる。

極地で橇を引いて歩くにはどの程度の食べ物が必要なのかを理解するには、フランクリン隊の食事と比較するより、南極点に到達し、その帰路に死亡したロバート・ファルコン・スコットの食糧を参考にしたほうが妥当かもしれない。

彼らの食事については、アプスレイ・チェリー＝ガラードの『世界最悪の旅』に詳しく報告されている。スコットが南極点を目指す時に携行した一日分の食糧の割り当ては、ビスケットが四百五十四グラム、ペミカン三百三十九グラム、バター五十七グラム、ココア十六グラム、砂糖八十五グラム、茶二十四グラムの合計九百七十五グラムで、それに含まれる熱量は四千八百八十九キロカロリーだった。一方、チェリー＝ガラードはこの本の中で、氷点下十八度前後の気温のもとで肉体労働を行うためには七千七百十四キロカロリーが必要で、氷点下二十三度のもとでは八千五百キロカロリーが必要であると、当時の最新の栄養学的な知見をもとに明らかにしている。つまりスコットの食糧は極地探検で必要とされる量よりも二千八百〜三千六百キロカロリーほど足りなかったことになる。

この足りない食糧を食いつなぎながら、彼らはどのような旅を続けたのだろうか。

一九一一年十一月一日に出発したスコット隊の本隊は最初は支援隊のサポートを受けながら、馬や犬橇で荷物を運び、帰りの食糧貯蔵基地を作りながら南下した。出発から一カ月以上が経った十二月十日、前日に運搬用の馬を射殺したスコットらは、この日から自分たちで橇を引き始めた。この時の一人当たりの荷物の重量は約五十五キロ。年が明けた一九一二年一月四日、最後の支援隊が引き返し、スコットらは五人で極点を目指し始めた。そして出発から七十七日が経った一月十七日、彼らは千四百八十キロを踏破し、ついに念願だった南極点に到達した。だが彼らの極点到達は目標にしていた初到達ではなく二番目だった。南極点の近くには、約一カ月前に初到達していたノルウェーのアムンセン隊のテントが残されていたのだ。スコットは日誌に書いた。〈神よ！　ここは恐怖の場所なり〉。彼らは絶望の中、帰路についたが、悲劇はそこから始まった。氷点下三十度、ひどい時では四十度もの嵐の中、五人で橇を引き、行きしなに設置した貯蔵庫から食糧や燃料を回収しながら進んだ。過酷な行進を続けるうち、彼らの体力は徐々に失われ、手足の凍傷や雪目などで肉体はさらに消耗した。一人、また一人と斃れ、最後は次のデポまで残りわずか十八キロのキャンプで、スコットら三人が息を引き取った。

スコットの時代はフランクリン隊から六十五年ほど経っていたので、人力橇による極地旅行の方法も洗練され、栄養学的にも随分と発展がみられていた。チェリー＝ガラードによると、スコット隊の食糧は〈その時までにつくられた食糧として最上のものと信ずる〉に足るものだったという。だがその後の栄養学の知見から、彼らの食糧は長期間の極地旅行を完遂させるには必ずしも十分ではなかったことが分かった。チェリー＝ガラードはスコット隊の食糧について次のようにまとめている。

スコットは極地隊がしだいに飢餓感をまして行ったことをいっている。それはあきらかに食物が、増大して行く酷烈な悪条件をつぐない得なかったことを示すものである。しかも彼らは相当にながいあいだ、規定量以上の食糧をたべていたのである。彼らが出合った平均気温はマイナス二三度以下であったこと、たべた食物のすべてが吸収されるものでないこと、およびわるい走路と向かい風とのための余分の労役に必要なエネルギーとしてのみならず、体を暖め衣服や寝袋を乾かすための多量の熱を要求していたことなどを考慮してみなければならぬ。

（加納一郎訳）

スコット隊が用意した九百七十五グラム、四千八百八十九キロカロリーという一日分の食糧は、私たちの一キロ、五千キロカロリーというのとほぼ同量だ。走路の悪化や天候の問題があったにせよ、彼らがそれまでにまして寒さを感じ出し、飢餓や凍傷で苦難に陥るようになったのは、自分たちで橇を引くようになってから四十五日が経過した頃からだった。それと同じように、私たちも出発から三十日が過ぎ、四十日が近づく頃から、空腹感は次第に飢餓感とでもいったほうが近いほど切迫したものに変わっていった。チェリー＝ガラードが指摘している通り、氷点下三十度から四十度の中で肉体労働を続けるには、五千キロカロリー程度の食糧では十分ではないのだ。そのことを私たちは身をもって実感しつつあった。

もちろん食糧の重量と旅の日数は相関関係にあり、たくさん持っていけばそれだけ橇は重くなり、目的地までさらに日数がかかってしまうということになる。そうするとさらに食糧は必要になって重くなり、また日数がかさむ……という負のスパイラルに陥るので、どの程度の量が自分たちの計画に妥当なのかは、ケースバイケースで決めなければならない。いずれにしても極地探検で完全に十分な量の食糧を持っていくことなどできはしない。最終的に私たちは自分たちの体力や目的地までの距離、他の装備とのバランスなどを考え、一日一キロ、五千キロカロリーが妥当と判断し、偶然にもその量はスコット隊とほぼ同じだったというわけだ。

一日の中で最大の楽しみはもちろん夕食だった。中でも格別の楽しみは私たちが〝イタリー飯〟と呼んでいたものだった。イタリー飯とは、北極点を目指してレゾリュート湾にやって来たイタリアの冒険家がホテルに残していった食糧のことだ。その年は数隊の遠征隊が北極点を目指すためにレゾリュート湾に来ていたが、天候の関係でチャーター機が出発地点まで飛ばず、全隊が諦めて帰国してしまった。彼らは遠征で使う予定だった食糧をホテルに置いて帰国していたので、その中から私たちはイタリアの冒険家の食糧を頂き、足りなかった分を補ったのだ。

このイタリアの冒険家の食糧の味は、北極の次はイタリアに行こうと思わせるほど上等なものだった。スープはどろっとしておりボリューム満点、味付けもラザニアのような濃い味付けで疲れた体には申し分なかった。具も乾燥肉やパスタなどがたっぷり入っており、これに自分たちのペミカンやバター、チーズ、途中で仕留めた雷鳥の肉などを加えた。一食当たりの熱量は推定で二千七百キロカロリーにも達していた。

イタリー飯は数が限られていたため、疲れがひどい時など、ここぞという時に食べることにしていた。脂の大量に浮いた、どろりとした熱いスープで一杯になった鍋を目の前にした時、私たちの幸福感は絶頂に達した。目の前にある鍋は驚異的な存在だった。突き刺すような寒さや耐え難い疲労など、その日に経験したあらゆる艱難《かんなん》辛苦はこの瞬間にすべて過去のものとなり、あとは目の前のごちそうを平らげるだけなのだ。夕食をおいしく食べるために、私は努力を惜しまなかった。熱いスープが唇の傷に触れても痛くないように、食事の三十分前に必ず鎮痛剤を飲んだ。そして薬が効き始めた頃にスプーンでイタリー飯を口に運ぶのだ。口の中で広がるうまみは決して他の場所では経験できるものではなかった。これを食べている時、自分は今、世界で一番うまいものを食べているという絶対的な自信があった。もし自分よりもうまいものを食べている人間がこの世にいるとしたら、それは隣で食事をしている荻田泰永以外に考えられなかった。

空腹感が絶頂に高まりつつあった四月十八日深夜、私たちは寝込みに再び北極熊の訪問を受けた。

テントの中で熟睡中、隣で荻田が大声を上げたので、私は驚いて目を覚ました。外で赤外線センサーが鳴っていた。私たちは動きを止めて耳をすました。凍てつく空気と静寂だけが張りつめていた。しかしすぐに熊が爪で雪面を引《ひ》っ掻《か》く、ザッ、ザッという例の音が聞こえてきた。

「来た！」

私たちは急いで寝袋から出て、羽毛服を着こみ、外に出る準備を始めた。もう熊に会うのはこれで四度目だ。初めて北極熊が来た時のような焦りはもはやなく、ヘッドランプをつけるのに手間取るようなヘマもしなかった。ベアバンガーを用意し、厚い綿の詰まったテントシューズを履き、作業用の五本指の手袋をつけると、私は熊除けスプレーをいつでも発射できるように構えながら慎重に入口のチャックを開けた。外の様子を窺《うかが》うが、入口の前に熊の姿はなかった。拳銃を構えて犯人の家のドアを慎重に開けるロサンゼルス市警の刑事のような気分で、私は拳銃の代わりに熊除けスプレーをしっかり握りしめ、ゆっくりと入口から外に顔を出した。

春が近くなり、深夜なのに外はほのかに明るかった。日没後も太陽は地平線のすぐ下にまでしか沈まなくなったのだ。首を振り左右を確認したが、熊の姿は見えなかった。おかしいな。あの音は確実に熊のものだったのだが……。

もう一度、目を凝らしてあたりを確認した。すると左斜め後ろ、約十五メートルほど離れたところに、乳白色の毛でおおわれた獣があどけない顔をしてこちらをじっと見つめていた。

「お、いたぞ……」

熊は身じろぎひとつせずに、私の動きを見つめていた。

「おーう!」

外に出て立ち上がり、大声を張り上げて威嚇した。すぐにベアバンガーを発射すると、弾は低い弾道を描き熊の目の前で爆発した。後ろから荻田が銃を肩からぶら下げ、右手にビデオカメラを携えて外に出てきた。私は荻田から銃を預かると、フォアエンドをスライドさせて引き金を引いた。銃声が鳴り響くと、熊は驚き、飛び跳ねるように後ろ向きになって逃げだした。だが二十メートルも走ると、すぐに立ち止まり、またこちらのほうを振り向いた。

その熊は小さく、まだ子供のように見えた。好奇心が強いらしく、銃を放って驚かせても、すぐに立ち止まって何度もこちらに顔を向けた。再びテントにやって来ないように、私は大声を出しながら、何発も銃を撃ち熊を追っかけた。四百メートルぐらい先まで追っ払った時には、散弾を六発、ベアバンガーの弾を一発使っていた。熊は走って逃げ去ったようだが、どこに行ったのかは薄暗くてよく見えなかった。

テントに戻って状況を確認すると、入口近くの赤外線センサーが倒されており、その周辺に足跡がたくさんついていた。足跡の大きさは人間の手の甲ぐらいしかなく、やはりやって来たのはまだ子供の熊だった。

私たちはテントの中に戻り、再び寝袋の中に体を入れた。目をつぶると、さっきの子熊の姿が頭に浮かんだ。まだ小さな熊だった。子供らしく、つぶらな瞳でこちらのほうを何度も振り返り、背中をゆすって必死にどこかへ逃げて行った。母熊と別れ、一頭で暮らし始めたばかりだったのかもしれない。

空腹感は極限にまで高まっていた。腹が減ると自分を縛り付けていたモラルなど、どうでもよくなってくる。

あの子熊、もう一度テントに来るかな……と私は思った。もし、もう一度テントに来たら、撃ち殺して食ってもいいかもしれない。

幸か不幸か、その子熊はもう二度と現れなかった。

アイラ岬
プリンスリージェント入江
フランクリン海峡
タスマニア諸島
フランクリン隊がたどったとされるルート
ブーシア半島
角幡・荻田隊が
たどったルート
船の放棄地点
フェリクス岬
ビクトリー岬
ジェーン・フランクリン岬
マッティ島
フランクリン岬
コリンソン入江
エレバス湾
キングウイリアム島
テラー湾
ワシントン湾
ハーシェル岬
グラッドマン岬

第三章

ビクトリー岬

——暗転

1

「どこかに麝香牛でもいないかなあ」

大きな橇に腰を下ろして、荻田が黒くそびえるプリンス・オブ・ウェールズ島の岩壁を眺めていた。二十キロほど南にアイラ岬という小さな岬が海に張り出していた。

「なんならウサギでもいいいんだけど。四年前はあの岬を越えたところに麝香牛の糞や足跡がいっぱいあったんだよな。陸地の近くだから」

「北極熊じゃだめか？」

「…………」。荻田は少し間をおいた後、「熊は最終手段だね」と言った。

四月十九日、私たちはキングウイリアム島のフェリクス岬まで、あと約二百四十キロの海上にいた。数日前から空腹のあまり、陸地を見かけたら野生動物の姿を探すのが習慣になっていた。出発前のテントの中では前日の夜に現れた北極熊の子供のことが話題にのぼった。

「熊の肉を食料にすることを真剣に考えてもいいかもしれない。昨日の熊、もしもう一回来たら、撃ち殺して食べちゃってもいいかもなって俺は思ったよ」

　夜に現れた熊が、私にはどうにもうまそうに思えてならなかった。

「ところで二十一世紀的な日本人の良識ってまだ残ってる？　衣食足りて、じゃないけど、自分が礼節を失いつつあるのが俺にはよく分かるよ」

　普段から礼節などあまり持ち合わせていないことを棚に上げて、私はそう言った。

「まだ少し残っているかな」と荻田は答えた。「ただ、これだけ腹が減ったら、フランクリン隊の気持ちも分からないではないけどね」

　彼の言うことも確かに分からないではなかった。だが、フランクリン隊みたいな悲惨なことになるぐらいなら、その前に北極熊を食べたほうがまだしも人間的なように私には思えた。何しろ彼らは最後、隣で斃死《へいし》した仲間の肉を食べてまで生き延びようとしていたのだから。

　もちろん現代社会において北極熊を撃ち殺すのがかなり「まずい」ことも事実である。近年、北極熊は地球温暖化に伴う海氷の減少と関連づけて報道されることが多くなった。温暖化が進み、北極の海氷が減少することで、熊の棲息環境は昔に比べて格段に悪化した。食料を確保できる期間が短くなり、それが彼らの個体数の減少につながっていると懸念されている。その意味で北極熊は今では、私たちの現代消費文明の負の側面が生み出した象徴的な犠牲者になったといえる。

　つい百年ほど前まで北極熊は探検家にとって都合のいい食料源だった。ロシアのヴァレリアン・アルバーノフは、氷に囲まれた船を捨ててフランツヨゼフ諸島を目指した時、しばしば北極熊を仕留めて飢えをしのいだ。彼の場合は肝臓を生で食べすぎてビタミンA過剰症にかかり、頭痛とめまいと胃痛に苦しむというおまけまでついた。北極熊の肝臓はビタミンAが多量に含まれているので、しっかり火を通さなければ食べてはいけないということを、どうやらアルバーノフは知らなかったらしい。ノルウェーの有名な探検家フリチョフ・ナンセンに至っては、北極海を横断する途中で熊の肉を食べすぎて十キロも太ってしまったという。第一次世界大戦中の難民救済活動や戦後の平和処理が評価され、ノーベル平和賞を贈られた人道主義者のナンセン博士でさえ、若い時は随分と北極熊の肉を食べていた。

しかし今では長年北極の地で狩猟をして暮らしてきたイヌイットでさえ、集落ごとに一年間に獲る頭数が制限されている。北極熊の棲息環境が悪化したのは、別にナンセンやイヌイットのせいではない。東京で暮らす私たちも含めた現代人が、多大なエネルギーを消費する生活に固執する、その集積の結果である。だから私たちには北極熊の生活を守らなければならない責務が生じた。荻田が最終手段と言ったのはそういう意味だったが、そんなことは分かったうえで、私は熊を見た時、食べてしまいたいと思ったのだった。

空腹感と疲労感を引きずるようにして私たちはピール海峡を南下した。上空には青空が広がる日が多くなった。私たちは南に向かっていたので進行方向には常に太陽があった。南に行くに従って、太陽の高度は徐々に高くなり、晴れた日には周りに見事な日暈《にちうん》が浮かびあがった。白い輪が太陽の明かりを取り囲み、その太陽と同じ高度のあたりに幻日が小さな分身のように輝いた。

アイラ岬の先で、ずっと右手に見てきたプリンス・オブ・ウェールズ島から離れ、私たちはピール海峡とキングウイリアム島をつなぐフランクリン海峡に足を踏み入れた。名前が変わっても海の様子に変化があるわけではない。氷の状態は引き続き良好で、特に目立った乱氷に煩わされることもなかった。それでも途切れることなく現れる固い雪の風紋や細かな凹凸の中を、一日十時間も続けて橇を引いていると、細かな振動や衝撃で体は消耗していった。

ピール海峡を南下するうちに、ヘルペスでぼろぼろになっていた私の唇は回復の兆しを見せ始めた。ただれた部分から滲みだす分泌物が黄色い膿から血液に変わり、瘡蓋みたいなものができるようになってきたのだ。荻田に言わせると、とても改善しているようには見えないそうだが、わけの分からない黄色い液体から多少でも馴染《なじ》みのある血液に変わっただけでも、私には事態が好転しているように感じられた。春が近づき少しずつ気温が上がってきて、唇へのダメージが少なくなったのだろう。もしかしたらボラギノールが効いてきたのかもしれない。

私たちは一日に十時間、二時間半に一回の休憩以外はひたすら歩き続けた。疲労は容赦なく蓄積し、テントを出発する時はいつも、油をさされずに放置された機械のように足腰の筋肉や関節が軋む感じがした。極度の空腹のため頭の中では次の休憩の時に食べる行動食以外に何も思い浮かばなかった。それでも四月二十日、二十一日と二日連続で二十八キロの行進を達成した。

「連日二十八キロなんてすごいことだぜ」と荻田が言った。「二十七キロを刻むのだって条件が整わないとできないからね。体調とか、氷の状態とか、天気とか」

ピール海峡で連日二十五キロから三十キロもの距離を歩けたのは、出発前に行った訓練の成果が出たからなのかもしれなかった。

日本を出発する前、私は荻田から、極地の旅では七十キロや八十キロの重さの橇を引き、一日平均二十キロの距離を歩くのが普通だと聞かされていた。彼はそれに慣れているから問題ないのだろうが、それがいったいどれだけ肉体を消耗させるのか経験のない私には想像できなかったので、前年の秋頃から、それに耐えられるだけの訓練を密かに開始していた。

訓練は基本的に重い荷物を背負って歩く「ボッカ」を中心に行った。週末になると四十キロぐらいの荷物を担いで奥多摩や南アルプスの山を登ったり、山に行く時間がない時は皇居周辺に行って、ビニール袋で防水した五十リットルのザックに水を満タンに入れて十五キロから二十キロほど歩いたりした。わざわざ皇居を選んだのは、自宅の近くでそんなおかしな訓練をしていたら完全に変人だと思われるし、皇居にはちょうど腰の高さの石垣があるので、重いザックを下ろして休憩するのにいいからだ。石垣の上に腰をおろし、家で作ってきた大きなおにぎりを頬張っていると、皇居の周りを走る若くてきれいな女性ランナーから、必ず奇異な目で見られた。警官からは時折、「大丈夫ですか」と職務質問らしき声かけをされたりもした。

年が明けて出発が近づく頃になると、私は荒川河川敷でタイヤ引きの訓練をするまでになっていた。タイヤ引きが橇を引く訓練として有効だという話は、以前、知人に紹介してもらったドイツ人の極地探検家から聞いていた。しかし私には、いくら極地に行くといっても〝巨人の星〟じゃないんだから、さすがにタイヤ引きはないだろうという気持ちがないでもなかった。だからその時は適当に彼の話に相槌を打つだけにしておき、そのままタイヤ引き訓練は敬遠していた。

しかし正月に南アルプスにアイスクライミングに行った時、一緒に登った知人にそのことを話すと、なんとその知人は、「それじゃあ知り合いにタイヤ屋がいるから、ただでもらえるか訊いといてやるよ」と言って、本当に何日か後に荒川河川敷の近くにある佐川急便の事業所に大きなタイヤを二つも送ってくれたのだ。しかも親切にも、タイヤの内側には重りを載せられるようにベニヤ板をはめ込み、タイヤ本体にはロープを通す穴までくりぬいてくれていた。そこまでしてもらってはさすがに放っておくわけにもいかないので、出発までの約一カ月間、時間を見つけては荒川まで自転車で行き、二時間ほど砂袋を載せたタイヤを引いてトレーニングを続けた。実際のところ、タイヤ引きにどれほどの効果があるのかよく分からなかったが、少なくとも見る者にはド根性という言葉を思い起こさせるインパクトはあったらしく、河川敷で暮らすホームレスから、「あんたがあの頑張っている兄ちゃんか！」と声をかけられたこともあった。

この日は途中で太陽の南中時刻の計測を行った。計測の結果、進行方向が前回確認した時から時刻にして二十分、角度にして五度ずれていたので修正することにした。といっても、ほとんどの人には何のことかさっぱり分からないだろう。

北極では磁極が近くコンパスが正確な方位を示さないため、基本的には太陽をもとに進行方向を割り出す。原則的に太陽は正午に南中、つまり百八十度の方角に昇る。そして二十四時間かけて三百六十度を一周するので、〈360÷24〉で、一時間あたり十五度の割合で西に移動する。進行方向は基本的にこの二つの条件を基に割り出す。例えば午後三時に二百四十度の方角に進みたいとする。午後三時の太陽の位置は、〈180（正午）＋45（三時間）＝225度〉の方角にある。二百四十度の方角に進みたいわけだから、太陽の方角よりも十五度、西寄りに進めばいいということになる。これを時刻に直すと、十五度というのはちょうど一時間分にあたる。つまり二百四十度の方向とは太陽が午後四時に昇る方向のことを指しているわけだ。だから二百四十度の方角に向かう時は、「二百四十度の方角に向かう」と言うのではなく、「午後四時の方角に向かう」と言い表す。ただ実際には時計の時刻と太陽の位置にはずれがあり、そのずれも考慮に入れなければならない。私たちは時計を北米の中部標準時にあわせて行動していたが、当然あらゆる場所で中部標準時の正午に太陽が真南に来るわけではない。場所によっては時差が生じ、中部標準時の午後一時に太陽が南中することもあれば、午前十一時に南中することもある。その時差も計算に入れて進行方向を割り出さなければならないので、時折、現在位置における太陽の南中時刻をGPSに内蔵された方位磁針で確認する必要が出てくるのだ。

太陽をもとにしたナビゲーションは慣れると驚くほど正確になり、わずかな角度のずれも感覚的に理解できるようになってくる。私たちはピール海峡を進んでいる間、百九十度の方角を目指してひたすら直進していた。だが途中から、実際の進行方向が思っているより西にずれているような気がしてならなかった。例えば朝、地図を見て、二百度の方角の十五キロ先に岬があることを念頭に出発したとする。私たちは百九十度の方角に進むので、岬は私たちの進行方向とは十度のずれがある。とすると十五キロ進んで岬が現れた時、計算上その岬は私たちから二・六キロほど西に離れていなければならない。だが実際には考えていたよりも岬に近い側にたどり着いてしまう。そういうことが続いていたので歩いていて違和感があったのだ。

この日に太陽の南中時刻を調べたのは、そのような違和感があったからだった。それまで私たちはバロウ海峡の途中で行った計測を基に、太陽は午後一時四十分に南中するという前提で行動していた。しかし改めて測ってみると、南中時刻は午後一時二十分に変わっていた。歩いている場所が前回の計測から東にずれていたので、時差が生じていたのである。この時間にして二十分のずれは、角度に直すと五度のずれに相当し、五度というのは私が感じていた違和感と概ね一致する角度だった。南中時刻を修正すると、それまで感じていた太陽と角度のずれはなくなり、私たちは再び太陽を見ながら正確な進行方向を割り出すことができるようになった。

四月二十二日、白い氷海の向こうにブーシア半島の山々が蜃気楼《しんきろう》のように浮かびあがった。ブーシア半島からわずかに沖に出たところにはタスマニア諸島という小さな島々がある。二〇〇七年に荻田がレゾリュート湾からケンブリッジ湾に向かおうとした時は、この諸島の近くで誤ってコンロでテントを燃やしてしまい飛行機で救助されて旅を終えたという。遠くから見ると、タスマニア諸島は雪と岩に覆われた小さな島々から成っていた。周辺の海氷の状態は不安定で割れ目が何本も入り込んでいた。アザラシが頻繁に水面下から顔を覗かせるらしく、割れ目の周辺では腹を空かせた北極熊の足跡が無数に見つかった。ところどころで乱氷が現れたが、進行にはさほど影響はなく、二十三日と二十四日も二十六キロの距離を稼いだ。

四月二十五日は向かい風の強い日となった。山と違って北極には地形的に遮るものがないため、どこにいっても風は必ず一定の強さで同じ方向から吹き続け、私たちの体力を奪い続けた。気温も氷点下二十八度と、ここ最近にしては久しぶりに寒い一日となった。風は次第に強まり、目出し帽の口のまわりで呼気が凍りつき鉄板のように固くなった。傷ついた唇に凶器のような冷気が突き刺さり、涙が出そうなほど痛む。時折青空が顔を覗かせることもあったが、風が弱まらないため顔を上げて歩くことはできなかった。太陽があまり姿を見せないので、私はストックの影と自分のスキーとが交わる角度を参考にしながら方向を割り出して歩いていた。雪が風に乗り、見渡す限り広がる雪面の上を幻想的に流れていた。長期間、寒気にさらされたため凍傷で頬が黒ずみ、テントの中で皮膚を引っ掻くと厚い皮がべろべろとめくれた。翌日も風は弱まらなかった。しばらく休んでおらず、疲労がたまっていたこともあったので、その日は停滞することにした。

それからは春の陽気を感じさせる天気が続いた。五月が近づき、出発した頃に比べると日没もすっかり遅くなった。太陽は地平線のすぐ下に沈むだけなので、夜になっても一晩中薄明るく、日没したと思ったらすぐに日の出が訪れた。太陽が一日中沈まない白夜の季節がそろそろ訪れようとしていた。

激しい空腹は相変わらず続き、とりわけこの頃からは甘い物にやたらと飢えるようになっていた。持っている食糧の中で甘い物といえば行動食しかなく、二人の間でその価値は極端に上がった。歩いている途中で行動食一袋あたりの値段が話題になることもあった。

「一万円でどう？　俺の行動食、買わない？」

私がそう言うと、荻田は意外と強気だった。

「一万円なら、俺、買うよ。百五十カナダドルでいいんだろ」

「うっ……」。荻田の返答に私は思わず言葉をつまらせた。「でもやっぱり一万円じゃ売れねえなあ。三万円ならどうだ？　とはいえ三万円で売りたくもないし、そんな高い金で買いたくもない……」

「その気持ちは分かるよ。結局、値段じゃないんだよ」

「でもそこに値段をつけようって話じゃないか。三万円ならどうよ」

するとなると荻田が真剣な顔でこう言った。

「三万円で買おうか？」

北極では三万円という現金は、ナッツやカロリーメイトやチョコレートが五百グラム入ったジップロック一袋の価値にさえ遠く及ばなかった。三万円を使える日があまりにも先のことなので、三万円の現金を三万円の価値があるものとして認識することができないのだ。荻田の真剣な問いかけに、私は情けない声を漏らしてしまった。

「や、やめてくれよ……」

春が近づく中、その日から二十六・二キロ、二十五・九キロ、二十四・五キロと私たちは歩き続けた。疲労は消えないほど蓄積し、寝る前に入念にストレッチを行うのが日課になっていた。楽しみは食事以外にはなく、夕食が終わり、寝て、朝食を食べ終わった時が一日のうちで最も憂鬱な時間だった。次の夕食まで十時間歩かなければならなかったからだ。

すでに私たちは最初の目的地であるキングウイリアム島がいつ見えてもおかしくない

ところにまで来ていた。

「いよいよ近づいて来たな」と荻田が言った。「岬に看板か何かが立っていたらどうする？　表には『ようこそ、キングウイリアム島へ』、裏に回ると、『またのお越しをお待ちしております』なんてさ。でもこんなところまで来る人間はまずいないだろうなあ」

「でもこっちの人間は結構マニアックなやつが多いからな。ウィキペディアでフランクリン隊のページを見てみると、キングウイリアム島周辺で調査をしているマニアは結構いるらしい」

「まあ、そういうテーマを持っている人間は別だろうけどね。いずれにしてもジョアヘブンまで直線距離で二百キロぐらいだから、すでにイヌイットの行動圏内には入っている。狩りに来る連中と出くわす可能性はゼロではない」

島影が見えたのは四月二十九日午後一時半のことだった。前方の確認のために雪の上の吹き溜まりに登った時、押しつぶされたパンケーキみたいに平べったく広がった黒い影が水平線の彼方に見えたのだ。

「あれが島かな」。後ろから荻田も吹き溜まりに登ってきた。

「そうらしいね」と私は答えた。

それは出発してから四十五日目のことだった。見えるような見えないようなその黒い影こそ、百六十三年前に極地探検史上最大の悲劇が起きた現場だった。すでに私たちは、エレバス号とテラー号が氷に囲まれ動けなくなった地点のかなり近くにいるはずだった。

ジョン・フランクリンが死亡したのも、それほど遠くないどこかであっただろう。もしかしたら、すぐそこだったのかもしれない。

しかし島影らしきものが見えたのはいいが、それが本当にキングウイリアム島の島影なのかどうかは、もっと近づいてみないとよく分からなかった。島影は引き伸ばされたように水平線にとけこみ、それが本当に島なのかどうか見ただけでは確信が持てないのだ。

島影を見ながら、ロスが間違ったのも無理はないのかもしれないと私は思った。

フランクリン隊がキングウイリアム島を西から回りこみ遭難したのは、その十六年前に探検家ジェームズ・クラーク・ロスが、この島の東側にありもしない陸地があると報告したことと無関係ではない。しかしそのロス自身もキングウイリアム島の東の海峡を横断している時は、自分が陸にいるのか海にいるのかよく分からなくなっていたようだ。〈これまで目にし、通り過ぎてきた海岸線の入り乱れた様子を考えると、私は今いる実際の位置を疑い始めた〉と彼は探検記の中に書いている。

自分たちは本当に大陸の端に沿っているのか、あるいはこの不連続な陸地が群島部の一部ではないのか、私にとってはそれが問題だった。現在のように凍てつく気候に慣れていないだけに、全てを氷と白く輝く塊に取り囲まれると、そのことを考えずにはいられないのだ。海の表面はそれ自体が盛り上がって岩の世界に組みこまれ、陸地は反対に、たとえ水平線ほどではないにしても、しばしばあまりにも平坦に見える。

（『第二次北西航路探検航海記』）

私たちはその時、ロスが海と陸地を取り違えた場所からさほど離れていないところにいた。確かに彼が間違ってもおかしくない程度にはキングウイリアム島の島影は曖昧だった。風景はすべて平坦で白く、島はあるいは海かもしれず、海はあるいは島かもしれなかった。

結局、目の前に見えてきた島影がキングウイリアム島であると私たちが断言できたのは、衛星写真をもとに作成された完璧な精度の五十万分の一の地図を持っていたからに過ぎなかった。その情報をもとに私たちはあと何日で島に着くとか、あれは島であるとか明言できたわけだ。もしロスやフランクリンと同じように地図がなかったとしたら、私たちが周りに広がる世界を地形通りに把握することは難しかったに違いない。

地図がない世界を旅することがどのようなことだったのか、現代に生きる私たちにはもはや正確に想像することはできなくなった。GPSや衛星携帯電話、水も風も通さないゴアテックスのような素材でできた衣類、石油でできた軽くて頑丈な橇、水に浸すだけで食べられるようになる米、ビタミンCの錠剤……。私たちが今回の冒険に持ち込んだありとあらゆる品々は、フランクリン隊の時代には考えることすらできなかった便利なものばかりだった。しかしそれらの装備以上に、便利だとか快適だとかそういうレベルを超えて、フランクリン隊と私たちとの行為を深いところで断絶させていたのは、まぎれもなく地図の存在だった。

地図を持っていることの意味は、山や川や島や岬がどこにあるか分かるという水準にとどまるものではない。先の地理が分かれば、自分たちが向かう場所がどのような地形になっており、進めるのか進めないのか、撤退すべきかすべきでないのかを判断できる。そうした将来の具体的な行動を予測できることに、地図を持つことの本当の意味はあるのだ。私たちがバロウ海峡の乱氷を越える決断を下し、ピール海峡を急いで通過できたのも地図を持っていたからだった。もし地図がなくて先の地理が分からなかったら、もしかしたら私たちはバロウ海峡の乱氷帯で怖くて逃げ帰っていたかもしれない。

地図があれば明日以降の行動を具体的に想像することができるが、地図がないと明日以降どのような状態に陥るのか予測すらできず、場合によってはどこかで行き詰まるかもしれない。少なくとも行き詰まるのではないかという不安から逃れることはできない。人の住む場所から遠く離れた極地で行き詰まると、それは限りなく死に近い深刻な事態を意味する。たった一枚の地図には空間的な地理情報だけでなく、そうした時間軸上で計られる価値も含まれる。地図がない世界は明日が見えないという意味で暗黒の世界だったのだ。地図のない時代の探検家はそうした不安を受け止めながら旅を続け、この茫《ぼう》漠《ばく》とした、陸と海の境目すらよく分からないキングウイリアム島にやって来た。それはやって来たというよりも迷いこんだとでもいったほうが、もしかしたら適切だったのかもしれない。ジェームズ・クラーク・ロスがこの島の東にありもしない地峡をあると思いこんだのはここだった。未知の海の航海を続け、エレバス号とテラー号が氷に囲まれ動けなくなったのもここだった。ここは昔、それ以上先に踏みこめば、もう戻れなくなるかもしれない、いわば地の果てとでも形容できる場所だった。

私たちは乱氷の少ない穏やかな海の上をキングウイリアム島に向かって歩き続けた。近づくと島は茫洋とした黒い影から、白くてなだらかな実体のある姿に変化していった。島まで七、八キロに近づいたところで、ピンク色の細長い人工物が立っているのに気がついた。島の北端フェリクス岬に違いない。岬には「ようこそ」の看板ではなく、船舶への標識が立っているようだった。

東から冷たい風が横殴りに吹きつけていた。島の海岸線の手前では青氷が乱氷となって積みあがり、私たちは重たい足を引きずりながら、その氷の隙間を縫うように前進した。途中で雪の上にポタ、ポタ……と血が滴り落ちていることに気がついた。最初は鼻血かと思ったが、どうやらそうではないようだった。血は鼻からではなく、口から出ているようなのだ。もしや、と思い触ってみると、思った通りヘルペスの瘡蓋がはがれ、唇から血が流れていた。さらに薄気味悪いことに、血は流れるうちに凍りつき、唇からは長さ十センチぐらいの赤いツララが垂れ下がっていたのだ。試しにツララをポキッと折ってみた。すると血が雪の上やスキーにボタボタと滴り、ツララはあっという間に元通りに再生された。出血の原因はその日の朝に飲んだ凍傷対策の血管拡張剤に違いなかった。右足の親指の皮膚が凍傷で黒くなり始めたので、一応血の巡りをよくしておこうと思って飲んだものだった。薬によって拡張されるのはどうやら足先の血管だけでなく、全身の末端の血管も広がるらしく、唇の血行もよくなってヘルペスの傷から血が止まらなくなったのだろう。

念願だったキングウイリアム島に上陸した時、私のゴアテックスの上着やスキーは血まみれになっていた。血のツララが出来上がった私の顔を見て、荻田は目を点にした。

「すごいことになっているな……。さすがに俺も、血のツララを見たのは初めてだ」

フェリクス岬に到着したのは四月三十日のことだった。岬にはベニヤ板に明るい彩色が施された、高さ十メートル近い船舶への標識が立っていた。不快な灰色の雲が頭上に広がり、風が強く吹き抜けていた。地面は雪とクリーム色の石灰岩に覆われ、気分が重たくなるような荒涼とした雰囲気に包まれていた。島に上陸してから私たちはしばらく島の内陸を南に向けて進んだ。島の内陸部には昔、フランクリン隊の隊員が立てた大きなケルンがあったという記録が残っていたからだ。もちろんそのような古いケルンが現存しているわけもなく、狐が小便をひっかけた、小さな石の目印がところどころにあるだけだった。

内陸に五、六キロ入りこんだ後、私たちはビクトリー岬と呼ばれる岬に行くため島の西岸に向けて丘を下った。晴れ渡った空には暈《かさ》のかかった太陽が昇り、岸には氷が波のように押し寄せていた。キングウイリアム島の風景はどこも平らで白く、周囲との距離感がつかみにくかった。歩いているうちに目の錯覚が頻繁に起こり、見えているものが本当なのかどうか、私はいまいち確信が持てなかった。四、五百メートル先の岩を目印に進んでいたつもりが、実はそれがわずか五十メートル先にある風で削れた単なる雪の凹凸だった、などという勘違いがしょっちゅう起きた。

五月一日夕方に私たちはビクトリー岬に到着した。真っ白い雪原が凍った海にまで続いていた。海は比較的穏やかで、フランクリン隊が閉じこめられたようなひどい乱氷は発生していなかった。私は橇をその場に置いて、羽毛服を着るのも忘れて海岸線のほうへ急いで向かった。かつてここには高さ約百八十センチのケルンがあったという。辺りを丹念に散策してみたが、そのようなケルンはどこにも見当たらなかった。海岸線の手前では肌色の石灰岩が雪の上にごろごろと転がっており、もしかしたらそれが昔のケルンが崩れた跡なのかもしれなかった。

北風が強くなり、寒さで体が震えた。私たちはビクトリー岬を後にし、さらに三キロほど海岸線を南に進み、わずかに陸地が海に突き出した地点に達した。そこにも当時のケルンは残っていなかったが、近年誰かが記念で積み上げたと思われる高さ約百二十センチの別のケルンが立っていたので、私たちはその隣にテントを立てることにした。

フランクリン隊が姿を消してから十四年後の一八五九年、私たちがテントを立てた場所からそれほど遠くないところで、フランクリン隊直筆のメモが見つかった。彼らが書いた記録で見つかったのは結局、後にも先にもその一枚だけだった。

2

メモが発見されたのは、フランクリン隊が出発してから十四年が経った一八五九年四月のことだった。発見したのはレオポルド・マクリントックという橇引きの名人が率いる探検隊だった。橇に八十四日分の食糧を積みこんで出発した彼らは、途中で二手に分かれ、副官はキングウイリアム島の西岸に、マクリントックは島の東側に向かって南下した。そして島の南岸から西に向かっていた途中でマクリントックは、途中で別れた副官が残したメモ書きを見つけた。そこにはこれまで多くの探検家がどんなに探しても発見できなかったフランクリン隊の記録が、ビクトリー岬のケルンでついに見つかったと書かれていた。

マクリントックの副官が見つけたというこのメモは、結果的にフランクリン隊によって残された最後の公式文書となった。フランクリン隊はたった一枚の紙切れを、銅の円筒缶の中に入れて、ビクトリー岬の近くに立てたケルンに残していたのだ。

メモには時期的に異なる二つの記録が書きこまれていた。最初の記録は一八四七年五月二十四日に書かれたものである。

エレバス号、テラー号　一八四七年五月二十八日、北緯七十度五分西経九十八度二十三分
ウェリントン海峡を北緯七十七度まで北上後、コーンウォリス島の西側を戻り、一八四六年から四七年はビーチェイ島の北緯七十四度四十三分二十八秒、西経九十一度三十九分十五秒で越冬した。
ジョン・フランクリン卿が探検隊を率いている。
すべて順調。
二人の士官と六人のメンバーで編成した隊が、一八四七年五月二十四日月曜日に船を出発した。
G・ゴア大尉
C・F・デビュー航海士

このメモによってフランクリン隊が一年目にビーチェイ島で越冬していたことが正式に確認された（メモではビーチェイ島で越冬した年が一八四六年から四七年となっているが、それは間違いで一八四五年から四六年が正しい）。署名をしているゴアとデビューという隊員は、このメモの最後に記された〈二人の士官と六人のメンバーで編成した隊〉の二人の士官にあたる。つまりこのメモ用紙を船からキングウイリアム島に持ち運び、ケルンの中に保管した人物だ。このメモによるとグラハム・ゴア大尉は一八四七年

五月二十四日に、七人の部下を率いて氷に囲まれた船を出発し、キングウィリアム島に上陸した。おそらくゴアが船を出発する直前に、隊長であるジョン・フランクリンは探検隊の記録を後の捜索隊のために書き残しておくことに決め、これまでの簡単な経過を部下に書かせて、そのメモをゴアに手渡したのだろう。そしてゴアはその紙を島に持っていき、ビクトリー岬にあったケルンに埋めたのである。

この最初の記録で重要なのは、記録が書かれた一八四七年五月二十四日の時点で、フランクリン隊は〈すべて順調（All well）〉で、隊長のジョン・フランクリンも健在で探検隊を率いていたという箇所だ。ビーチェイ島で三人が死亡したことには触れられていないものの、この文言だけを信じると、ひとまず隊にはまだ大きな災厄は訪れていなかったらしい。

しかしすべて順調だったはずのフランクリン隊は、そのわずか一年後には船を放棄しなければならないほどの緊迫した事態に追い詰められた。この紙の余白には細かく整然とした文字でびっしりと、その一年後の状況を伝える第二の記録が書きこまれていた。

一八四八年四月二十五日付

テラー号とエレバス号は一八四六年九月十二日以来氷に囲まれ、四月二十二日、ここより北北西五リーグ（引用者注・約二十四キロ）のところで放棄されることとなった。百五人から成る士官と乗組員は、F・R・M・クロージャー大佐の指揮の下、ここ北緯六十九度三十七分四十二秒、西経九十八度四十一秒の地点に上陸した。この用紙は一八四七年六月に故ゴア中佐によって保管されていたものである。ここより約六・五キロ北にある、一八三一年にジェームズ・ロス卿によって立てられたと思われるケルンの中にあったのを、アービング中佐が発見した。ジェームズ・ロス卿のケルンは見つかっていないものの、この用紙をジェームズ・ロス卿がケルンを立てたこの場所に移しておく。ジョン・フランクリン卿は一八四七年六月十一日に死亡した。この探検における死者数は今日までに士官が九人、乗組員が十五人。

ジェームズ・フィッツジェームズ大佐　エレバス号

F・R・M・クロージャー大佐兼筆頭士官

明日二十六日より、バックのフィッシュ川を目指す

この二番目に書かれたメモによると、隊長のフランクリンはなんと、最初のメモが書かれてからわずか十八日後には死亡していたことになる。靴を食ってまで北西航路発見に執念を燃やしたヴィクトリア朝の英雄は、故国の誰もが知らない中、凍える海でひっそりと息を引き取っていたのだ。今もって彼の墓は見つかっていないし、彼に何が起きたのかも正確には分かっていない。分かっているのは彼が死んだ日付だけなのだ。

また小隊を率いてキングウイリアム島に上陸したグラハム・ゴアも第二のメモが書か

れた時点ですでにこの世を去っていた。隊は〈すべて順調〉だったはずなのに、一年後には死者数は二十四人に達し、隊の指揮権は亡きフランクリンから副官のフランシス・クロージャーという人物に移っていた。そしてそのクロージャーは残された部下を率いて、〈バックのフィッシュ川〉というところを目指して旅立つことにしたというのである。

一体彼らに何が起きたというのか。

フランクリン隊遭難の謎を解き明かすには、話をビーチェイ島まで巻き戻さなければならない。彼らの行方が分からなくなってから派遣された捜索隊が、ビーチェイ島で多くの遺留品を見つけたことはすでに述べた。島には三人の水兵の墓も立っており、墓の存在は捜索隊に様々な憶測を巻き起こした。なぜなら十九世紀以降の北極探検では、死者が出るとしてもそれほど多くの隊員が死ぬことはなかったし、ましてや探検が始まって間もない時期に三人もの隊員が死亡することなど異例のことだったからだ。しかも本来は残されていなければならないメモ書きも島では見つからなかったし、そもそも彼らは出発から五年も音信不通だった。彼らの探検は長くて三年の予定だったのに、その予定をもう二年も過ぎていたのだ。彼らに何があったのか、捜索にあたった探検家たちは首をひねった。

この時、ビーチェイ島を訪れた捜索隊の目に奇異に映ったものが、墓の他にもうひとつあった。実は島には六百個から七百個にも及ぶ缶詰の空き缶が山となって残されていたのだ。フランクリン隊がビーチェイ島に停泊していた短い期間を考えると、その数は少し不自然であるように思われた。捜索にあたった人たちの疑惑の目はこの缶詰の空き缶に向けられた。フランクリン隊が帰ってこないのは、この缶詰に原因があったからではなかったか、と。

フランクリン隊に加工食品を納入したステファン・ゴルドナーというロンドンの缶詰業者が真っ先に批判にさらされることになった。もちろんゴルドナーの側にも疑惑の目が向けられるだけの理由が十分にあった。ゴルドナーはフランクリン隊が出発した後にも海軍に缶詰を納入していたのだが、品質が劣化したことが原因で契約を破棄されていたのだ。そのため捜索隊がビーチェイ島で空き缶の山を発見した時点で、ゴルドナーはすぐにフランクリン隊遭難の原因を作った最有力容疑者と見なされた。捜索に加わったある探検家は〈そのことを書くのも残念なことだが〉と記している。〈彼らの缶詰肉のほとんどはあの悪党の作ったものだった。ゴルドナーだ〉

（『北極の日記からさまよい出た記録』）

一八五二年一月、新聞がゴルドナーの缶詰の中身について糾弾する記事を掲載したことで、この問題は一気に大衆を賑《にぎ》わすスキャンダルに発展した。同年一月三日付の「タイムズ」紙によると、海軍に納入された二千七百七個の缶詰のうち、人間の食べ物として適していたのはわずかに百九十七個にすぎず、残りの二千五百十個の缶詰にはのどや舌の付け根、肝臓、心臓、腸、血の塊など、〈一言でいうと恐ろしい状態の生ゴミや腐敗物が使われており、ひどい吐き気を催しそうな悪臭が立ちのぼり、見ているだけでムカムカした〉というのである。

この記事を読んだ人はフランクリン隊も同じように傷んだ肉を食べたせいで、おかしな感染症にかかったに違いないと考えただろう。なにしろフランクリン隊の計画ではゴルドナーの缶詰を肉の分だけで七千九百六十一個、重さにして一万五千百キロ分も積むことになっていたのだ。新聞はすぐさまゴルドナーの缶詰の中に入っていた得体の知れないものを、ビーチェイ島に三つの墓が立った原因に結びつけた。「タイムズ」紙は力説した。〈もしフランクリンと彼の仲間に非難されているような食糧が供給され、彼らが必要としている時にそれを頼みの綱として生活していたのなら、彼らの生命を維持するために供されたまさにその方策が、疫病や飢餓を発生させ、彼らの崩壊を招いたのだ〉

この問題を調べるため、議会は特別委員会を立ち上げた。しかし委員会の結論は意外なものだった。彼らはゴルドナーを最終的にシロと判定したのだ。

確かに調査が開始された時のゴルドナーの工場の衛生環境はひどかった。供給能力を上回る受注契約をしていたため作業は拙速でいいかげん、従業員はひそかに死肉の一部を使っているとまで噂《うわさ》されていた。だが特別委員会は、こうしたゴルドナーの組織的なモラルの低下が、フランクリン隊が出発した時点で起きていたことを示す証拠は何もないと結論づけた。フランクリン隊に商品を納入した時のゴルドナーは、まだまともな肉を缶詰の中に入れていた可能性が高いと判断したのだ。

歴史学者リチャード・サイリアクスも、一九三九年に初版が刊行された『ジョン・フランクリン卿の最後の北極探検』の中で、ゴルドナーの缶詰は適切に製造されていたと結論づけた。サイリアクスはフランクリン隊がビーチェイ島に停泊していた期間を九カ月から十カ月と見積もったうえで、一個当たりの缶詰に密封された肉の量や、事前に予定されていた隊員一人当たりの割り当てなどから消費量を計算した。その結果、もしフランクリン隊が予定通りのペースで缶詰を食べていたのなら、ビーチェイ島で見つかった六百個から七百個という空き缶は、さほど問題にするような量ではないとの結論を出した。

フランクリン隊の出発から数年後に、ゴルドナーが品質の悪化した缶詰肉を海軍に納入していたことは知られている。だが彼に対する非難をこの探検隊に結びつけることには根拠がない。（中略）探検隊の悲劇的な最期を説明するのに、スケープゴートは必要ない。後に明らかにするように、ゴルドナーとはまったく関係なく、三度目の冬の間に深刻な壊血病が発生したと考えれば探検隊の悲劇的な最期については完全に説明しうる。

壊血病――。サイリアクスが犯人として指摘したこの病気は、十六世紀の大航海時代以降、外洋に乗り出す船乗りから最も、海賊よりも恐れられてきた病気だ。発病すると生気がなくなり、歯根のあたりまで歯肉が腐り、歯が今にも抜けそうになる。息からは悪臭が漂い、足がぐらつき、体中にあざができて放っておくと死亡する。感覚的な苦痛も生じるらしく、ハスの花の香りがもだえ苦しむ原因になったり、病気が進行した場合にはマスケット銃の銃声が致命的になったりするケースもあったという。

この恐ろしい病気が現代の私たちにあまり馴染みがないのは、新鮮な野菜や果物を摂取するか、あるいはビタミンCのタブレットを飲むだけで防げるという単純な理由によるだろう。しかし壊血病を引き起こすのがビタミンCの欠乏だと分かったのは二十世紀前半のことで、それまでは壊血病の発症が何に起因するのか、はっきりとは解明されていなかった。海軍の内部でもレモンやライムの果汁が有効だということは臨床試験や経験知から知られていたが、果汁の何が有効かまでは示されなかった。外洋に漕ぎ出す昔の船乗りが口にできたのはビスケットや塩漬け肉や干し魚などに限られ、今みたいにマツモトキヨシでビタミンCのサプリメントを買いこむわけにはいかなかった。とりわけ極地では熱帯と異なり、上陸しても野菜や果物が手に入るわけではない。様々な食材が壊血病に有効だと評判になったが、その多くが実験ではなく誤解に基づくものだった。新技術として開発されたばかりだった缶詰は多くの探検家から対壊血病に効果があると考えられた。一八一九年から二〇年にかけてのパリーの隊が缶詰を主力に越冬し、被害をほとんど出さなかったことがその評判を後押しした。しかし実際は加熱処理された肉にビタミンCは含まれていない。パリー隊の成功は狩猟や野草の採集にも努めた結果だったが、そんな地味な努力よりも人々は新技術の「威力」に目を奪われた。

サイリアクスが提示したのは缶詰が直接的にではなく、間接的にフランクリン隊の遭難をもたらしたという仮説だった。つまり缶詰が壊血病に有効だと信じられていたため、実際に病気が発生すると隊員たちは壊血病を防ごうと規定量以上の缶詰を食べてしまった。しかし缶詰を食べても壊血病の進行を防ぐことにはつながらず、いたずらに食糧を浪費し、飢餓が蔓延《まんえん》する結果につながった。ゴルドナーの缶詰の品質に問題があったのではない。悲劇の原因は缶詰という食糧を選んだこと、それ自体にあり、それを壊血病対策の切り札と考えた当時の不十分な知見が遭難をもたらしたというわけだ。

サイリアクスの説は非常に説得力があったが、しかし彼がこの本を書いてから約半世紀後、フランクリン隊の缶詰に関する別の発見が注目を集めることになった。オーウェン・ビーティーという米国の人類学者が一九八四年と八六年の二度にわたり、ビーチェイ島の三つの墓を発掘して遺体を解剖したところ、缶詰の別の要因がフランクリン隊の遭難を引き起こしていた可能性が急浮上したのだ。

ビーティーはその三年前にキングウイリアム島からフランクリン隊の白骨を持ち帰り、遺体に極めて高い値の鉛が含まれていることを突きとめていた。サイリアクスと同じように飢餓と壊血病がフランクリン隊遭難の主な原因と考えていた彼にとって、鉛の検出は予想もしていなかった結果だった。フランクリン隊が壊血病ではなく鉛中毒にかかっていた可能性が出てきたのだ。歯茎の変色、四肢の激しい痛み、全身の衰弱、腹部の疝《せん》痛《つう》等、鉛中毒と壊血病との間には似通った症状もある。鉛中毒の知見がなかった十九世紀中頃の探検家や医師が、こうした症状をすべて壊血病に結びつけて考えたとしても何ら不思議ではなかった。

ビーティーはカナダのしかるべき公的機関に許可をとり、チームを率いてビーチェイ島に飛んだ。彼とジョン・ガイガーの共著『フローズン・イン・タイム』の表紙に使われた遺体の顔写真は見た者に強烈な印象を与える。最初に掘り起こされた水兵の遺体は、地面の下から現れた棺の中に埋葬されていた。百三十八年の間、北極の土の下で眠っていた遺体は凍りついてミイラ化しており、鼻は黒く変色して額には血管が浮き出ていた。半開きのまぶたの間から眠たそうな灰色の目がのぞき、唇は乾燥のせいで縮みあがり、白い前歯がむき出しになっていた。全体的に餓死したみたいにやせ衰え、体重は四十キロしかなく、顔には何かをやり残したような無念の表情が浮かんでいた。

ビーティーらは現地で四時間以上かけて検死を行った。各器官の組織や髪の毛、骨などを標本採取し、石灰岩が散らばる荒野の真ん中から設備の整った研究機関に持ち帰り、詳細な調査に取りかかった。出てきた結果は彼の大胆な予想を裏づけた。骨からも髪の毛からも通常をはるかに上回る量の鉛が検出されたのだ。この水兵は鉛をどっぷりと体内に取り込み、中毒症状を引き起こし、最後はひどい肺炎にかかって死んでいたのだ。

　二年後に再びビーチェイ島にやってきたビーティーは解剖だけでなく大がかりなX線撮影装置も持ち込んだ。他の二遺体を掘り起こし、現地でX線撮影装置にかけ、再び標本を持ち帰り死因を調べたところ、やはりこの二人からも鉛中毒で苦しんでいた形跡が見つかった。ビーチェイ島の三人の遺体からは、健康な現代人と比べると十倍から三十倍もの高い値の鉛成分が検出されたのだが、その原因としてもっとも可能性が高いのが缶詰だった。缶詰を接合していたはんだ付けの鉛が、肉や野菜に蓄積していった可能性が高いと考えられた。

　フランクリン隊はそれまでに派遣された中では間違いなく最も大規模な航海探検隊の一つで、初期の産業や技術革新により可能になったあらゆる装備を持ちこんでいた。それだけに、その技術の一つに致命的なダメージを受けたことは悲しい皮肉だ。

（『フローズン・イン・タイム』）

　原因が壊血病にあろうと、鉛中毒にあろうと、フランクリン隊を危機に陥れたのは缶詰だった。危機の萌芽はすでにビーチェイ島で越冬していた時点で現れていた。そして船がキングウイリアム島の沖合で氷に囲まれている間に、その病は一気に蔓延し、ジョン・フランクリンを始めとした計二十四人もの隊員が死亡することになった。その結果、ビクトリー岬に残されていたメモにある通り、フランクリンの跡を継いだ副官のクロージャーは船を放棄し、残りの隊員を率いてキングウイリアム島に上陸することを余儀なくされた。

ビクトリー岬のメモによると、一八四八年四月二十五日、フランシス・クロージャーは、百四人の男を率いてキングウイリアム島に上陸し、その翌日から「バックのフィッシュ川」というところを目指して生還への北極脱出行を開始した。「バックのフィッシュ川」とは、北米大陸の最北部を流れるグレートフィッシュ川のことである。この川を最初に下ったのがジョージ・バックという探検家だったので、そう書いたのだ。彼らが上陸したビクトリー岬からグレートフィッシュ川の河口までは距離にして四百キロ近くある。その間で彼らはばたばたと斃れていき、キングウイリアム島からは多くの人間の白骨と墓が見つかることになった。

3

海岸に立ち私は南の方角を眺めた。目の前には盛り上がった小山のような岬があり、その向こうの海には細長い陸地が沖のほうまで突き出していた。手前の小山のような岬はジェーン・フランクリン岬で、奥に見えるのがフランクリン岬と呼ばれている岬だった。

ビクトリー岬に初めて来た探検家は一八三〇年のジェームズ・クラーク・ロスだ。彼はキングウイリアム島を島ではなく大陸の一部だと勘違いした例の探検の時に、このビクトリー岬まで到達していた。ビクトリー岬とは、その時の探検で彼が使っていた船「ビクトリー号」にちなんでつけられた名前だった。そしてロスはそこから見えた二つの岬に、祖国の偉大な探検家とその妻に敬意を表し、フランクリン岬とジェーン・フランクリン岬と名付けた。しかし、それからわずか十七年後、当のフランクリンはこの場所からそれほど遠く離れていない氷の中で死亡した。そしてこのビクトリー岬でメモを見つけ、フランクリンの死を公にすることになったマクリントックの捜索隊は、実は他ならぬフランクリンの妻ジェーンが組織した捜索隊だった。その意味でビクトリー岬は、十九世紀における北西航路の探検家が到達できた最果ての地であり、彼らのロマンが皮肉なかたちで交錯した場所だった。

季節は春に向かって急速に動き始めていた。日中の気温は氷点下十度台まで上がり、太陽の昇る位置も目に見えて高くなった。テントの中は高く昇る太陽に暖められ、陽が落ちても以前のような寒さを感じなくなった。つい最近までテントの内側につく霜に悩まされたものだったが、それももうほとんどなくなった。夜も完全に暗くなることはなく、白夜の季節が間もなくやって来ようとしていた。

五月二日、ビクトリー岬の南の幕営地を出発した私たちは、ジェーン・フランクリン岬の横の海を通り過ぎ、コリンソン入江という深い入江の入口を縦断した。海氷から四、五メートルの段丘を登って陸地に上がると、風が吹きつけ固い岩肌が露わになっていた。

段丘の向こうには海抜ゼロメートルの湖が広がっており、私たちは湖に下りて南南西の方角に真っ直ぐ進んだ。ビクトリー岬から先はもう、フランクリン隊が死の行進をした、まさにその現場にあたっていた。私たちが足を踏み入れたのは五月二日で、彼らがグレートフィッシュ川を目指して船を放棄したのは百六十三年前の四月二十二日なので季節もほぼ一致していた。

ジェーン・フランクリン岬の近くではジョン・アービングという幹部隊員の墓が見つかっている。発見したのは一八七八年の米国隊だ。彼らの報告によると、墓には大量の帆布が敷きつめられており、中の遺骨はラシャ地の服で身を包まれていたという。金のボタンや望遠鏡のレンズが副葬され、ジョージ四世の肖像画が刻まれた直径約六センチの銀のメダルも見つかった。墓に埋葬された人物が特定されたのは、そのメダルに「一八三〇年夏　ジョン・アービングに贈る」と刻印されていたからだった。

アービングの墓が意味していることは少し複雑だ。彼の名前はビクトリー岬で見つかったメモの中にも登場している。先にも記したが、余白に書かれた二番目の記録のほうに、次のような文章が書かれていた。

この用紙は一八四七年六月に故ゴア中佐によって保管されていたものである。ここより約六・五キロ北にある、一八三一年にジェームズ・ロス卿によって立てられたと思われるケルンの中にあったのを、アービング中佐が発見した。

この文章によるとフランクリン隊が船を捨てて島に上陸した直後、アービングは約六・五キロ北にあったロスのケルンまで紙を取りに行った。しかしアービングの墓が見つかったのは彼らが上陸した地点のすぐ近くだった。上陸地点と墓の位置関係から単純に考えると、アービングは島に上陸後に六・五キロ先のケルンまでメモを取りに行き、その直後に死亡したということになる。だが、そんなまもなく死ぬような重病人にわざわざ紙を取りに行かせたとは考えにくい。普通なら元気な人間を遣わすだろう。

おそらく事実としては次のようなことがあったと考えられている。死にそうな重病人がわざわざ記録用紙を取りに行ったとは考えにくいので、記録が書かれた時点でアービングはまだ元気だった。しかし彼の墓は記録が発見されたビクトリー岬のすぐ近くで見つかった。ということは、彼はクロージャーたちと一緒にしばらくグレートフィッシュ川に向かって行進した後、どこかの地点から何らかの理由があってビクトリー岬周辺に戻ってきて、そこで死亡したのである。つまりアービングの墓が意味していることは、フランクリン隊は島に上陸した後、いくつかのグループに分かれ、その中には氷の中の船に戻ろうとした人々がいたということなのだ。

空を覆っていた灰色の雲はどこかに去り、高く昇った太陽が再び強く私たちを照らした。アービングの墓はもちろん今は雪の下で、どこにあったのかよく分からない。しかし雪に隠された島の陸地を歩いていると、ふと白い風景の中に彼らの幻影が見えてくるような錯覚に陥りそうになった。

船を脱出したクロージャーとその仲間は百六十三年前の同じ季節、痩せこけた体を引きずって、私たちが横断しているのと同じ湖を歩いていたはずだ。橇に重いボートを載せて、帆をはって風をはらませ、太い麻の縄を体に巻きつけ、白い雪原をただ生きのびるためだけに前進していた。アスファルトで固めたような灰色の光景の中に、私は彼らの残像を見た気がした。今、私がスキーで登っている、湖と湖を仕切る高さ三メートルほどの段丘を、彼らもまた全力でロープを引き、後ろから橇を押してもらいながら運び上げたのではないか。風でぱらぱらと剝がれる表面の乾いた薄雪も、その下の氷のように固い堅雪も、同じ雪の上を彼らは歩いていた。北極の荒野は何も変わらず残っているはずだった。

実際に彼らと同じ季節に同じ場所を旅してみて、彼らがこの早い時期に船を出発した理由が私には何となく分かった気がした。フランクリンの死後、隊の指揮を引き継いだクロージャーが、四月二十二日という、まだ冬の寒さが残る季節に船を出たのは、なぜだったのか。それは彼らの行方を捜索していた者たちにとっては大きな謎の一つだった。当時の著名な探検家の一人は、自分なら六月に出発していただろうと言った。海の氷が解ける夏のほうがグレートフィッシュ川の河口までの大部分をボートで移動することができるから、というのがその理由だった。一方、別の探検家はカリブーなどの獲物がたくさん獲れる八月に出発するのがベストだったのではないかと述べた。五月に出発すべきだったと考える探検家もいた。いずれの見解にも経験に基づくもっともな根拠が備わっていたが、しかし実際に同じ風景の中に身を置いた私には、ことはもっと単純だったような気がしてならなかった。

春がやって来た。もしかしたら、ただそれだけのことではなかったか。

四月下旬になってから北極は急速に暖かくなってきた。確かに朝の寒暖計はまだ氷点下二十度以下を示すことが多かったが、それでも陽が高くなってきたせいで、私たちは気温以上の暖かさを感じ、それまでの過酷な寒さが過去のものとなったように感じていた。毎日悩まされていたテントの生地の内側に付く冷凍庫にできるような霜もめったに見なくなった。フランクリン隊の男たちにも同じような思いがあったはずだ。冬は去り春が来た。生きのびるために旅を始める季節が訪れたのだ。

小さな半島を越えると、私たちは再び海の氷の上に降り立った。キングウイリアム島の海岸線は複雑なジグザグ模様を描きながら南に下り、その後、西に向かって延びている。海岸は全体的にみると緩やかな湾曲を描いており、そこにはエレバス湾という名がついている。

私たちはそのジグザグな海岸線を忠実になぞるのではなく、エレバス湾の沖合に出て西に向かって直線的に海を突っ切ることにした。そのほうが海岸線をたどるより島の西側への近道になるからだ。たぶんグレートフィッシュ川へ向かっていたフランクリン隊の一行も、同じように海岸線を無視してエレバス湾をショートカットしていったのではないか。そういう勝手な読みも私にはあった。極地を旅してみると分かることだが、陸の上よりも海の上を移動するほうがはるかに楽なのだ。十九世紀の人間と二十一世紀の人間との間には装備や知識などにかなりの隔たりはあるが、しかしそれでも同じ人間だ。どちらを進むのが効率的かという選択を迫られた時、出す答えは同じところに着地するように私には思われた。

五月二日にエレバス湾の海上に出た私たちは、翌日も湾の海氷の上を南南西の方角に進んだ。海岸線付近の氷は潮の圧力で盛り上がり、その下からはドドド……と海が波打つ音が聞こえてきた。沖に出ると面倒な乱氷帯が時々現れ、氷の陰に長く横たわる固い吹き溜まりをいくつも乗り越えて前進を続けた。雪面にできた細かな固い凹凸による振動がボディブローのように響き、体が軋んだ。行動中は飢餓感から逃れることはできず、体の内部にまで染みこんだ疲労は筋肉の内側や骨にコールタールのようにこびりついて、もはや取れそうになかった。レゾリュート湾を出発してから四十八日が経過しており、橇の重さは四十キロを切っていたはずだが、足はこれまで以上に重く、橇が軽くなったことを実感することはほとんどなかった。行動は苦痛以外の何物でもなかった。歩いている間の望みは常に、何かを腹いっぱい食べて寝たいということだった。

五月四日は雲が厚く太陽は完全に姿を消した。私たちは海面から突き出た氷を目標物にして歩いていたが、太陽の光がないので風景は完全に灰色一色となり、自分の周りに何があるのかさっぱり分からなかった。こういう日は周囲の目標物が見えなくなるので、直線的に進むのは著しく困難になる。やむなく私たちはGPSに内蔵されたコンパスを使って方向を割り出すことにした。私が前を歩き、荻田が五十メートルほど後ろから、GPSのコンパスで私の進行方向がずれていないかを確認しながら続いた。私は時々後ろを振り返り、進行方向からずれていたら荻田がストックで正しい方向を示した。このようにすると、先を歩く私が目印となるため、お互い別々にGPSを見ながら歩くよりも効率よく方角を割り出せるのだ。

私たちはエレバス湾を突っ切り、内陸に川のように切れこむ細長い入江の入口を目指して進んでいた。その細長い入江を南に進み突き当たりの陸地を越えると、島の南岸のテラー湾というところにたどり着く。そうすると島の西岸線を忠実に回りこむよりも近道になるからだ。

エレバス湾やテラー湾はフランクリン隊の遺留品や白骨遺体が数多く見つかった場所である。発見当時の描写は生々しく、目をそむけたくなるような話も少なくない。

エレバス湾で見つかったものの中で特に目を引くのはボートの存在だ。エレバス湾では過去に二艘のボートが発見された。最初にエレバス湾でボートを発見したのは、ビクトリー岬でメモを発見した例のマクリントックだった。見つかったのはボートだけではなく、中に二人の隊員の白骨化した遺体が残されていた。他にも本や聖書、膨大な量の衣類や靴、それに石鹸《せっけん》や歯ブラシ、銀製の食器などが見つかった。それらの遺留品から判断する限り、フランクリン隊の生き残りはどうやら重いだけで生き残るためには何の役にも立ちそうもない物を、死ぬ直前まで後生大事に持ち抱えていたらしい。
さらにマクリントックの首をひねらせた謎が、このボートにはあった。それはボートの船首の向きだった。ボートは北西、つまり氷海に置き去りにされたエレバス号とテラー号のほうを向いていたという。マクリントックはボートを見て次のように考えた。

少し考え、ボートは船に帰ろうとしていたのだと結論することで、私は少なくとも自分自身を納得させた。この集団はここより先にボートを引くことができなくなり、ついて行くことができなくなった二人を残し立ち去ったのだ。その際、船から新鮮な保存食を取って来るまでの食糧を分け与えておいた。そう考える以外、ボートの中に二人の男が取り残されていたことを説明することはできない。
(『フォックス号北極航海記』)

マクリントックが考えたように、このボートが示していたのは、フランクリン隊の中には船に戻ろうとしたグループが存在したらしいということだ。ビクトリー岬で見つかったジョン・アービングの墓と同じように、である。どうやらフランクリン隊の百五人はひとつのまとまりを保ったまま、グレートフィッシュ川を目指していたわけではなかったようなのだ。

さらにエレバス湾では、マクリントックの後にやって来たイヌイットにより、これとは別のボートも発見された。ボートにはフランクリン隊がカニバリズムに走っていたことをうかがわせる証拠が残されていたという。

ボートの脇には白骨の山が積み重なっていた。骨は中の髄を取り出すために粉々にされており、近くには焚き火《たび》の跡があった。頭蓋骨も見つかった。何人分の骨だったのかは、あまりにも多すぎて答えることができないが、その中に人間の肉を食べて生きのびていたのがいるのは間違いない。なぜならボートの脇には大きな靴が残されており、その中には人間の肉が入っていたからだ。

（J・E・ノース編『ホールの第二次北極探検記』）

しばらく歩くと海は浅瀬に変わり、砂や土のついた氷がいくつも海面から突き出ていた。海氷は至る所で潮の圧力により盛り上がり、表面にはひびが入っていた。私たちは海岸線の近くを歩き、テラー湾に続く細長い入江の入口を探した。厚い雲のせいで太陽の光が差しこまず周りの様子が見えないため、結局GPSを頼りに入口に到達した。マクリントックがボートを発見したのはこの入江の入口近くだったようだが、そこには海と陸地の境目すら判然としない茫漠とした風景が広がっているだけだった。

入江に入ってからは、なるべく忠実に川のような海岸線に沿って南下した。入江の内部もまた相変わらず地形がなだらかで、どこからが海でどこからが陸なのかよく分からなかった。海岸線が向きを変える場所で、私たちは一度完全に入江を見失ったが、彷徨《さまよ》っているうちによく分からないまま再び入江に戻って来た。

入江の先のテラー湾には当時、フランクリン隊の大規模なキャンプ跡が残されていた。エレバス湾にボートが残されていたことを考えると、両者を結ぶこの入江はフランクリン隊の移動ルートになっていたと想定する専門家もいる。私たちがテラー湾に向かって歩いていた、この同じ入江を、もしかしたら百六十三年前の春に飢えた男たちがボートを引きずり、ふらふらと病気や飢餓で痩せこけた体で彷徨っていたのかもしれない。

私たちの空腹感も今や飢餓感に近いものになっていた。

「この辺には雷鳥がうじゃうじゃいるみたいだな」。途中で荻田がぼやいた。「糞とか足跡がたくさんある。たぶんその辺で草でも食っているんだろうけど、雷鳥は完全に体が白いから見えないんだよなぁ」

入江はテラー湾に向けて一直線に続いていた。

4

キングウイリアム島に上陸したフランクリン隊は、グレートフィッシュ川を目指して悲壮な前進を続けた。しかしそもそも、どういうわけで彼らはグレートフィッシュ川を目指すことにしたのだろうか。彼らがグレートフィッシュ川を目指したことは、それ自体が大きな謎の一つになっている。グレートフィッシュ川ではなく、そこを目指していれば助かったのに、と思わせられるような場所が、実は他にあったからだ。

グレートフィッシュ川の特徴は荒野を流れる川の一言に尽きる。この川は標高わずか三百八十二メートルに過ぎない無名の湖から始まり、無数の湖沼と小川が毛細血管のように入り組んだツンドラの原野を東に貫通し、約千キロの旅路の果てに海に注いでいる。その間、川の両岸には一本の樹木すら生えない大地がどこまでも広がり、〝不毛地帯〟と呼ばれ恐れられてきた。

それだけにビクトリー岬で見つかったメモに、「明日からバックのフィッシュ川を目指す」と書かれていたことが分かった時、多くの探検家から疑問の声が上がった。彼らの目には、不毛地帯を目指すとしたクロージャーの決断がほとんど自殺行為に映ったのだ。

例えばジョン・レーという探検家は次のように言った。

　当時私が最も驚いたのは――その驚きはまだ続いているのだが――、生き延びるためにハドソン湾会社の領域に撤退するという、フランクリン隊がおかした大きな過ちだった。

（E・E・リッチ編『ジョン・レーの北極からの手紙』）

レーは当時の探検家としては恐るべき人物だった。彼は海軍の将校ではなく、ハドソン湾会社という英国がカナダに作った国策の毛皮交易会社に雇われた探検家だった。フランクリン隊もそうだったが、当時の海軍の遠征隊にはティーカップや銀の食器に代表されるようなヴィクトリア朝文化を、そのまま北極の荒野に持ちこむといったような趣味の悪い一面があった。ところがレーはそうではなかった。彼だけはイヌイットやアメリカ先住民から極北の荒野で生活する技術を学び、自分でカリブーを狩り、イグルー（かまくら）を作り、イヌイットの雪靴を履き、一日に八十キロも歩いて己の力を頼りに探検を続けた。彼は一八四四年からわずか十一年間で北米大陸の内陸部や海岸線を二万一千キロ以上にもわたり踏破したが、そのうちの二千八百四十キロは当時の地図の空白部だったという。気ばかりがやさしくて、体がぜい肉でだぶだぶだったジョン・フランクリンとは行動者としての次元がまるで違う男だった。

その不毛地帯について知り尽くしたレーが、彼らは間違っていた、不毛地帯を目指すべきではなかったとまで言ったのだ。なぜ間違っていたのか、彼は次のように指摘した。

その時、フリービーチ——ハドソン湾会社のどんな居留地よりもアクセスがよく、二人のロスが一八三二年から三三年に逃げ込んだ場所——に向かう、よく知られた道のりは彼らに開かれていたのに。（前掲書）

つまりレーは、クロージャーはグレートフィッシュ川ではなくフリービーチというところを目指すべきだったと指摘したのだ。レーが言うフリービーチとは、一八二五年に当時最も著名だった探検家ウィリアム・エドワード・パリーが率いる探検隊が軍艦フリー号を難破させた場所のことだった。この時、船が座礁の危機に見舞われたパリーは何週間もかけて食糧やボートを浜に陸揚げした。この時の膨大な量の食糧や装備は、それから二十三年が経ち、クロージャーが生きのびるための決断を下さなければならなかった時にも、まだ同じ場所に残されていた。何人かの探検家がフリービーチに立ち寄り、食糧が手つかずのままになっているのを確認していたのだ。

いや、立ち寄ったどころではなかった。フランクリン隊と同じように船を脱出しフリービーチに向かうことで辛くも生還できた探検家までいた。それがレーの言葉の中にも出てくる、一八二九年から三三年にかけて探検を行ったジョン・ロスとジェームズ・クラーク・ロスの二人だった。ジェームズ・クラーク・ロスがキングウイリアム島に到達し、北米大陸と地続きではないかと間違えた時の例の探検だ。実は彼らもこの探検では、最後に船が氷に囲まれて動かせなくなってしまい、全滅の危機に直面したのだ。彼らは船を捨てて徒歩で北極を脱出することに決め、荷を積んだボートを引いてフリービーチに向かった。フリービーチに着いてからは残されていた食糧を食いつなぎ、船材を骨組みにして小屋を作り帆布で覆って雨風をしのいだ。そして翌年ランカスター海峡までボートを漕いで、最後は捕鯨船に救助されて命からがら帰国したのである。

この時、ロスが船を放棄した場所はフリービーチから直線で約三百キロの距離にあった。一方それから十六年後、クロージャーがエレバス号とテラー号を放棄すると決めた時、彼らはフリービーチから直線距離で約四百キロの位置にいた。しかもロス隊が船を捨ててフリービーチに向かったのは、フランクリン隊と同じ三度の冬を越した後のことだった。つまりロス隊はフランクリン隊とほぼ同じような状況でフリービーチまで歩き、生還してのけていたのだ。

北極のフリービーチは砂漠のオアシスどころの話ではなかった。当時の英国の探検隊は自分たちの豪奢《ごうしゃ》な生活をそのまま北極に持ちこむようなところがあったので、そこには砂糖にココア、小麦粉にワインにスピリッツ……と贅沢品《ぜいたくひん》といえるような品々まで残されていた。デパートの地下一階が人跡未踏の地の真っ只中にあるようなものだった。それに比べてクロージャーが選んだグレートフィッシュ川は、生還を目指す場所として若干の見劣りは否めなかった。たとえ彼らがこの川の河口に着いたとしても、そこから救助を求めるには川の源流まで遡り、さらにそのまた先の、現在のイエローナイフがあるグレートスレーブ湖のほとりのハドソン湾会社の交易所まで行かなければならなかった。船からその交易所までは徒歩とボートで二千キロ以上も旅をしなければならず、しかもその大部分は草と苔の湿地ばかりが続く不毛地帯が広がっていたのだ。

とはいえクロージャーは実績豊富な探検家だった。フランクリン隊の副官になるまでに、彼は北西航路探検に二回、北極点遠征に一回、さらに大規模な南極探検にも副官として参加していた。その彼がフリービーチではなく、グレートフィッシュ川を目指すと決めたからには、何かはっきりとした根拠があったはずだ。

クロージャーが船を放棄し、グレートフィッシュ川を目指すという決定をくだした時、すでに隊の死者数は士官が九人、乗組員が十五人の計二十四人に達していた。壊血病や鉛中毒などなんらかの病気がこの冬の間に一気に蔓延し、隊は危機的な状態に置かれていた。当時のある探検記には、歯茎にひどい症状がある背の高い男の遺体を見つけたというイヌイットの話が報告されているが、歯茎が黒くなったり崩れたりするのは壊血病の典型的な症状だ。さらにフランクリン隊は未開封の缶詰を船に残したまま立ち去っていたという話も残っている。飢えた人間が食糧を残して立ち去ることなどあまり考えにくいので、普通に考えると缶詰が腐って食べられなくなっていたか、あるいは自分たちの病気の原因が缶詰にあると疑っていたということになるだろう。

いずれにしてもクロージャーが船を放棄した時、彼らにはもう安心して食べられる食糧は残されていなかった。彼らに必要だったのは壊血病を癒してくれる食糧、あるいは未知の病気——鉛中毒——にかかる心配のない安全な食糧だった。つまり新鮮な食べ物だ。野菜や果物の手に入らない北極で唯一手に入る、ビタミンの豊富な食べ物は動物の生肉である。生肉や冷凍の肉には血液が含まれており、イヌイットはその血液を取り込むことでビタミンを摂取し、壊血病を防いできた。

しかしフリービーチで新鮮な肉が手に入る可能性は決して高いとはいえなかった。パリー隊がフリービーチに食糧や荷物を残した時、彼らは八月の約一カ月の間にアザラシを一、二頭、セイウチを一頭ぐらいしか、獲物になりそうな動物を目撃していなかった。フリービーチに逃げ込んだロス隊も越冬中に捕らえたのは数匹の狐と野ウサギだけだった。

そしてそのことをフランクリン隊の隊員は熟知していた。実は船を放棄する決断を下したクロージャーは、フリービーチに装備や食糧を放棄したパリーの探検隊に見習士官として参加していたのだ。つまり彼はフリービーチの現場にいた。それに加えてフランクリン隊には、ロス隊に参加しフリービーチから生還したうちの一人が、「アイスマスター」と呼ばれる水先人みたいな立場で名を連ねていたのだ。

フリービーチに行けば缶詰や保存食は手に入るだろう。それは分かっていた。しかし彼らはそういったものを食べ続けた結果、危機に陥っていた。それに比べてグレートフィッシュ川は獲物の宝庫だった。川や湖には一メートル近くに達するレイクトラウトや脂ののったホッキョクイワナといった大きな魚がうようよ泳ぎ回っている。春になると無数のカリブーが緑の苔を貪りながらツンドラの平原を移動し、渡り鳥が南から飛んできて産卵の季節を迎える。そのことをクロージャーらは船を訪れたイヌイットから直接聞いていたか、過去の探検記を読んで知っていたに違いない。不毛地帯は、確かに樹木が生えないという意味では不毛だが、獲物を捕らえるのには恵まれた地であったのだ。

それに加えて、グレートフィッシュ川の河口や、やや上流の湖——皮肉にもその名前はフランクリン湖といった――にはウトゥクヒカリンミウト族というイヌイットが住んでいることも知られていた。彼らに会うことができれば、食料を分けてもらうことができるかもしれない。そういう計算もクロージャーには働いていたことだろう。クロージャーと百四人の男たちが必要としていたのは新鮮な肉と、それを分けてくれるイヌイットだった。それを求めて彼らはグレートフィッシュ川を目指したのだ。

五月五日、目が覚めたのは午前六時だった。朝の気温は氷点下十八度、外に出ると空は雲に覆われていたが、支度をしているうちに太陽が顔をのぞかせた。

前を歩いている荻田の後ろ姿がやけに痩せこけていることに、私はその時、初めて気がついた。よっぽど腹が減っているのだろう、出発した頃のがっちりとした体軀《たいく》は、もはや見る影もない。脚の線などずいぶんほっそりとしてしまっていた。

「いやー、荻田くん、ずいぶん脚が細くなったねぇ。後ろから見るとよく分かるよ」

そう声をかけると、彼は何を今さらといった顔をした。

「そんなこと分かってるよ。あばら骨が浮き出ているもん。でも、自分だって人のこと、言えないじゃん」

プリンス・オブ・ウェールズ島で仕留めた雷鳥の肉はすでにほぼ尽きていた。テントの中では毎日のように、麝香牛でもいたら毎日五百グラムのステーキが食えるんだけどなあ……などという妄想のような希望を飽きることなく語っていた。私たちはキングウイリアム島に来ることを楽しみにしていた。海には北極熊ぐらいしか動物はいないが、陸上に上がれば麝香牛や、運がよければカリブーに出会えるかもしれないと思っていたからだった。ウサギや雷鳥といった小動物だって見つからないことはないはずだった。島に着いてからはそれこそ、動くものがあれば何でも見逃さないつもりで目を血走らせていたが、それまでに見かけたのは遠くで飛び立つカラスらしき鳥一羽だけだった。

その日は一日中、晴れていた。

しばらく歩くと入江は行き止まりとなり、そこからは陸地の上に乗ってテラー湾を目指して南に進んだ。テントを出発してから一時間四十分が経った頃だった。前を歩いていた荻田が突然、立ち止まって動かなくなった。と思うと、凍傷と日焼けで真っ黒になった顔をこちらに向けて、右手でストックの先端を上げて遠くを指し示した。その先に視線を移すと一キロほど先のなだらかな雪の丘の上に十個ぐらいの小さな黒い点が固まっているのが見えた。

「間違いなく麝香牛の群れだ」と荻田が言った。

本当に現れたのか？　最初は風が当たって岩が露出しているだけじゃないかと思ったが、しかし確かにその黒い点をずっと見ていると、彼が言うように、岩とは違って微妙に動いている感じがあった。私は荻田のほうに近づいた。

「どうする、行くか？　一キロぐらい離れてそうだけど……」

「一キロもないんじゃない。そんなに遠回りにならないし、ちょっと近づいてみよう」

そう言ったかと思うと、荻田はものすごい速さで猛然と牛の群れのほうに歩き始めた。いや、歩き始めたというより、走り始めたといったほうが適切だった。どうやら自分がかつて陸上の短距離選手だったことを思い出してしまったらしい。私はとても彼について行くことができず、最初は十メートルぐらいだった距離が二十メートル、三十メートルとみるみる離されていった。あいつは日本語の使い方をあまり知らないようだ、と私は思った。その歩き方は「ちょっと近づいてみよう」というようなものではなかった。

近づけば近づくほど、雪の上の黒い点はやはり岩陰ではなく、麝香牛の群れであることが確実になっていった。私たちは三十分ほど突き進んだ。そして群れから三百メートルぐらいのところまで近づくと、荻田は歩く速度を緩めた。そこからは群れの様子を警戒しながら、ゆっくり近づこうという魂胆のようだった。私たちは百五十メートルぐらいまで近づいたところでスキーとハーネスを外し、歩いて接近することにした。

丘の上では十数頭ほどの麝香牛が二つのグループに分かれていた。牛たちは私たちに気がつかないのか、警戒する素振りも見せないまま、もぞもぞ口を動かし草を食べ続けていた。考えてみると、ずいぶん前から私たちは麝香牛が現れたらステーキが食えるなどと半ば冗談で話してきた。だが正直に言うと、まさか本当に再び牛の群れと遭遇するとは、少なくとも私は思っていなかった。この時の私たちにとって牛に近づくということは、そっくりそのまま食べ物に近づくことを意味していた。だが牛を殺す心の準備があったかと訊かれると、私にはあったとは言い難かった。

荻田は大げさなほどゆっくりとした動きで、後ろにいる私のところに戻って来た。

「これから先は動きはゆっくりと、大きな音は立てないで」

「マジで撃つか？」

「……撃とうよ」

「じゃあ、ショットガンの準備をするぞ」

私は荻田に意志を確認するつもりでそう言った。銃は私の橇に積んでいた。散弾ではなく大型動物を殺せる鉛のスラッグ弾を四発用意した。自分は本当に牛を撃つのだろうか。銃の用意をしながらも私はなかなか覚悟がつかなかった。

牛を殺して食いたいのは間違いなかった。肉を食べるということは北極だろうと日本のレストランだろうと、動物を殺す行為の延長であることは理屈の上では理解していた。生きることは食べることであり、肉を食べることと動物を殺すことは基本的に同じである。大げさな言い方をすれば、それは生き物が生存する上での数少ない真理の一つであると言っても、言い過ぎではないだろう。しかしいざ自分が殺す場面に直面すると、私にはまだ完全に覚悟ができていなかった。ためらいがあったのだ。牛を撃つのは雷鳥を撃つのとは別次元の覚悟が求められた。なぜならば牛は雷鳥よりもでかいからだ。立派だからだ。麝香牛は私たちよりも大きな動物なのだ。単純にそれだけで、生き物としての存在感は雷鳥などよりもはるかにあった。かわいいとか、かわいそうとか、そんな感情が湧いたわけではなかった。牛は自分たちと同等の存在である感じがして、それを撃つのは生き物を殺すことに対するより大きな責任が伴うような気がしたのだ。

いやもしかしたら、その程度の理屈すら、すべてが終わった後に整合性をつけた後づけなのかもしれない。たぶんその時、私はただ単に麝香牛を殺すことにビビっていたのだ。どこかのタイミングで牛は逃げるかもしれない。そう思いながら私は弾を装塡した。銃を構えてゆっくりと麝香牛のほうに歩き出した。

荻田には過去に麝香牛の群れに近づき写真を撮影した経験があったので、群れに近づくノウハウを知っているという。

「麝香牛の群れには一頭のリーダーがいて、周りの個体はそのリーダーの合図で動く。群れに近づくには、どいつがリーダーか見極め、そいつに警戒心を起こさせないようにしなければならない。ポイントはリーダーが顔を上げたら止まること。しばらくしたら再び草を食べ始める。そうしたらまたゆっくり近づく。敵ではないと思わせることが重要だ」

私は荻田の指示に素直に耳を傾けた。

「おれの見立てだと左から三番目がリーダーだ」。彼は自信ありげに言った。

風は弱い向かい風で、私たちは群れの風下側にいた。群れは私たちから百メートルぐらい離れた小高い丘の上にいた。私たちはそろりとした足取りで慎重に群れに近づいた。一歩、足を踏みこむたび、靴が雪にこすれてキュッ、キュッと音を立てた。その音に反応し、牛が時々ハッと顔を上げた。その度に私たちはぴたっと動きを止めて様子を窺い、その牛と一、二分見つめ合った。しばらく見つめ合うと、牛は何かの間違いだったかというような顔をして警戒心を解き、再びのんびりと歩きながら草を食べ始めた。群れは右に三、四頭、左に五、六頭が固まり、残りはその間にばらばらと散らばっていた。私たちは左の群れのほうに一歩一歩じりじり近づいていった。残り五十メートルぐらいまで近づいたところで、私たちは群れの死角に入るために丘の陰に隠れた。そのまま牛に見つからないように匍匐《ほふく》前進で雪の上を進んだ。

もはや立ち上がったら牛の群れは目の前にいるはずだった。しかしどうしたことか、牛たちから逃げる気配は一切感じられなかった。以前プリンス・オブ・ウェールズ島で出会った群れは、私たちが近づいた途端に一目散で逃げ出したのに、今回の群れは逃げるそぶりすら見せなかった。私は銃口に雪が入らないように注意しながら雪の上を這って進み、前で身を伏せていた荻田に追いついた。

「でけぇな。あんなにでかいと、ちょっとビビっちまうな」

私は一度ゆっくりと頭を上げ、丘の上にいる牛の様子を観察した。一番手前のやつは黒い毛を揺らしながら悠然と歩き、堂々と草を食べ、時々立ち止まり、こちらを振り向き私のことをじっと見つめた。友達だとでも思っているのだろうか。まったく逃げる気はないようだった。肩の筋肉は盛り上がり、背中にはマウンテンゴリラみたいな白い毛が生えていて、猛獣のような威圧感があった。その姿を見て私は、旅に出る前にたまたまナショナル・ジオグラフィックの番組で目にした雄の麝香牛同士の決闘の場面を思い出していた。テレビの中で二頭の雄牛は物凄《ものすご》い勢いで突進し、頭突きで雌雄を決していた。確かあれは頭突き恐竜として有名なパキケファロサウルスの攻撃の威力を説明するための映像だったはずだ。目の前の牛はのっそりと草を食むおとなしい草食獣に見えるが、本気で怒ったらパキケファロサウルスにも比せられるほど強力な攻撃能力を秘めているのだ。銃撃されたことに逆上し、あの巨体がこちらに突進してきたら、とてもではないが無傷では済まされないだろう。トラックにはねられるようなものだった。

「これ以上近づくと逃げちゃう。ここからゆっくりと立ち上がり撃ったほうがいい」と荻田が言った。

「外したら悪いな」

「いや、許さない」

途中で逃げるんじゃないかと思いながらここまで近づいてきたが、牛は逃げなかった。私は覚悟を決めた。牛を殺して肉を食う。覚悟が必要だった。牛を殺して肉を食うのだ。銃のフォアエンドを引くと、ガチャッと弾が装塡された冷たい機械音が響いた。この音で牛が逃げるのではないかと思ったが、群れに反応はなかった。さっき見た時、一番手前のやつは十五メートルぐらいしか離れていなかった。それを撃つと決めると、私は大きく息を吐き立ち上がった。

近くでは二頭の牛が横を向いて草を食べていた。私が突然立ち上がっても、牛たちは気に留める様子すら見せなかった。距離二十メートル。至近距離だ。当たらないほうがどうかしている。立った瞬間にやや近いほうの牛を撃つことに決め、銃床を右肩に当て、その牛の胸のあたりに照準を定めた。引き金を引くと肩に強い衝撃を感じ、銃口が上にはじけた。

大きな銃声が響き、それまでの安定した秩序が崩壊した。麝香牛たちは一斉に私のほうを振り向いた。何が起きているのか分からない様子で、じっと私から目をそらさない。私が撃ったはずの牛も倒れずにこっちを見ていた。弾は外れたのだ。

すぐに牛たちは何かが起きていることを察知したらしく、防御態勢を固めるため、ゆっくり右のほうに動き始めた。それを見て私も反射的に牛を追いかけて雪の上を走り始めた。軟らかい雪に足が取られた。脳内でアドレナリンが噴出しているのだろう。怖いという感情は引き金を引いた瞬間に消え去っていた。

私は再び同じ牛に狙いを定めて銃を構えた。その牛がすでに走り出しているのを見て、私は逃がしてなるものかと慌ててフォアエンドをスライドした。だがその瞬間、牛の横によちよちと歩く小さな仔牛《こうし》がいることに気がついた。しかしもはや引き金を引く指は止まらなかった。しまった、母親だ、と思うのと同時に私は引き金を引いていた。

銃声が響いた瞬間、母牛の体がぐらっと揺れた。

「当たった！」

背後から荻田の叫び声が聞こえた。牛たちの慌ただしい動きで辺りが雪煙にかすんだ。

母牛は群れのほうに追いつこうとしたが、撃たれたせいで体が右側に傾いてうまく走れず、一頭だけふらふらと群れとは別の方向に離れていった。仔牛も母牛の後ろにくっついていった。とどめを刺さなければ、と思い私は再び走って母牛を追いかけた。

　三回目の引き金を引いた時、母牛の体から血飛沫《ちしぶき》がはじけ、再びその巨体がぐらりと揺れたのが見えた。それでも母牛は血を垂らしながら群れに合流しようと、体を斜めにして歩き続けた。二、三十メートルぐらい歩いただろうか、しかし母牛は群れから十メートルぐらい離れたところで動けなくなりついに立ち止まった。

　雪の上には無数の足跡と、血の滴が点々と続いていた。

　私は血の道をたどるように走り、母牛のすぐそばまで追いついた。牛は首と腹のあたりから血を流していた。とどめを刺さなければいけない、と私は思った。そして私は母牛に向けて、もう一度銃を構えた。母牛は致命傷と思われる傷を負いながらも決して倒れず、しばらくその場に立ち尽くしていた。

　私は銃を構えたまま母牛とにらみ合った。そして、どうしてこの牛は叫び声どころか苦しそうな嗚咽《おえつ》ひとつ漏らさないのだろうと思った。北極の動物はどいつもこいつも声を上げない。北極熊もカリブーも、なぜか決して声を上げない。この母牛も、撃たれてもなお鳴き声を上げず、ただ私の目の前で立ち尽くし、黒い目でこちらを見つめるだけだった。

　母牛の横では仔牛がメーメーとヤギのような鳴き声を上げ、眠たそうな目で動き回っていた。赤い血を流した牛の姿を目の前にすると、頭の中でこいつはつい今しがたまで、いつものように生きて草を食べていたのだという勝手な思いが強く湧きあがり、私の呼吸はハアハアと荒くなった。引こうと思っていた最後の引き金を引くことができないまま、私は牛のことを睨《にら》みつけていた。

「それ以上近づかないほうがいい!」

荻田が後ろから叫んで近づいてきた。ハッと我に返り右のほうを振りむくと、防御態勢を整えた群れの仲間が表情のない目で私たちを見据えていた。しきりに前脚をなめて威嚇の姿勢を示していた。

仔牛は相変わらずメーメーと鳴きながら、よろよろとした生まれたばかりの足取りで母牛の腹のあたりを口でまさぐり、必死で乳を吸おうとしていた。しばらくすると母牛は自分の体を支えていることができなくなり、大きな体を白い雪の上に重そうに横たえた。首と腹のあたりに黒い穴が開き、そこから赤い血がだらだらと流れていた。そして時折ばふっ、ばふっと大きな鼻息を漏らし、足をバタつかせた。仔牛が乳を飲むために倒れた母牛の腹のあたりに鼻を近づけようとすると、母牛はもはやそれが自分の子供であることも分からないようで、仔牛を乱暴に蹴飛ばした。蹴飛ばしたのではなく、もしかしたらそれは痙攣《けいれん》のような、死にゆく獣のただの生体反応みたいなものだったのかもしれない。十分ぐらいの間そうしていただろうか、そのうち母牛の目から力は失われ、間もなく死んだ。

他の群れは相変わらず表情のない顔で私たちの動きを見据え続けていた。私たちは群れがどこかへ立ち去るのを待ったが、彼らは動き出す気配さえ見せなかった。

そのうち私たちは群れに仔牛がもう一頭いることに気がついた。どういうわけか、その仔牛は全身の毛がべっとりと粘ついた液体で濡れていた。そして別の成牛の尻の辺りが赤い血で汚れているのも目に入った。

「なんであの牛、尻から血を流しているんだろう」と私は何気なくつぶやいた。

「もしかしたら……」と荻田が言った。「あの牛、出産したばかりなんじゃないか。どこかに胎盤は落ちてないかな」

「えっ……」。私は言葉に詰まった。「そういやさっき、変な内臓みたいのがあったぞ」

私は母牛を追いかけている時に、ピンクの内臓のようなものが落ちていたのを思い出した。その時は撃った牛から飛び散った肉片だと思ったが、血痕から少し離れた場所に落ちていたので、おかしいなと少し疑問に感じていたのだ。

私はその肉片のあった場所まで戻ってみた。近づいてみるとやはりそれは胎盤だった。胎盤が落ちていることの意味を悟った時、私たちは思わず息をのんだ。今、私たちが母牛を撃ったこの小さな雪の丘の上では、別の母牛が出産を成し遂げ、新しい命が生まれたばかりだったのだ。いくら私たちが近づいても、群れが逃げようとしなかったのは、おそらくそこに理由があった。走るのもおぼつかない仔牛を二頭も抱え、彼らは逃げようにも逃げられなかったのだ。

その後も麝香牛の群れはなかなかその場から離れようとしなかった。それでも一頭そしてまた一頭と、もういいじゃないかといった表情で歩き出し、群れから離れるものが現れ始めた。五十メートルとか百メートルぐらい離れると、一度群れのほうを振り返り、まだ仲間たちが丘の上から動こうとしないのを見て、いい加減にしろよとでも言いたげな足どりで次第に群れから遠ざかって行った。

私たちは群れが立ち去るのを一時間ぐらい待ったが、それでも丘の上に残った群れから動く気配は感じられなかった。仕方がないので一度、橇のところまで戻り、丘のふもとに荷物を運んで、そこにテントを立てることにした。殺した母牛の解体もあるので、この日はそこで行動を終了し、肉を食べて休養に充てることにしたのだ。テントを立てて、ナイフと肉を入れるための袋を用意し、私たちは血にまみれた丘の上に戻った。

私たちが立ち去ると群れもすぐに丘を離れたらしく、彼らは四、五百メートル離れた別の丘に移っていた。しかし一頭だけ、殺した母牛の仔牛だけは群れから置き去りにされ、丘の上に残っていた。ぬいぐるみのようなかわいらしい巻き毛で覆われた体を死んだ母牛のそばに横たえ、すやすやと居眠りをしていたのである。

私は寝ている仔牛を揺すり起こした。そしてその場からどかして、母牛の解体に手をつけた。

解体は思ったほど大変な作業ではなかった。まず後ろ脚の蹄《ひづめ》の上にナイフを当て、そこから尻の方まで切れ目を入れて脚の皮をはいだ。脛《すね》のあたりの皮は骨に固くくっついていて、はぎにくかったが、腿から上の部位は肉と皮の間に手を入れると、メリメリ音を立てて簡単にはがれていった。脚の皮をすべてはいだ後は胴体の皮はぎに取りかかった。腹の真ん中にナイフで切れ目を入れ、左手で皮を引っ張り、右手の拳を握りしめて皮と肉の間にねじ込んだ。拳を入れるだけで、皮と肉は驚くほど簡単にはがれていった。

私たちは黙々と解体作業を続けた。手袋をしていると、脂で汚れて使いものにならなくなるので、作業は素手で行った。春になったとはいえ、外はまだ寒く、気温は氷点下二十度ぐらいまでしか上がらない。そのため作業をしていると、当然すぐに手が冷えて痛くなってくる。手が痛くなると牛の肉や内臓の間に突っこんだ。そうすると肉や内臓にはまだ体温が残っているので、かじかんだ手に温かみが戻ってくるのだ。

全身の皮をはぎ終わったら、今度は肉の切り分け作業にうつった。まず後ろ脚の付け根にナイフを入れて脚を胴体から切り離した。肉の部位と部位の間は白い薄膜のようなものがあるだけで、ナイフを入れると簡単に切り分けられた。脚を切り離すと、腿肉も脛肉もすべて骨から切り取りビニール袋の中に放りこんだ。せっかく死んでもらったのだ。背中にも尻にも厚い肉がでっぷりとついているので、なるべく無駄が出ないようにした。荻田が首を胴体から切断し、顎に手を突っ込んで舌を引っ張った。タンは間違いなく絶品なので、余すところのないように慎重に根元から切り取った。

ナイフを振るう私たちの周りで、仔牛はメーメーと鳴き声をあげながら、切り裂かれた母牛の周囲を歩き回っていた。私は仔牛が近づかないように追っ払いながら解体を続けた。内臓にもナイフを入れ心臓と横隔膜を切り取った。肝臓を一口サイズに切って生のまま口に放りこんでみたが、どうも小便のような酸っぱい臭いがしたのでその場に捨てた。

解体作業は二時間ほどで終了した。辺りを見渡すと、黒くて長い毛皮や、筋がついたままの骨がそこら中に散らばり、雪は血で赤く染まっていた。仔牛が肉の付いた母牛の頭蓋骨に顔を近づけ、くんくんと鼻を動かした。母牛が死んだことが分からず、どこから乳が出るとでも思っているに違いない。群れから置き去りにされたこの仔牛が、もはやこの雪と氷の大地で生きていくことは不可能だった。本来はひと思いに殺してやるべきだったが、どうしても幼い命を手にかけることへの抵抗感を拭い去ることができず、その場に放っておくことにした。わざわざ殺さなくてもそのまま餓死するか、おそらく狼《おおかみ》か狐の餌になるに違いない。私たちは切り取った肉と舌と心臓、それに横隔膜を袋の中にしまいこみ、丘を下りてテントに戻ることにした。

しかし解体現場を少し離れたところで突然、背後からビエーッ、ビエーッという物凄い絶叫が聞こえてきた。

何事かと振り向くと、残された仔牛が全力でこちらに向かって突進してきていたのだ。仔牛は絶叫を上げながら、体当たりでも食らわそうかという勢いで駆け寄り、そして荻田の足にぶつかる直前で急ブレーキをかけたかのように立ち止まった。そして抗議をするかのごとく、顔を上げて絶叫を上げ続けた。

ビエーッ、ビエーッ！

仔牛の叫びが乾いた青い空にこだました。激しくこだました。それは、この小さな命のどこにそんなエネルギーがあるのか理解できないほどの強い絶叫だった。そして、その強く震える甲高い叫びは私たちの内面を強くゆさぶった。

「なんだ、こいつ？」。荻田が動転したような表情を浮かべた。

私たちは、この小さな命が不意に見せた力強さに狼狽《ろうばい》した。狼狽し、慌てふためき、混乱し、どうしたらいいのか分からないので無視して放っておくことにした。だが仔牛はなおもビエーッ、ビエーッと大声で鳴き叫びながら、私たちから離れようとせず、後ろから執拗にくっついて来るのだ。

「な、なんだよ、なんでついてくるんだよ」。私は仔牛の絶叫に気おされた。

仔牛は一度止まった後、再び黒灰色の巻き毛で覆われた体をぶつけるかのように、私たちに激しい突進をしてみせた。ついさっきまではよちよちとしか歩いていなかったのに、母牛の側にぴたりとくっついて離れようとさえしなかったくせに、それなのに今は、まだ短い脚を回して猪《いのしし》のような勢いで駆け寄ってきて、そして私たちにぶつかる直前に急停止し、抗議の絶叫をビエーッ、ビエーッ！　と浴びせかけてくるのだ。

仔牛の絶叫は、私たちが内心感じていたが、あえてお互い口には出さなかった罪の意識を強く揺さぶった。私たちが牛を殺して食うことは、はたして許されることであったのだろうか。この小さな命は明らかに自分がこのままでは死ぬことを本能的に察知していた。そしてその絶望的な状態をもたらした私たちに怒りの声を上げていた。なぜ母親を殺したのだ、と私たちを糾弾していた。なぜ自分を置いて行くのだ、なぜ連れて行ってくれないのか、このままでは死んでしまうではないか、無責任ではないか。そう私たちを罵《ののし》っていた。

私たちはそのままテントに向かって歩いて行った。しかしテントに着いても仔牛の絶叫は止まらず、いつまでも喚《わめ》き続けていた。

私たちは仔牛の迫力に恐れをなした。

「しょうがない、殺すか」と私は言った。

「このまま放っておいても苦しんで死ぬだけだし、楽に死なせてやるのも母親を殺した俺たちの責任だろう」

そう言って荻田が、俺がやろうと銃を手に取り散弾を込めた。そのまま肩口に銃を構えると、ビエーッ、ビエーッと泣き叫ぶ仔牛に至近距離から狙いを定め、引き金を引いた。

轟音《ごうおん》と共についに仔牛の絶叫が止んだ。しかし弾は急所から外れてしまい、仔牛は一度左右によろめいた後、その場に前のめりに倒れ、四本の脚をバタつかせて、ヒッ、ヒッという声だか息だか分からない音を漏らした。まだ生きていた。

「悪い、次はちゃんと仕留めてやる」

荻田は再び頭部に狙いを定め、もう一度引き金を引いた。銃声が冷たい空気を震わせた。その瞬間、仔牛の体が一瞬大きく跳ね上がった。ぬいぐるみのような毛むくじゃらの額が陥没し、小さくどこまでも黒い穴が開いた。口が半開きとなり、目からはアメーバ状の半透明の物質がじわっとにじみ出て、脚がばたばたと二度、三度痙攣した。

動きが収まると私は死んだ仔牛の後ろ脚を摑《つか》んで雪の丘の上に戻り、自分たちが切り刻んだ母牛の体の残骸の脇にその小さな体を並べた。

氷の大地に再び静寂が訪れた。麝香牛の群れはすでに遠くの雪の丘の上で草を食べていた。

フランクリン海峡
角幡・荻田隊が
たどったルート
ブーシア半島
フェリクス岬
コリンソン入江
ビクトリー岬
マッティ島
キングウイリアム島
エレバス湾
ハーシェル岬
テラー湾
ペファー川
ワシントン湾
グラッドマン岬
ブース岬
ジョアヘブン
エタ島
ダグラス湾
トッド諸島
シンプソン海峡
オーグル岬
アデレード半島
餓死の入江
リチャードソン岬
オーレイリー諸島
モントリオール島

第四章　ワシントン湾――遭遇

1

テントの中には牛肉のくさみを凝縮したような臭いが漂っていた。その日は夜までずっと麝香牛の肉を食べ続けていた。切り分けた赤い肉をテントの中に運び、大量に絡みつく白い毛を丁寧に取り除き、柔らかい部位から薄く切る。それを鍋に放りこみ、塩コショウや七味唐辛子、その他の余っていた調味料をまぶして油で炒めた。口の中に放りこむと肉汁が弾け、脂がはらわたに染みこんだ。次から次へと口の中に放りこみ、箸が止まることはしばらくなかった。一休みするとまた食べて、もう一休みすると夕飯の時間になったので、また食べた。どんなに食べても、胃の中ですぐに吸収されてしまう感じがして、食べても食べても止まらなかった。

野生の麝香牛の肉は日本で普段口にするスーパーの肉とは全然違い、いろいろな意味で強烈だった。一番強烈なのは臭いだ。私の手にはやや酸っぱい麝香牛独特の臭いがこびりつき、屁を放つと牛の臭いが漂い、小便からも牛の臭いが立ち上った。臭いがきつかったのは、解体の時に血抜きをしなかったからかもしれない。味の良し悪しは部位によって全然違った。タンは柔らかくて期待通りの味で、焼肉屋で食べるのと比べても遜色はなく、一瞬で食べ尽くした。腿肉や背中のロースも柔らかくてジューシーだった。ただ脛肉は筋張っていて、物凄く固く、心臓やハラミも期待したほどではなかった。一頭の麝香牛から取れる肉の量は推定で五十キログらいはありそうで、たとえ飢えた男が二人がかりになっても到底食べきれる量ではなかった。翌日からは腿とロースを中心に特においしそうな部位を選び、一人十キロ分ぐらいを持って出発することにした。

肉を食べながら荻田が素朴な質問をした。

「そういえば、なんでフランクリンって五十歳を過ぎてから、また探検なんかに乗り出したんだろうな」

「冒険家の業にとりつかれていたんだろ」と私は言った。

「ここでのんびりするぐらいなら、俺は冒険に乗り出すんだって感じかな」

「彼はコパーマイン川を探検した時にほとんど死にかかっているんだ。仲間もたくさん死んじゃった。そんな体験したら、誰だってあの体験をもう一度、というふうになるんじゃないの」

私は冗談めかしてそう解説してみせた。

「自分のブーツを食って帰ってきて、英国じゃあ〝靴を食った男〟と呼ばれたらしいぞ」

「The eating boots manとかっていうのかな」

「いや、The man who ate his boots っていったはずだ」

翌日、朝食のラーメンに五百グラムの肉を加え、行動食にも一晩外にさらしておいた生肉を加え、私たちは麝香牛が現れた丘の幕営地をあとにした。雪の平原を越えてしばらく進むとテラー湾に到着した。前日の夜、その日の朝と麝香牛の肉を食べ続けたにもかかわらず、数時間行動しただけで腹はもうすっかり減っていた。

テラー湾の前に立つと、海には乱氷帯のないまっ平らな氷が広がっていた。ここには当時、フランクリン隊の大規模なキャンプ跡があったらしく、最も悲惨な目撃談が残された場所の一つである。飢えた男たちは自分が生き延びるために、ここで斃れた仲間の死肉に手をつけていたのだ。一八六九年にキングウイリアム島を訪れた米国のチャールズ・フランシス・ホールは、この時代のイヌイットの証言を最も多く集めた探検家であるが、その彼の旅の記録を編集した『ホールの第二次北極探検記』には、フランクリン隊が去った後のテラー湾の様子を極めて具体的に描写した話が載っている。ティキータという名のイヌイットは、ホールに次のような話をしたという。

テントは少し盛り上がった小さな砂丘の上に立っていた。（中略）大きなテントで、隅には地面から垂直にポールが立っており、それに屋根の梁《はり》のポールが横渡しされていた。細いロープがテントの頂点から各隅に向かって伸び、地面に深く打ちこまれたペグにしっかり結わえられていた。

キャンプ地には無数の人間の白骨が散らばっていたという。ティキータはホールに話を続けた。

毛布や寝台それにたくさんの骨や頭蓋骨が残っていた。骨からは肉が完全になくなっており、骨にくっついている神経以外は何もなかった。一見した感じだと、狐や狼が骨から肉を食い荒らしてしまったようだった。ただ鋸《のこぎり》で切断された骨もあったし、穴があけられた頭蓋骨もあった。

鋸で切断された骨や頭蓋骨というのは、明らかにこのキャンプ地でカニバリズムが行われていたことを示していた。ホールがどのぐらいの数の頭蓋骨があったか訊ねると、ティキータはあまりにもたくさんあったので分からない、テントの床は骨だらけだったと答えたという。テントには他にブリキのカップやスプーン、フォーク、ナイフといった食器類、拳銃や弾丸、火薬などが残されており、紙や本も落ちていたが、イヌイットには使い途がないので投げ捨ててしまったという。

またホールは別のイヌイットからもこのキャンプの状況について話を聞いた。ある女性が夫と共にテラー湾を訪れた時、テントの中にはまだ凍った遺体がたくさん転がっており、中には首に銀の鎖をかけている遺体もあった。その鎖を見た瞬間、彼女にはそれが以前知り合いが手に入れた鎖時計と同じものだと分かり、掘り出すことに決めたという。

この遺体は体を横向きにしていたので、頭から足まで体の半分が固い氷に埋まっていた。そのため首にかけられた鎖も氷の下まで垂れ下がっていたという。時計を手に入れるためには、厄介で不愉快な仕事を片づけなければならない。彼女も彼女の夫もそのような作業に使えそうな道具は何ひとつ持ち合わせていなかった。夫が周りで何かないか探している間、彼女は重くて先の尖《とが》った石を見つけた。そして時計が出てくるまで、遺体の周りの氷を石で削った……。

作業中に感じたおぞましい恐怖を、彼女は決して忘れることができないという。テントの周辺は凍りついた遺体であふれていた。その中には飢えた仲間によって完全に、あるいは部分的に切り刻まれているものもあった。彼らはナイフや鉈《なた》で死んだ仲間の肉の大部分を刻んで食料にしていたのだ。時計をぶら下げていた男は最後に亡くなった人物だったようで、その顔は眠っているだけのように見えた。氷を削っている間、とりわけ顔の周りの氷を削っている時は本当にいやな気持ちがして、何度となくもうやめようと思ったという。

（前掲書）

これらの証言を読む限り、テラー湾に到達したフランクリン隊がそこで凄惨なカニバリズムに手を染めていたことは間違いない。ただし船を放棄してから、そこまで追いこまれた経過は必ずしも明らかにはなっていない。

時系列的に整理すると、一八四八年四月二十五日にビクトリー岬近くに上陸した百五人の男は、キングウイリアム島の西岸からエレバス湾を経由してテラー湾に達した。そしてそこに大きなテントといくつかの小さなテントが並ぶキャンプ地を設けた。

ここで不思議なのは彼らがテラー湾に何週間か、あるいは何カ月間か留《とど》まっていたように思われることだ。なぜそう考えられるかというと、実はそこから少し先に行ったワシントン湾というところで、テラー湾を出発したと思われる四十人程度の生き残りがイヌイットの集団と不意に遭遇しており、どうやらその時期というのが、海の氷が解け始めていた頃、つまり六月から七月に入った時期だったらしいことが分かっているからだ（はっきりと七月だったと明言するイヌイットもいた）。

彼らが上陸した地点からテラー湾までは距離にして約百キロしかない。百キロならどんなにゆっくり歩いたとしても、十日もあれば到着できる距離である。彼らが上陸地点を出発したのは四月二十六日だったから、仮に二週間かかったとしても五月十日頃にはテラー湾に到着していた計算になる。その先のワシントン湾でイヌイットと出会ったのが七月だとしたら、彼らは二カ月近くもテラー湾に滞在していたことになるのだ。

ここから先は私の推測の域を出ないが、船を捨てたクロージャーの一行はエレバス湾からテラー湾に達し、そこでいったん大規模なキャンプ地を作り一カ月か二カ月の間留まった。しかし意見の相違があったのか、あるいは仲間割れがあったのか、それとも生き残るための合理的な戦術だと考えられたのか、どういう理由かは分からないが、船を捨てた時に百五人いた大集団は、そこでいくつかの小集団に分かれることになったのだろう。その中には船に戻ったほうが生き残れる可能性が高いと判断した者もいれば、前進したほうが賢明だと考え、改めてグレートフィッシュ川を目指した者たちもいた。飢餓や壊血病の症状が深刻化しテラー湾から動くことができなかった者もいたはずだ。船に戻ることにした男たちの中には途中で動くことができなくなった者もいた。マクリントックがエレバス湾で見つけた二人の遺体が残されたボートや、ビクトリー岬で見つかったジョン・アービングという幹部隊員の墓は、これら船に戻ろうとして途中で力尽きた男たちの痕跡だったにちがいない。だが船に戻ってしばらくの間、生き長らえた者たちもいたらしい。二隻の船のうち一隻は放棄された後に間もなく沈没したが、もう一隻は南に漂流し、少なくともアデレード半島の西のオーレイリー諸島近辺まで進んだと考えられている。実は後の探検家によって収集されたイヌイットの証言記録の中には、この南に流れ着いた船を訪れた者の話もいくつか伝わっており、それらによると、船内では体が大きくて歯の長い男の遺体が見つかり、船の近くの陸地には四人の白人と一匹の犬の足跡と、若いカリブーを仕留めた跡が残っていたという。船に戻った隊員たちはおそらく船上で一冬を越し、アデレード半島のどこかへ消えたのだろう。この漂流船はその後、木材や金属を運び出そうとするイヌイットにより船底に穴を開けられ、沈んでしまったと伝えられている。

一方、船に戻らなかった男たちのうち約四十人は、六月中旬から七月上旬にかけてのタイミングでグレートフィッシュ川に向けて行進を再開することにした。そしてテラー湾から少し進んだところにあるワシントン湾で、アザラシ狩りに来たイヌイットの家族と不意に出くわすことになった。

私たちはその日のうちにテラー湾を横断し、再び島に上陸して東南東の方角に進んだ。翌日、太陽が完全に雲に隠れ、周りの景色も地面も岩も何もかも見えなくなった。視界がなくなることによる北極独特のホワイトアウトである。空気は生暖かくのっぺりとしており、風すらほとんど吹いていなかった。

「百度ってどっちの方向だろうな」。自嘲気味に私はつぶやいた。

「想像もつかないね」と荻田が言った。

周りに何も見えなくなったので、エレバス湾の時と同じように、私が前を歩いて目印になり、後ろから荻田がGPSで方角を確認しながら進むことにした。地面は一面雪で覆われ、目印になる岩陰すらほとんどなかった。しばらく進むと右手の地平線に群青色に染まった空の一部が見えたので、私はそれを右目の視界の一定の位置で捉えるようにして方向を保った。太陽がなくなると、北極には空に現れた染みぐらいしか方向を決めるのに役に立つものは残されていなかった。

だから少しでも油断すると、どうしても方向がずれてしまう。

「おーい、どこに行くんだぁ」

集中力が途切れて頭の中で余計なこと——その多くがここには書けないようなことだ——を考え出した途端、後ろから荻田の声が飛んできた。振り返ると、真後ろを歩いていなければならないはずの荻田がやけに左のほうを歩いていた。頭の中で考えごとをし始めたせいで、私の進行方向が九十度ほど右にずれてしまっていたらしい。景色が見えないと人間の方向感覚など本当にあてにならない。特に私は、おそらく遺伝的なものだと思うのだが、生来極めて方向音痴で、東京に住んで十年以上になるのに未だに新宿駅南口から東口に出る最短ルートが分からなくて迷うことがある（どうしようもない時は時計のコンパスを使うことすらある）。太陽の光のない北極を、生まれつき体に内蔵された方向感覚だけを頼りにまっすぐに進むのは、私にはかなりハードルの高い作業だった。

午後二時頃にワシントン湾に到着した。テラー湾と同じように、この海にもまた乱氷帯も氷の割れ目も発生しておらず、厚さ数十センチの固い雪が海氷を覆っているだけだった。相変わらず大気は薄靄に覆われ、私たちは手さぐりをするように前進した。それでも湾内を三十分ほど歩くと、海の向こうにワシントン湾の東岸を示す岬の影がゆっくり浮かんできた。天気は一日中悪かったが、ちょうどその時間ぐらいから視界が開けてきたため、私はその岬に向かって進むことにした。岬は進行方向を示す格好の目印になっていた。

「あそこに陸地の切れ目があるだろう。そこを目指そう。もしフランクリン隊がグレートフィッシュ川を目指したなら、彼らも同じ岬を目印にしたに違いないから」

「そうだね」と荻田が言った。「それに今日からは週末だ。イヌイットが狩りに出てくるかもしれない。彼らも移動するとしたら海岸近くだろうからな」

レゾリュート湾を出発してから五十三日目に入っていた。長い間、人間が現れる可能性のない氷原を歩き続けてきたが、ようやく私たちはジョアヘブンの集落まで直線距離で約百四十キロのところにまで迫っていた。イヌイットの行動範囲はおおむね半径二百キロほどだといわれている。荻田の言うように、私たちはすでにイヌイットに出会える可能性のある領域に入って来ていた。

夕方になると霧が少し薄くなり、太陽が弱々しく海を白く照らし出し始めた。この日は二回、鳥が空を飛び去っていくのを見かけた。そうした光景の中に、ふと春が来たことが感じられた。寒かった時期に比べて、私たちの服装もずいぶん軽めになっていた。帽子はフリースの薄手のものだし、上半身はTシャツと網タイツのような肌着の上に、ゴアテックスの上着を羽織っているだけだった。暖かくなり唇のヘルペスもほとんど治っていた。

午後四時にワシントン湾の横断を終え、湾の開口部の東側に到達した。私たちは別に立ち止まるわけでもなく、そのままキングウイリアム島の南岸に沿って進んでいた。

前を歩いていた荻田が立ち止まった。

「スノーモービルの跡があるぞ！」

雪原には幅一メートルほどのキャタピラーの跡が、私たちの進行方向の先を横切り西に向かって伸びていた。キャタピラーの跡を見かけたぐらいで何を大げさな、と思われるかもしれないが、しかしその驚きは私たちにとっては別に大げさなことでも何でもなかった。何しろ、レゾリュート湾でウェインと別れてから五十三日間、私が親しんできたのは北極熊と麝香牛と荻田泰永の顔だけだったのだ。それは、人間が現れる可能性が限りなくゼロパーセントに近く、そして人間が現れる世界に戻れるのがいつなのかさえ想像ができないほど人間の住む場所から隔たった世界だった。それが突然終わり、自分たちが再び人間の住む世界に戻ってきたことをこのキャタピラーの跡は私たちに告げたのだった。

テラー湾を出発したフランクリン隊の生き残りが、イヌイットの集団と遭遇した時のエピソードを私は思い出した。偶然にも彼らが出会ったのもワシントン湾の東側、つまり私たちがキャタピラーの跡を見つけた場所とほとんど同じ場所だった。もしかしたら彼らと同じ場所でイヌイットに出会えるのではないか。会ったところで別にどうということもないのだが、そういう期待が私の中でふくらんだ。

しかしそれほどうまくことは運ばなかった。雪原にはキャタピラーの跡が虚しく続くだけで人影などどこにも見当たらなかった。イヌイットの生活圏に入って来たからといって、必ずしもすぐに彼らに出会えるわけではないのだ。昔の探検記を読んでも、犬橇の跡やイグルーは結構頻繁に見つかったみたいだが、肝心のイヌイットにはなかなか出会えなかったようで、人間に会えずに落胆する探検家の様子はしばしば見受けられる。長い間人跡の稀《まれ》なところを旅していて人が恋しくなるのは、今も昔も変わらないのだろう。

「残念ながら肝心のスノーモービルがないな」と私は言った。

「どこかに狩りにでも行ったのかね」

「狩りって、アザラシ猟なのかな」

「まあ、アザラシだったり、麝香牛だったり。これだけ遠いところまで来ているから、北極熊かもしれない」

「人間がいたらクッキーでももらおうと思ったんだけどな」

キャタピラーの跡をカメラで撮影した後、私たちは再び南東の方角に向かって歩き始めた。そしてそろそろこの日の行動を終了しようかという時だった。突然、背後から大きな機械音が冷たい空気を震わせて、すごい速さで近づいてくるのが聞こえてきた。まさかと思い、私は後ろを振り向いた。その瞬間、大きな橇を引いた二台の黒いスノーモービルが、派手なエンジン音をうならせながら目の前に現れた。

本当にワシントン湾にイヌイットが現れたのだ。

2

フランクリン隊の生き残りがワシントン湾でイヌイットと出会っていたことを最初に聞いたのは、一日に八十キロを歩くというあの超人探検家ジョン・レーだった。一八五四年春、広大な雪氷域を歩き続けたレーは、この時の探検でキングウイリアム島が島であることを突き止め、キングウイリアム島を北米大陸の一部だと考えていたジェームズ・クラーク・ロスの誤りを正すという地理学上の大きな仕事をしてのけた。そして帰路の途中にそのキングウイリアム島の周辺で、フランクリン隊が悲惨な末路を迎えていたことをイヌイットから聞かされた。〈いくつかの情報源から次のようなことが分かりました〉と、彼は所属していたハドソン湾会社に宛てた手紙の中に書いている。

四冬前の一八五〇年春、数家族のイヌイットが、アロウスミスの海図でキングウイリアムズ・ランドと呼ばれる大きな島の北部（引用者註・南部の誤りか）の海岸付近でアザラシ狩りをしている最中、ボートと橇を引きながら氷の上を南に向かって進む約四十人の白人と出会いました。その白人たちは島の西海岸に沿って歩いてきたそうです。白人の中には会話を理解できるほどイヌイット語に習熟している者はいませんでしたが、イヌイットたちは身振り手振りで、白人たちの船が氷で難破し、鹿の獲れそうな場所を目指していることを理解しました。その様子から（一人の士官を除き全員がロープで橇を引いており、痩せて見えたとのことです）、白人たちには食べ物がなかったようで、イヌイットから小さなアザラシ一頭と肉の切り身を買い取りました。その士官は背が高く、がっしりとした体つきの中年の男だったそうです。

（『ジョン・レーの北極からの手紙』）

ビクトリー岬でフランクリン隊の記録用紙が発見されるのは、その五年後のことだった。つまりレーがこの話を聞いたのは、まだフランクリン隊がどこに消えたのかはまったく分かっていない時だった。それなのにイヌイットたちは、その行方が分からなくなっていたフランクリン隊の生き残りと出会い、会話まで交わしていたというのだ。この話は英国社会に強烈な衝撃を与えた。しかもレーが聞いた話はそれだけではなかった。彼は手紙の中で、北米大陸の浅瀬――現在では餓死の入江《スターベイション・コーブ》と呼ばれている――では三十人ほどの遺体が、またその近くの島では五人の遺体が発見されたことを報告していた。さらにそれに加えてフランクリン隊がカニバリズムに走っていたことも伝えていた。彼はなるべく刺激的な表現を避け、その恐ろしい事実をやんわりとオブラートに包んで報告している。

多くの遺体の切断されていた状態と、釜の中に残っていた内容物から判断し、私たちの国の哀れな同胞が生きのびるための方策として、恐ろしい究極の選択を迫られたことは明らかです。（前掲書）

痩せこけた体で、力なくボートを引き、食べ物はないかと彷徨する白人の集団……。レーが伝えたワシントン湾でのフランクリン隊の姿は、目撃した側であるイヌイットの心にも深く突き刺さる光景となったのだろう。レーの後、何人かの探検家がキングウイリアム島に足を運んだが、このワシントン湾における出会いの話は現地で必ず聞かされるエピソードのひとつだった。前述した米国の探検家チャールズ・フランシス・ホールは一八六九年にキングウイリアム島を訪れ、このワシントン湾のエピソードについても執拗に取材を続けた。そして彼は、まさにそのワシントン湾の現場でフランクリン隊と言葉を交わした二人の人物から話を聞くことに成功した。ホールの記録をもとに再構成すると、その時、両者の間には次のようなやり取りがあったようだ。

……イヌイットたちはアザラシ猟の場所を変えるため、出発の準備を整えていた。ちょうどその時、氷の向こうで何か白くて動くものが見えた。もしかしたら北極熊かもしれないので、イヌイットたちは出発を見合わせてその白いものの動きを見守ることにした。白いものは海岸線に沿って弧を描くように徐々に近づいてきたが、しかし近づくに従いそれが彼らが期待していた北極熊ではなく、違うものだと分かってきた。その白いものは人間たちによって引かれた帆を張ったボートだったのだ。

そのままボートを見守っていると、向こうから二人の男が歩みを進めてきたので、イヌイットたちも二人の男が話をするために近づくことにした。やって来たのは白人の男で、そのうちの一人が両者を隔てていた氷の割れ目まで近づき、「チャイモ！（友よ）」と声をかけてきた。一方、もう一人の男は携行していた銃を氷の上に置くと、ナイフを目立つようにかかげて見せ、それから氷を削る動きをした後、何か食べ物をくれないかというように手を口から腹のあたりに持っていき、物を飲みこむ真似をした。白人の男たちは氷の割れ目の渡れる場所を探しだすと、イヌイットのもとにたどり着き「マニトゥミー」と挨拶をした。そして何度もマニトゥミー、マニトゥミーと声をかけてきた。

ナイフで氷をくりぬく動作をしたほうの男は仲間からアグルーカと呼ばれていた。アグルーカは南と東の方角を指し示して、繰り返しアイビリック（リパルス湾）と口にしたが、イヌイットたちは彼らがリパルス湾から来たのか、それともリパルス湾に行こうとしているのかよく分からなかった。またそのアグルーカと呼ばれた男は北の方角を指し示し、身振りと擬音を発して、自分たちの船が沈んだことも伝えようとしていた。

彼らが肉を欲しがっていたので、イヌイットたちはアザラシの肉を分けてやった。アグルーカはそれをほんの少しだけつまんで口の中に運んだようだった。それからアグルーカに頼まれて、イヌイットたちは犬の背中に肉を乗せて彼らのテントまで運んでやりもした。白人たちのキャンプ地に着くと、近くの池で釣った鮭が運びこまれ、ボートには鴨や雁などの水鳥が吊るされ、男たちがテントとボートの脇に整列していた。アグルーカはその中の背の低い男にイヌイットとの通訳をするように命じたが、その男のイヌイット語はアグルーカのそれに比べたらまだ分かりやすく、名前を伝えようとしていることがイヌイットたちにも理解できた。また逆にその後、今度はアグルーカがイヌイットのテントにやって来て、ナイフや硬貨、女性用のビーズなどの贈り物を持ってきたほか、似顔絵を描いてくれたりもした。

翌日、イヌイットたちは猟の場所を変えるために、朝早くにテントをたたんで出発することにした。白人のキャンプ地の前を通りかかった時、テントの脇にアグルーカが立っていた。彼は口に手をやり何かを必死に訴えていた。

「ネチュック、ネチュック」

アグルーカはアザラシの肉を欲しがっているようだった。出発してほしくないようだった。しかしイヌイットたちは先を急いでいたので立ち止まることなく、その場を後にすることにした。……

ホールの記録によると、この時に現れた白人は一人がアグルーカ、もう一人はトゥルアとイヌイットから呼ばれていたという。また現場でアグルーカに命じられて通訳をした人物はドクトクという名で呼ばれていたが、これはドクター、すなわち探検隊の医師だったと考えられている。ワシントン湾での彼らの身体はひどい状態にあり、飢えのために肉はすっかり削げ落ちて体は痩せ細り、口もかさかさに乾燥し固く黒ずんでいたという。

この話には別のバージョンがあり、イヌイットたちはアグルーカの集団と五日間過ごした後、一緒にワシントン湾を出発したという話も残っている。イヌイットは途中で白人の集団とはぐれてしまったため、ひと夏の間ずっと近くの湖で来るのを待っていたが、結局彼らは現れなかったという。

五日目の最終日、イヌイットは全員アデレード半島に向けて出発した。すでに氷はかなり解けかかっていたので、海を渡れないのではないかと心配していた。彼らは太陽が低く、氷がわずかに固くなる夜に出発した。白人は重い橇とボートを引いてついて来たが、イヌイットみたいに素早く、解け始めた氷を移動することはできなかった。イヌイットはグラッドマン岬に留まり白人が来るのを待った。氷がかなり解け大陸に渡ることができなかったので、イヌイットは夏の間ずっとキングウイリアム島に留まった。近くの湖で釣りをして、ほぼひと夏の間、海岸や湖の間を行ったり来たりしながらグラッドマン岬で待ち続けた。だが結局、白人の姿を見る機会は二度と訪れず、彼らはマッティ島の近くの東海岸に向けて出発した。

（ウィリアム・ギルダー『シュワトゥカの調査』）

いずれの証言においても、イヌイットとフランクリン隊が出会ったのは海氷が解け始めた時期だったとされている。私たちが来た時、ワシントン湾にはまだ厚い氷が張っていたので、この両者の出会いは季節的にもっと夏に近づいた頃の出来事だったのだろう。フランクリン隊と別れたイヌイットはその後もしばらくの間、キングウイリアム島に留まりアザラシ狩りや釣りを続けた。そして翌年の春にテラー湾に移動し、そこでたくさんの遺体が転がる凄惨なキャンプ地の跡を発見することとなった。ただしそこに残された遺体の中には、前年にワシントン湾で顔を合わせた人物は誰一人として見つからなかった。アグルーカと呼ばれた男もトゥルアと呼ばれた男も、テラー湾の遺体からは発見されなかったのだ。あのボートを引いた四十人の男たちはテラー湾のキャンプ地ではなく、どこか別の場所に向かったようだった。

ワシントン湾からグレートフィッシュ川に到達するには、氷の解け始めた海を越えて北米大陸に渡らなければならなかった。河口まではまだ直線距離で約二百キロあった。飢えた四十人の集団はその途中のどこかで消えてしまっていた。

3

目の前に現れたスノーモービルは、私たちが出発の時に別れたウェイン・ダビッドソン以来、五十三日ぶりに見る人間の姿だった。

私は興奮して大声を上げ、右手を大きく振り、彼らに向かって止まってこっちに来いという合図を送った。スノーモービルはゆっくりと速度を落とした後、私たちの二十メートルぐらい先で停止した。背の低い年配の男と、鼻の下にひげを生やした若い男の二人が機械を降り、こちらに近づいてきた。男たちは黒くて分厚い防寒具や帽子に身を包み、サングラスやゴーグルをかけライフルを背負っていた。全身黒ずくめで、イヌイットというよりもFBIかCIAの捜査官みたいに見えた。

ハーイと私たちはお互いに声をかけ、名を名乗り、握手を交わした。フランクリン隊の生き残りと出会ったイヌイットはティキータ、オウワァー、マーニャ、トゥーシュアファガユという四人組だったが、私たちの前に現れた二人はデビッドとクラーレンスという西洋風の名前を名乗った。続けざまに三台目のスノーモービルが現れ、サングラスをかけた男がもう一人加わった。私たちはお互い柔らかい笑顔を交わし、氷の上に和やかな雰囲気が漂った。

「レゾリュート湾から歩いて来たんですよ。五十日以上かかりました」と荻田が言った。

「レゾリュート？　それは随分と遠いところから来たね」とデビッドが言った。「私のほうは一人で猟に出かけたんだが、途中でスノーモービルが故障してしまってね。それでこいつでSOSを出して、村から助けに来てもらったんだ」

彼の手には携帯無線機器が握られていた。

「目的は何だい？　北西航路かい？」とデビッドは言った。

「そうですね。あと一週間ぐらいでジョアヘブンに着くと思います。村のホテルで何泊かするつもりなんですが、その後に宿泊する場所を探しています。ホテルは高いので。もしご迷惑でなければ、ご自宅のお電話番号を教えてほしいのですが……」

デビッドは一瞬、困ったように表情を曇らせた。

「うちは狭いからね。誰か大きな家に住んでいる別の人を紹介できるかもしれない」

彼は荻田のメモ帳に自宅の電話番号を書きとめた。

「この辺りにはジョアヘブンの人もあまり来ないよ。みんな南のほうに行くんだ。釣りをしにね。今は釣りの季節だからね」

「僕らはとても長い旅をしてきて、食事も毎日わずかなものしか食べていません。クッキーかビスケットがあれば、分けていただくことはできませんか」

「何か甘いものが欲しいのか？　クッキーやビスケットはないけど、あめ玉ならあるよ」

そう言ってデビッドはスノーモービルに戻り、荷台からカナダで人気のある「ウェザーズ・オリジナル」というキャンディーを一袋持ってきてくれた。別れの挨拶を交わすと、デビッドらはスノーモービルにまたがり、けたたましいエンジン音を響かせながらジョアヘブンのほうに走り去った。私はもらったばかりのあめ玉を一気に三つ口の中に放りこんだ。

その日の夜、もう一人というか、もう一匹の闖入者《ちんにゅうしゃ》が私たちのテントにやって来た。

すでに目の前には夕食の準備が整い、あとは荻田が衛星携帯電話で支援者に定期連絡し終わるのを待ち、そして食事という時だった。外でがたっという荷物の動く音がした。麝香牛の肉の臭いを嗅ぎつけ、北極熊が来たに違いない。そう思った私は熊除けスプレーを片手に持って、ゆっくりと入口のチャックを開けた。

しかし目の前にいたのは熊ではなかった。

「おい、狼だ！」と私は声を上げた。

「マジで？　狐じゃないの？」

荻田も外の様子を確認した途端、大声を上げた。

「本当だ！　これは大変だ。すごく珍しいぞ。ちょっとすみません、一度電話を切ります」

目の前にいた狼は、体長八十センチ、体高五十センチぐらいで、全身白い毛に覆われていた。狼はなかなかお目にかかれる動物ではないらしく、十一回目の北極だという荻田ですら実際に目撃したのはこれが初めてだという。

入口を開けると、狼は驚いて一瞬後ずさり、近くにあった私のスキーを口に咥《くわ》えて引っ張り始めた。だがすぐにスキーから口を放し、肉や食糧を載せていた橇に標的を変えた。さすがに食糧が奪われるのを黙ってみているわけにはいかないので、私は慌てて銃を持ってテントの外に飛び出した。狼はいったん橇から口を放して逃げ出したが、しかし安全圏とも思える距離だけ離れると、その後は再び私の様子を窺いながら、その辺を黙ってうろついていた。

熊と違って狼は銃声で脅かしても決して逃げ出そうとしなかった。こっちが走って近づくと、何度も後ろを振り返りながら必ず安全な距離を保とうとした。逆に追うのをやめると、向こうも立ち止まり、そして深く人の心を探るような目つきで見つめてくるのだ。狼の目には人の心を覗きこむような気持ちの悪さがあった。それは場を支配しているかのような目、自分はお前よりも優位に立っていると相手に思わせる目だった。狼が歴史的に人間から迫害されてきたのは、あの目が原因なのではないかと私は思った。熊と違って狼は、人間の行動を的確に読むことのできる知性を兼ね備えているように感じられた。逃げなければならない場合と、逃げなくてもよい場合を知っているかのように振る舞い、追っかけている人間のほうは、どこか嘲りを受けているような気分にさせられるのだ。

私は狼にある種の深遠な知性を感じた。数百メートル走った後、私は狼を追っ払うのをあきらめてテントに戻ることにした。彼を追っ払うことなどできやしないと思ったのだ。振り向くと狼はまだ私のことをじっと見ながら、雪の丘の上にたたずんでいた。

その翌日、私はひどい胃のむかつきで目が覚めた。

時計を見るとまだ午前五時半、起床時間まであと三十分あったが、とても寝ていられなかった。腹が重くもたれ、きりきりと締めつけられるような痛みがあり、胃袋がプロレスラーにでも捩じ上げられているみたいだった。のどが強烈に渇いていたので、私は魔法瓶の中からお湯を鍋に注ぎ雪を混ぜて続けざまに二杯飲んだ。

　隣で荻田が目を覚ました。

「やばい。強烈に胃もたれがしている」

　私の様子を見て、荻田はあきれた顔をした。

「明らかに昨日の生肉のせいだな」

　確かに原因が、昨晩食べた〝麝香牛の牛刺し〟にあることは間違いなさそうだった。三十代も半ばにくると、焼肉を食べすぎて翌日にひどい胃もたれに悩まされることは何も珍しいことではない。だがこの時はそのレベルをはるかに超えていた。胃もたれの他、吐き気、頭痛、高熱、それに伴うひどい全身のだるさといった症状があり、動く気がしなかった。

　麝香牛の肉は、最初のうちこそ独特のすっぱいような臭いが気になり、生で食べる気はしなかった。しかし翌日にはもう私たちは臭いにすっかり馴れていた。臭いが気にならないなら、中途半端に火を通して固くなった肉よりは、生のままで食べたほうが柔らかくてうまそうだ。前日の晩、「大丈夫か？」と荻田が心配するのも意に介さず、私は「おれ、ユッケ大好きなんだよね」などという思慮に欠けたバカ発言を繰り返しながら、五百グラムほどの生肉を一気に食い漁《く》《あさ》ってしまったのだ。その結果がこのざまだった。

吐き気がひどいので、私はふらふらと外に出て口の中に指を突っこんで吐こうとした。しかし悲しいことに、胃の中の肉はすでに消化されてしまったらしく、涙とうめき声しか出てこなかった。テントに戻ると強烈な眠気に襲われ、再び横になった。横で荻田が朝食の準備を始めたが、食べる気はまったく起きなかった。できればその日は休みたかったが、食糧と燃料が限られているのでそんな時間的な余裕はなかった。荷物が軽くなったにもかかわらず、キングウイリアム島に上陸してからは疲労のためか、私たちが一日に歩ける距離は短くなっており、ジョアへブンまではまだ百四十キロも残っていたのだ。朝食はとらず、粉末のスポーツドリンクをお湯に溶かしこんで二杯飲み、やっとのことで橇に荷物を積んで出発の準備を整えた。

朝の気温は氷点下七度。五月に入り北極は完全に春の陽気になっていたが、この日ばかりは熱のために悪寒が止まらず、私は上着の内側にフリースを着こんで氷点下三十度の寒さの日と同じ服装で出発した。歩き始めて約五分で、荻田が見かねて私の装備のほとんどを自分の橇に積んでくれたが、それでも体がだるくて彼について行くことはできなかった。五分おきにストックに体をもたせかけては休憩し、おぼつかない足取りで進んだ。途中で何度かしゃがんで吐こうとしたが、出てくるのはうめき声だけだった。そのかわりに腹が痛くなったので、そのままの姿勢でパンツを下げて下痢をした。とても情けなかった。自分の中の大切な何かが蹂躙《じゅうりん》されたみたいだった。嘔吐《おうと》をしながら下痢をしたのは、学生の時にチベットの五千メートル近い村でマフィアみたいな現地人に手荒く歓迎され、白酒を何度も一気飲みさせられて以来のことだった。

それでも何とかしばらく歩き続けるとハーシェル岬が見えてきた。

ハーシェル岬は北西航路の探検史の中で極めて大きな役割を果たした岬である。この岬に初めてやって来たのは一八三九年のトーマス・シンプソンとピーター・ディースという二人が率いる探検隊で、彼らは西からはるばる北米大陸の海岸線をボートでやって来て、この岬に大きなケルンを立てた。この二人の探検によりハーシェル岬から西はベーリング海峡まで海路が続いていることが明らかとなった。そのため後からやって来たフランクリン隊にとってみると、この岬は北西航路の完成を意味するゴールとなった。そこまでいけばベーリング海峡、つまりアジアまで海路でつながっていることが証明されるからだ。そう考えるとワシントン湾に現れたフランクリン隊の生き残りの集団は間違いなくこの岬に立ち寄っていたはずである。彼らの目的は北西航路を発見することだったのだ。そう考えていたので、私は前日まではぜひハーシェル岬にも立ち寄ってみたいと考えていたが、だるさと吐き気でそんなことはもうどうでもよくなっていた。

私は岬のほうに目をやった。すると丘の上にケルンのような細長い人工物のようなものがゆらゆら浮かんで見えるような気がした。蜃気楼だろうか……。私は自分の目を疑った。まさか約百七十年前にシンプソンが立てたケルンが残っているとでもいうのだろうか……。

しかし、どうも石積みのケルンにしては輪郭がやけに直線的だった。間もなくそれはケルンではなく、ハーシェル岬の先にあるグラッドマン岬の軍事施設だと気がついた。冷戦時代に米国とカナダ政府はソ連の脅威に対抗するため、概ね北米大陸北岸の海岸線にレーダー基地を点々と造り上げた。そのうちの一つがグラッドマン岬にもあるのだ。

この日は何とかグラッドマン岬までは行こうと決めていたので、私はその建物を目指し重い足を引きずりながら前に進んだ。体が重くだるかった。一刻も早くテントの中で横になりたい。頭の中にあるのはそのことばかりだった。何度も休憩し、そのたびに居眠りして、カメのようにのろのろと足を運んだ。グラッドマン岬まであとわずかとなったところで、目の前に小高くてなだらかな雪の丘が現れた。丘の高さはわずか三十メートルほどに過ぎなかったが、しかしその時の私には、エベレストに初登頂したエドモンド・ヒラリーが頂上直下でぶつかった岩壁——通称ヒラリーステップ——と同じぐらい絶望的な障害物に見えた。

何とか丘の上に登りきると、白い平原の向こうに巨大な鉄塔と万博のパビリオンみたいな白いドームが立ち並ぶ施設が見えた。前を歩く荻田はすでに消えそうなほどの小さな黒い点となっている。私も最後の力を振り絞り、レーダー基地を目指して前に進んだ。もう間もなく到着というあたりで突如、施設のスピーカーから大きな声が聞こえてきた。基地は今では無人施設のはずだが、カメラでの監視は続けられているらしく、荻田が見物のために鉄塔の階段を上がったところを見つかり英語で警告を受けたらしい。すぐにテント這うようにグラッドマン岬にたどり着いたのは午後五時三十分だった。

の中に入りこみ、私は食事もとらずにそのまま寝袋を広げて深い眠りに落ちこんだ。

4

ワシントン湾から先でもフランクリン隊の足跡を示す白骨や墓、その他の様々な遺留品が、キングウイリアム島の南岸を東に延々と続いていた。この日私たちが到着したグラッドマン岬の近くでは無名の若い男の白骨が発見された。発見したマクリントック隊の隊員によると、男は休憩中の石の上から崩れ落ちるようにして死んでいたらしく、遺体からはテラー号の前檣楼《ぜんしょうろう》担当だったハリー・ペグラーという隊員の身分証明書が見つかった。ちなみにマクリントックはそのグラッドマン岬で誰が立てたのか分からない謎のケルンも発見している。過去にこの岬に来たのは記録上、シンプソンとディースの隊だけだが、彼らはケルンを立てたことなど報告していない。イヌイットが立てたものとしても不自然な作り方のケルンで、フランクリン隊の生き残りが立てた可能性が高そうだったが、メモの類は残っていなかったという。

さらにその先にも人骨や遺留品の跡は点々と続いていた。グラッドマン岬から約三十キロ東に離れた岬の周辺には墓が残され、その東のダグラス湾の小島では七人分の西洋人の白骨が野ざらしの状態のまま見つかった。この小島からは樫の木やノルウェー産の松の木材の破片や削りかすといったものも発見されており、それらの遺留物からフランクリン隊がその島で幕営し、ボートや橇を残して立ち去ったことは明らかだった。さらにダグラス湾から十八キロ東に進んだペファー川にも墓が残っており、中からエレバス号の幹部だったトーマス・ラ゠ビスコンティ大佐のものと思われる遺骨が見つかった。フランクリン隊の足跡はさらに東に続いていた。ペファー川からキングウイリアム島の南東端を回りこんで少し進むと海岸線はブース岬という小さな岬に続いており、そのやや沖にはトッド諸島という五つの小さな島々が浮かんでいる。このトッド諸島からも五人の白人の遺体と、中身が入ったままの缶詰が見つかった。

プイッタはこの五人の遺体を見つけた最初のイヌイットだ。遺体の中の何体かは埋葬されず、島の高いところでくっつきあって横たわった状態で見つかった。きちんと衣服を着ており、肉も骨に残っていて、動物に荒らされた形跡もなかった。トゥルアの遺体の隣には肉の缶詰が一つ残っていた。プイッタがトゥルアの遺体の横でこの缶詰を見つけた時、缶詰は開けられていなかった。開けてみると中には肉とたくさんの脂が入っていた。変な臭いはしなかった。イヌイットは中身を食べてみたが、中の肉と脂はとてもおいしくて上等だったそうだ。

（『ホールの第二次北極探検記』）

この証言の中で私の目を引いたのは、トッド諸島の遺体の中にトゥルアと呼ばれた人物が見つかったという部分だった。トゥルアという名前の人物は例のワシントン湾に現れた白人の集団の中にもいた。集団を率いていたのがアグルーカで、その他にトゥルアと呼ばれる人物もいて、通訳をしたドクトクという人物もいた。どうやらトッド諸島で見つかった遺体の一つは、そのワシントン湾に現れたトゥルアと頭髪やあごひげなどの特徴が一致していたらしい。

おそらくワシントン湾に現れた四十人の集団の一部は、このトゥルアと呼ばれる人物に率いられキングウイリアム島の南岸を東に向かい、約九十キロ離れたトッド諸島まで到達したのだろう。彼らはその途中で次々と力尽き、行き倒れるようにして死んでいったようだ。ダグラス湾やペファー川などで見つかった遺骨や墓はその苦闘の一部を物語るものだろう。生き残った者もブース岬からトッド諸島に渡ったところで前進を阻まれ、少なくともトゥルアを含む五人が手を携えるようにして息絶えたのだ。

しかしそこには、ワシントン湾では一緒だったアグルーカと呼ばれた男の遺体は見つからなかったという。

キングウイリアム島から海峡を隔ててすぐ南の北米大陸アデレード半島側に目を移すと、そこにもまたフランクリン隊の凄惨な苦闘の跡がグレートフィッシュ川に向かって残されていた。このアデレード半島側の痕跡は現在、餓死の入江と呼ばれる小さな入江まで続いている。もちろんこの不吉な名前は、そこで見つかったフランクリン隊の遺体の悲惨極まりない状態からつけられたものだ。フランクリン隊の生き残りの最後の足どりは、少なくとも遺骨や遺留品といった物証では、この餓死の入江から先には残っていない。そのため一般的に彼らの終焉《しゅうえん》の地は餓死の入江とされている。グラッドマン岬を出発した私と荻田はその餓死の入江を目指し、一度キングウイリアム島を離れて北米大陸に渡ることにした。

キングウイリアム島とアデレード半島を隔てる海峡はシンプソン海峡と呼ばれている。フランクリン隊の生き残りがどこでこの海峡を渡ったのかは定かではないが、単純に地図だけを見ると、グラッドマン岬から二十キロほど南東に行ったエタ島という小さな島のあたりで海峡は最も狭まっているので、そこが有力であるように私には思われた。このシンプソン海峡はフランクリン隊の時代にはすでに探検が終わっており、今みたいな正確なものではなかったが地図はできあがっていた。グレートフィッシュ川を目指していた以上、フランクリン隊の生き残りもその地図は確認していただろうから、ルートを選択する際の条件としては本質的に私たちと差はなかったといえる。だとしたら彼らが海峡の最も狭まるところで北米大陸に渡ろうとしたと考えても、それはあながち的外れではない。地図があるのにわざわざ広いところを選んで海を渡ったとは、私には思えなかった。

ということで私たちはそのエタ島のあたりで凍った海を渡り、北米大陸の海岸線沿いを歩いて餓死の入江を目指すことにした。五月九日はエタ島の対岸の小さな島の近くで幕営した。腹の調子がだいぶ回復してきたので、私はリハビリのつもりでその日の夕飯から再び麝香牛の肉を食べ始めることにした。もちろん火を加えてである。しかし体調はまだ万全からはほど遠いので、恐る恐る手をつけるといった感じだった。

私の及び腰な箸の動きに比べると、荻田の食事は豪快そのものだった。米にペミカン、グラッドマン岬の小屋で見つけた凍った生魚に麝香牛の肉……。彼の大きな鍋はありったけの食材で埋め尽くされていた。中でも麝香牛の肉の量に私は目を見張った。彼はどうやら一食で一キロにもおよぶ肉を平らげるつもりでいるらしい。まだ胃腸に不安があったせいか、肉の隙間にもどろどろとした脂や肉汁が浮いた荻田の鍋を見ていると、私には彼がヤケクソになっているようにしか見えなかった。

「全然うまそうに見えないな」と私は言った。「というか、まずそうだぞ」

荻田はずるずると鍋の中の半固形状のスープをすすった。

「米を食ってるわけじゃないからね。肉を食ってるわけだから」

私はずいぶん前に多摩動物公園で見たライオンの食事の風景を思い出した。赤黒い色といい、脂っこい臭いといい、彼が食べているものは人間の食事というより猛獣の餌に近かった。プロレスラーでもないのに、とてもそんなに食べ切れるわけがない。私はそう思いながら荻田の食事風景を見守っていた。もしかしたら少ししかめ面をしていたかもしれない。しかし彼はものの見事に私の予想を裏切って、海のように膨大な量のその肉をぺろりと腹の中に収めてしまったのだ。これには私も啞然《あぜん》とした。ちょっと考えられない量だった。

翌日、私たちはアデレード半島の海岸線に並ぶ小さな島々を縫うようにして南東に進んだ。天気はこれまでにないほど穏やかで、気温は体感的に氷点下になるかならないかというぐらいにまで上がった。そのせいで雪はぼそぼそと軟らかくなり、橇の滑走面が埋まってしまい歩きにくかった。

途中の島に十軒ほどの小屋がまとまって建つ、小さな集落のようなものが現れた。立ち寄ってみると人影は見当たらず、小屋にはいずれも錠がかけられていたが、うろついていると錠のかかっていない小屋が一軒見つかった。中に入ると漁で使う銛《もり》や網、猟銃、ガスボンベ、マットレス、カリブーの毛皮などが保管されていた。イヌイットは今でも夏になると長期間、家族でこうした小屋に滞在し漁や狩りに従事する。今でこそ小屋は木材やプラスチック建材でできた建物に変わっているが、この辺りがイヌイットにとって良好な狩猟場であるという事実は、実は今もフランクリン隊の時代もさほど変わりはないようだ。

フランクリン隊の前にアデレード半島にやって来た探検隊は、西から北米大陸の海岸沿いにやって来たシンプソンとディースの隊だけである。シンプソンの探検記を読むと、彼らはアデレード半島のこの辺りで、イヌイットの貯蔵庫やテント跡、墓、それにカリブーを追いこむための石の罠などを数多く目撃している。グレートフィッシュ川に向かったフランクリン隊の生き残りも彼らの記録を参考にしていたはずだから、私たちがこの小屋に立ち寄ったように、彼らもまたシンプソンらが報告したイヌイットの狩猟場を探していたことだろう。その意味で私たちの目の前にある小屋は、シンプソンらが見た狩猟場の風景と本質的に変わるものではなかった。

小屋のある島の先にもアデレード半島の海岸沿いには無数の小島が散在していた。少し先に行くと、低い岩礁の上に高さ五十センチにも満たない小さな円筒状の岩が立っているのに気がついた。自然にできたものではなく、明らかに誰かが立てたもののように見えた。そのまま素通りしようかと思ったが、その岩の立てられ方のどこか場違いな感じが引っかかり、私は一度歩みを止めた。

もしかしたら、あれはフランクリン隊の生き残りが立てた岩なのではないだろうか。場所が場所だけに、私にはその考えをまったくつまらないものだと切り捨てることができなかった。そこは確実にかつてフランクリン隊の生き残りがふらふらと歩いていたに違いないところだった。アデレード半島の海岸線など調査で来る人間はおろか、狩りで訪れるイヌイット以外、足を運ぶ人間などまずいないに違いない。しかも少し先には雷の入江《サンダーコーブ》という、フランクリン隊の三人の白骨と銀のメダルなどが見つかった入江もあるのだ。

岩は満潮になれば沈んでしまいそうな低い岩礁の上に立っていた。そうした場所の不自然さも私には気になった。丘の上など地形的に目立つ場所なら、イヌイットが目印のためにケルンを立てることは別に珍しいことでもなんでもない。しかし沈んでしまいそうな岩礁の上に岩を立てても、目印の役目を果たすようには思えなかった。だとしたら岩を立てたのはイヌイットではなく、別の誰かなのではないだろうか……。

近づいてみると岩礁はわずか二十メートル四方ぐらいの広さしかなく、すでに雪が解けて地面から黒い石や砂利が露出していた。円筒状の岩の上には、ダチョウの卵のような丸い岩が載っかっていた。もちろん缶詰や人間の骨などといった劇的な発見があるわけではなく、細長いかりんとうのような狐の糞がひっかけられているだけだった。写真を撮りながら、私は冷静に百六十三年前のモニュメントが当時の形状のまま残っているわけがないと考えた。イヌイットの誰かが、何か必要があって立てた岩なのだろうと。

しかし……。

確かに、どんなに合理的に推論し現実に合わせて意見を修正しても、しかし……と思わせられる空気が、キングウイリアム島やアデレード半島の海岸線には漂っていた。それは自分がフランクリン隊の生き残りと同じ道のりを旅しているという、旅人特有のロマンチックな感傷に、その時の私が浸っていたからということも分かっていた。それでも、だがしかし……、とやはりついつい考えてしまうのだ。

振り向くと荻田がかなり後ろを歩いていた。いつもの力強さは影をひそめ、時々、立ち止まっては、辛そうにストックに体を預けて下をむいていた。彼は午後から体調を崩していた。原因は明らかだった。前日に麝香牛の肉を食べすぎていたのだ。

5

私たちはすでに餓死の入江に到着しそうな位置につけていた。五月十一日は強烈な南からの向かい風に見舞われた。幕営した島の頂上に一度登ると、氷海は猛烈な地吹雪にどこまでもつつみこまれていた。風の強さは昼過ぎにピークに達し、地べたを這うように私たちに向かって吹きつけてきた。雪塊や氷の陰には新雪が瞬く間に吹き溜まり、それが新しい風紋を作り上げた。橇に吹きつけられた雪は陽ざしで一度解けて、再びばりばりに凍った。空にはまだら模様にちぎれたひつじ雲や、幾何学的な模様に発達した層雲が複雑に広がっていた。時折青空が見られるものの、地吹雪のせいで周りの陸地や岬はその影すら見えなかった。

強風が吹き荒れる中、私たちは餓死の入江の手前にある小さな岬を目指して進んだ。餓死の入江の近くは遠浅になっており、周りには岩や浅瀬、砂浜が広がっていた。相変わらず陸影はつぶされたように平べったく、陸地と海の区別はほとんどつかなかった。目印にしていた岬を通り過ぎると、私たちは進路を南南東に変更し餓死の入江の入口を目指したが、上空の厚い雲と地吹雪のせいで、どこが入江なのかもよく分からなかった。夕方の束の間、地吹雪が少し収まり、前方にリチャードソン岬という大きな岬が伸びているのが見えた。餓死の入江はリチャードソン岬の手前なので、自分たちがそのすぐ近くにいることは分かったが、再び辺り一帯が地吹雪に見舞われ、その日は正確な位置が摑めないまま幕営することにした。

翌朝目が覚めると、ぱちぱちとテントの生地をたたく嫌な音がした。

「おい」と私は荻田に声をかけた。「ひょっとして雨が降ってるんじゃないか」

「まさか……、雪でしょ」

外に出ると、みぞれ混じりの小雨が降っていた。雨粒をはじいた私のゴアテックスの上着を見た瞬間、荻田がマジで？　と言って顔をしかめた。彼の長い北極経験の中でも行動中に雨が降ったのはこれが初めてのことだという。北極の旅で唯一気が楽なのは雨が降る心配がないことだった。そのため装備には一切防水対策を施していなかったのだが、季節は完全に冬から春へと移ってしまい、ついに雨まで降り出してしまった。

私たちは装備が濡れないようにビニールで覆って出発した。前日の夜にGPSで確認したところ、私たちは餓死の入江から若干西にずれた池の上で幕営していたようだった。幕営地から三十分ほど歩き、ススキみたいな枯草の生えた細長い陸地を越えると、その先に餓死の入江が広がっていた。

空が鈍色《にびいろ》の雲に覆われていたせいもあったのだろう。餓死の入江の風景は私の目には、ずいぶん物悲しいもののように映った。

イヌイットが伝えた餓死の入江の惨状は、当時の探検家に、その場所こそフランクリン隊の終局の地であったに違いないと思わせるのに十分なものだったようだ。イヌイットから直接話を聞いた探検家は、いずれも最終的にフランクリン隊はこの入江で全滅したと結論している。餓死の入江について最初にイヌイットから話を聞いたのはジョン・レーだった。彼は報告の中で〈テントの中で見つかった遺体もあれば、雨露をしのぐためにひっくり返したボートの下で見つかった遺体もあった。体があちこちにバラバラになっているものもあった〉とその様子について記している。

一方、チャールズ・フランシス・ホールは、餓死の入江を訪れたという女性のイヌイットと次のようなやり取りをしている。

問い　そこで白人の遺骨は見ましたか。

答え　そこは土地が低く、泥まみれの場所でした。海水が迫っていました。ボートの破片を見つけましたが、すでにイヌイットにより壊された後でした。

問い　雪と氷が解けさえすれば、今でもそこで白骨を見つけることは可能でしょうか。

答え　そうは思いません。そこはあまりにも泥だらけで、しかも泥は軟らかいので、骨はすべて沈んでしまったように思われます。イヌイットが見つけたある男の遺体は、肉が残っており切り取られた形跡はありませんでした。ただし手首から先は切り取られていました。一方、他にもたくさん遺体は見つかりましたが、いずれも肉は切り落とされており、他の者が食べてしまったように見えました。

（『ホールの第二次北極探検記』）

さらにホールの後にキングウイリアム島を探検した米国の探検家も、餓死の入江に行ったというイヌイットの母子から同じような話を聞いた。

ボートの外で彼はたくさんの頭蓋骨を見つけたという。その数は忘れたそうだが、四体以上はあったそうだ。鋸で切断されたらしき脚や腕の骨もあった。ボートの中には骨がいっぱい詰まった箱があった。（中略）骨の様子からイヌイットは、白人の男たちは仲間の肉を食べていたと考えるようになった。骨に残っていたわずかな肉はまだ新しかった。一体だけはまだ肉が完全に残っていた。

（『シュワトゥカの調査』）

私たちの目の前にその餓死の入江が広がっていた。しかしそのような悲惨な出来事があったことをしのばせるものは、名前以外には何も残っていなかった。夏になると現れるという泥土はまだ固く凍りついており、雪の下に隠れていた。

餓死の入江を見た時に私が思ったのは、ずいぶんと小さな入江だなということだった。そう思った理由は、フランクリン隊の生き残りが、なぜこの入江に入りこんだのかという疑問と無関係ではなかった。

フランクリン隊の終焉の地はこの餓死の入江とされている。しかし周囲の地理的な特徴から考えると、この入江は彼らの最期の場所としてはふさわしくないのではないかという気が私にはしていた。彼らが目指していたグレートフィッシュ川の河口はチャントレー入江という巨大な入江の奥にある。だが餓死の入江は本来の目的地であるチャントレー入江からは西に離れすぎているのだ。

両者の間には、リチャードソン岬とオーグル岬という非常に大きな岬と、さらにもう一つの別の入江が挟まっており、とても間違えそうにないように思える。それなのに彼らはなぜか餓死の入江に入りこんだ。ただ単にチャントレー入江と間違えたからというのが、その理由として最もありそうな説明であるが、彼らが参考にしたであろう過去の探検記には、この辺りの地形がかなり詳しく書かれており、その考え方にどうも納得できないところが私にはあった。例えばグレートフィッシュ川を下ったジョージ・バック隊のある隊員の記録には、チャントレー入江の幅が約三十二キロと報告されているが、実際に餓死の入江の目の前に立ってみるとその幅はせいぜい数キロほどしかなかった。入江の向こうにはリチャードソン岬の陸地が北東に続いているのも見えたが、その光景も過去の探検記の記述とおおむね一致していた。

たぶんではあるが、彼ら最後の生き残りは意図的にこの入江に入りこんだのではないか。

この時は別に大した根拠があるわけではなかったが、なぜだか私にはそのことにほとんど確信に近い自信があった。そして偶然にもそれから約二十日後、彼らが餓死の入江に入りこんだことを説明する、かなり説得力のありそうなある出来事に遭遇することになるのだった。

私たちは入江を後にして、そこから北北東三十度の方角にあるトッド諸島に向かうことにした。トゥルアと呼ばれた男ら五人の遺体が残されていたという、キングウイリアム島の南東端に浮かぶ小群島である。

最初の目的地であるジョアヘブンまで、もう残り五十キロ少々となっていた。

登山をする人なら分かると思うが、一週間程度の山登りをしていると、早く下山して家でうまい飯を食べたいとか、ふかふかの布団に横になりたいとか、そういった下界への願望に引きずられることは決して珍しくない。というよりもそれはいたって普通のことだ。自然の中に入ると誰だって普段の生活が恋しくなるものだからだ。

しかし恋しさが募るぐらいでは、まだ本当の意味で体が自然の奥に入りこんでいないということも、実はいえるのかもしれない。今回の旅では人間の住む場所から何百キロも離れた自然の中で、終わりの見えない日々を過ごしていたせいで、私たちの日常と非日常は完全に逆転し、氷の海で重い橇を引くことが日常になっていた。つい数カ月前まで過ごしていた日本での生活は非日常に変わり、思い出すことはできるが、どこか現実味に欠けた過去の景色に遠ざかっていた。今回旅を始めたばかりの頃、その先に横たわるあまりにも長い道のりを前に、私には旅が終わる日が来ることなどとても想像することができなかった。どんなに一日の行動が苦痛でも、それが完全に日常の一部と化してしまうと、そこから逃れようという気持ちや、逃れたいという願望さえ消え失せてしまう。早く村に着きたいという気持ちなんて、持ちようがなかったのだ。

　しかし村が近づくと事態は一変した。ジョアヘブンというゴールが見えてきた途端、文明生活に戻ることが次第に現実味を帯び始め、私は一刻も早くそこに戻りたいと願うようになっていった。私と荻田との間では次第に、村に到着したらまず何をするか、つまりどの欲望から満たすのかが最大の関心の的になっていった。荻田は最初に村のスーパーで食べたいものを買い出し、それから村に一軒だけある宿に行き、支援者に到着の連絡をしてシャワーを浴びると言ってきかなかったが、私はホテルに行きシャワーを浴びてから、買い出しをすべきだと主張した。どっちでもいいことなのだが、私たちには大事なことだった。私たちの関心は完全に「ジョアヘブン後」に移っており、心は自然の中から脱し始めていた。

　朝に降った雨のせいで雪面はがちがちに凍り、海はスケートリンクのようにつるつるになっていた。厚い雲で太陽の位置が分からないため、コンパスで方角を確認しながら進んだ。レゾリュート湾を出発した直後は北磁極が近く、コンパスは針がぐるぐると回って使い物にならなかったが、南下するに従って磁針は安定し、キングウイリアム島に上陸したあたりから使えるようになっていた。餓死の入江からリチャードソン岬の陸地を右手に見ながらしばらく進むと、前方にキングウイリアム島の巨大な島影が再び現れた。その横には別の小さな島影が二つ見えた。陽のあたり方によって現れたり消えたりしていたが、方角から考えると、どうやらそれがトッド諸島のようだった。

その日は島の約五キロ手前で幕営した。夕食を食べ終わった頃にイヌイットの親子がスノーモービルに乗ってテントにやって来た。アデレード半島にある小さな湖で釣りをしてジョアヘブンに帰る途中らしい。湖ではホッキョクイワナが四、五匹釣れたという。もう村まで残り三十キロ、あと二日で到着するところに私たちはいた。この位置にテントを張ったのも半ば計算ずくのことだった。この頃、私たちが一日に歩く距離は二十一キロから二十三キロぐらいだったので、残り三十キロなら二日後の昼前に村に到着することになる。到着が夜になると宿も店も閉まっており、せっかく村に着いてもテントでもう一泊という事態になりかねない。それを避けようと思い、残り三十キロのところを幕営地にしたのだ。

翌日、天気は回復し視界は確保された。朝の気温は氷点下十二度。冷たい向かい風を頬に受けながら、私たちは少し先に浮かぶトッド諸島に歩みを進めた。トッド諸島は五つの小さな島から成っており、フランクリン隊の五人の遺体が見つかったのはその中でもケウナと呼ばれる一番大きな島だ。ケウナ島に上陸すると中央に小高い丘があり、南西側に低地が広がっていた。表面の雪はすでに解けかかっており、黒い岩やクリーム色の石灰岩が雪の下から姿を現していた。中央の丘に登ってみると、三、四十センチぐらいの岩が転がったケルンが崩れたような跡が見つかった。もしかしたらここがトゥルアと呼ばれた男の遺体があった場所なのかもしれない……。私はそう思った。

私は双眼鏡をかざし、トゥルアも見たに違いない海の向こうに目を凝らした。氷海の向こうに三つの目立つ陸影が浮かんでいた。私は地図を取り出し、風に飛ばされないように押さえつけながら、見えている陸影がどの場所にあたるのかをコンパスで特定した。二百度の方角にある濃い影は、私たちが昨日通り過ぎたリチャードソン岬だった。そして百五十度から百七十五度に横たわる影がオーグル岬で、その左の海がグレートフィッシュ川につながるチャントレー入江だった。

チャントレー入江の向こうにはグレートフィッシュ川が流れている。彼らが目指していたその川は、海を隔てた先にある北米大陸の奥を流れているのだ。

丘を下り橇を腰につなげて、私たちはジョアヘブンに向けて最後の行進を始めた。進行方向は四十度、風は左からの向かい風、風速は七、八メートル。先日の雨で雪面はカリカリに凍りつき、橇を引くには申し分のない状態だった。

少し歩くと、はるか前方の海岸にバーコード状の黒い影が現れた。私たちは最初それを岸に打ち寄せた氷の影だと思い、何の疑問もはさまず、そこを目印に方向を保って歩いていた。しかししばらく進んだ時、そのバーコード状の影が実は氷の影ではないことに気がついた。

それは村の影だった。

幾重にも連なるジョアヘブンの建物の影を、私たちは自分たちが気がつかないうちに眺めていたのだ。

旅の感覚というのは行動の形態よりも、むしろ周囲の風景のほうにより強い影響を受けるようだ。長い間、氷海を歩いていてずっと感じていたのは、海を歩く旅は、やはり海を歩く旅なのだということだった。

同じ歩く旅でも、海を歩く旅は山を歩く旅と感覚的にまったく違った。北極を歩く旅は登山よりも航海の時の気分に近かった。ほとんどを氷海の上で過ごしたこの六十日の間、私の頭には昔ヨットで太平洋を航海した時の記憶が時折よみがえった。海から波の合間に島が見えた時、人は何とも言えない陸地への郷愁に捉われる。それはおそらく島の上での生活を想像し、海の上にはなかった喧噪《けんそう》と、新しい世界への期待に胸を高鳴らせるからだ。氷の海を歩きながら、私は何度かこういった航海者のような気分を味わった。体のまわりを流れる時間と風景を捉える視線の位置が、登山よりも航海に近かったのだ。バロウ海峡の乱氷を越えて、ラッセル島の海岸線に押し寄せる氷の波を見た時、私たちの気持ちは、大時化《おおしけ》の荒波を乗り越えて命からがら島にたどり着いた、昔の捕鯨船の船員と近いものがあっただろう。穏やかなピール海峡を全力で駆け抜け、キングウイリアム島の島影を見た時、私はエレバス号を指揮するフランクリンの感動の一端を覗きこんだ気がした。氷だと思っていた影がジョアヘブンの村の影だと分かった時、私たちは単純に、そして素直に感動し喜びの声を上げた。単眼鏡で海の向こうを見据えながら、島が見えたぞ！　と叫んだ昔の帆船の檣楼に立つ見張り役の感動と、それはさして変わりのないもののように私には思えた。

「えー、あと十七キロぐらいありますが、ついに五十九日目、目的地であるジョアヘブンが見えてきました……」

荻田がカメラを取り出し、村が近づいてきたことを、芝居がかった口調で実況中継し始めた。まったくよくやるよ、と私は思わず笑ってしまった。

五月十四日が長かった氷の旅の最後の日となった。村に向かって一直線に続くスノーモービルの跡をたどると、村の影がゆっくりと近づき、次第に一棟一棟の建物の輪郭がはっきりと見えるようになってきた。港というのはどこでも、海と陸という断絶した世界を橋渡しする唯一の玄関だ。長い海の旅が終わり、港の姿を見た時、強烈な人恋しさを覚えるのは、港が旅人にとって非日常から日常へとつながる扉の役割を果たしているからなのだろう。建物の輪郭が明確なものとなり、黒い染みに過ぎなかった影が活気を帯びてくるに従い、私は村での新たな日常を、間もなく訪れる現実として想像できるようになっていた。村の景色を見据えながらの最後の前進は、長い氷の旅という非日常から抜け出し、いつもの日常に戻るための短い儀式のようなものだった。

村の入口に到着した時、もちろん私たちを出迎えてくれる者など一人もいなかった。それでも私は喜びのあまり意味のない雄叫びを上げた。村の中をピックアップトラックが走るのが見えた。私は家々の窓の向こうで生活する人の姿を想像した。

一台のスノーモービルが海岸を走り、私たちの前を通り過ぎようとした。私は人に会えたことがうれしく、思わず大声を上げて手を振り、おーい、止まってくれと合図を送った。

すると、それに気がついたのか、スノーモービルはゆっくりと速度を落として、村の入口のあたりで停止した。そしてサングラスをかけた、背の低い、髭《ひげ》を生やしたイヌイットがスノーモービルから降りて、こちらに近づいて来たのだ。

それがどうしてだったのかは今でも分からない。しかし私たちが長い旅をしてようやく村に到着したことを、彼はすぐに感じ取ったらしかった。そのことに私が気づいたのは、彼が突然、やや芝居がかった動きで両手を大きく広げ、これ以上ないほどの大きな声で、見ず知らずの私たちに歓迎のあいさつをしてくれたからだった。

彼は言ったのだ。

ウェルカム・トゥ・ジョアヘブン！　と。

距離にして千四十六キロ、疲労と空腹に耐えた六十日間の旅が、それはひとまず終わった瞬間だった。

テラー湾
ワシントン湾
ジョアヘブン
シンプソン海峡
トッド諸島
アデレード半島
餓死の入江
オーグル岬
リチャードソン岬
オーレイリー諸島
ナブヤト湖
チャントレー入江
モントリオール島
角幡・荻田隊が
たどったルート
グレートフィッシュ川
（バック川）
フランクリン湖
不毛地帯
モントレソール川
グレートフィッシュ川
（バック川）
グレートフィッシュ川
（バック川）
メドーバンク川

第五章　グレートフィッシュ川——約束の地

1

ジョアヘブンは人口千二百人あまりの小さな村で、住民の八割から九割をイヌイットが占めている。村にあるのは外の冷気を通さない堅牢な二重扉の住宅がほとんどで、大きな建物は学校などの教育機関、役所、コミュニティーホール、看護師が常駐するヘルスセンター、スーパーマーケットが二店舗、それにホテルが一軒といった程度だ。飛行機はオーロラ観光ですっかり有名になったイエローナイフの他、距離にして数百キロほど離れた近隣のいくつかの集落との間に定期便がある。夏になると港には物資を運ぶ貨物船が三回ほどやって来るらしい。

村を歩いていると、住民の中には西洋人のような顔立ちをしたイヌイットが決して少なくないことに気がつく。持参していたガイドブックによると、それはノルウェーのロアール・アムンセンの探検隊が越冬した時に、隊員たちがここの女性との間で子供を持ったこととと、どうやら無関係ではないらしい。

そもそもジョアヘブンという名前自体が、この時のアムンセン隊がつけたものだった。

一九〇三年、アムンセンは小型帆船ユア号でノルウェーを出発し、世界で初めてとなる北西航路の完全航海に挑んだ。フランクリン隊が旅立ってから五十八年が経っていたが、カナダの極北部を経由してヨーロッパからアジアへ航海した人間はその時もまだいなかった。フランクリン隊と同じように彼らはランカスター海峡を進み、氷の浮かぶピール海峡を南下し、キングウイリアム島に到達した。そこでフランクリン隊とは逆の航路を選択し、彼らは島を東から回ることにした。そして島の南東部に差し掛かった時、見張りをしていた隊員が叫ぶのだ。小さな湾がある！　世界一の良港だ！　と。

結果的にはこの隊員がそう叫んだことによって、今のジョアヘブンという村は存在することになった。アムンセンはその世界一の良港に、風からユア号を守ってくれる港という意味で「ユアヘブン」と名付け、二度の冬を続けて越冬した。ジョアヘブンとはユアヘブンの英語読みなのだ。ジョアヘブンの近くでは昔からアザラシが豊富でその脂を生活に使ってきたことから、イヌイットはこの地をウクスクトゥーク（脂が大量にあるところ）と呼び慣わしてきた。もともとイヌイットは季節ごとに移動を繰り返すので、アムンセンが来た時も村があったわけではなく、村としての歴史は一九二七年にハドソン湾会社が交易所を設立した時に始まる。その後、カナダ政府が定住化を進めた結果、一九六一年には百人しかいなかった人口が五十年後には十二倍にまで増えるに至った。

実際のところ、村の中にはアムンセンの偉業を記念するモニュメントや看板をいたるところで見かける。私たちが村で宿泊することにしていた宿の名前も、当然のようにアムンセン・ホテルの看板を掲げていた。レゾリュート湾で泊まった宿もそうだったが、このホテルも外見は冷凍会社の倉庫みたいに殺風景で、ホテルのようには全然見えなかった。

私と荻田がこのホテルの前に到着したのは、五月十四日午前十一時のことだった。二人でホテルの前で到着の記念撮影をしていると、中からウディ・アレンが演じたらハマりそうな困った顔をした小男が現れ、私たちに手招きをした。

「おーい、早く中に入れよ」

「僕らはレゾリュートから来たんですよ。歩いて六十日間もかかったんです」

荻田が誇らしげに語ったが、男にはそんなことはどうでもいいことのようだった。

「知っているよ。君らの友人から予約確認のメールが来ていたからね。こっちからメールを出しても返信がなかったけど、あれは一体どういうことなんだ」

男はそう言うとホテルの中に戻っていった。記念撮影を終えると、私たちはすぐに食堂に行き、ソーセージとハムエッグとフライドポテトとトーストがセットになった朝食を頼んだ。

「エクストララージにしてくれ」

荻田がそう言ってもホテルの男は表情を変えず、出てきた朝食はエクストララージではなくノーマルサイズだった。しょうがないので私たちは、トーストにピーナッツバターとマーマレードを目一杯に塗りたくって腹を満足させた。

食堂には私たちの他に、百五十キロほど離れた隣の集落で教師をしているという白人の初老の男性と、北極熊の調査をしている研究者のグループがいた。熊のグループには若くてとても魅力的なイヌイットの女子学生が二人いて、しかもそのうちの一人は私たちに興味津々の様子だった。

「あなたたち、レゾリュートから歩いてきたの？　すごいわ」

その子は勇敢にも、汚い顔でトーストをがっついている私たちに声をかけてきた。気のせいか、目が爛々《らんらん》と輝いているように見えた。まったくこっちの子ときたら、なんて積極的なんだろう……。何しろ私たちの格好ときたら、髪はぼさぼさで、顔の皮膚は日焼けと凍傷でボロボロ、唇は気持ちの悪いことになっており、六十日間一度もシャワーを浴びてもいなければパンツを替えてもいなかったのだ。

どうやら私たちは早急にシャワーを浴びる必要がありそうだった。ホテルの人に部屋に案内してもらうと、私はすぐに服を脱いでシャワー室に駆け込み、コックをひねって熱いお湯を浴びた。それは人間として生まれて以来、最も長時間ためこんだ汚れを洗い落とす記念すべきシャワーとなった。頭にシャンプーをすると髪の毛はごわごわとした塊になり、さらさらにするにはかなりの時間と多くの洗剤が必要だった。ひげをそり、数回にわたって体を洗うと、真っ白だったタオルはすっかり黒くなり、今後の使用は二度と不可能になった。

シャワーを浴びた後、私たちは村に着いてからの最大の楽しみだと考えていたことに早速着手することにした。もちろん買い出しである。食料を買い出すことは女の子のお尻を追いかけることよりも、はるかに喫緊なことだった。たとえ往年のキム・ベイシンガーが現れたとしても、その時の私たちなら一斤の食パンと五百グラムのラズベリージャムのほうを選んだだろう。

集落にはホテルから歩いて数分のところに、ノーザンストアとコープという二つの大きなスーパーマーケットがあった。残念ながら楽しみにしていたケンタッキーフライドチキンはなかったが、店にはそれ以外のものなら、肉や果物、野菜などの生鮮食品はもちろんのこと、衣類や電化製品などの日用品、鉄砲の弾から子供のおもちゃに至るまで、ここでの生活に必要なものは何でもそろっていた。北極圏の村々では物資の輸送が空輪にほぼ限られるため、物価は驚くほど高い。例えばインスタントコーヒーは一瓶約千円、バナナが一房五百円、日焼け止めクリーム千六百円、クッキー一箱五百円といった感じで、総じて東京の二倍から三倍はした。しかしそんなことはこの時の私たちには関係がなかった。手始めに私は食パン、ロールパン、マーガリン、チーズスプレッド、ピーナッツバター、ジャム、ポテトチップス、ゼリー、マンゴージュース、ヨーグルト、みかんの缶詰、ハム、りんご、バナナ、トマト、レタス、オレンジ、クッキー、ビスケット、チョコパイ、鰯《いわし》の缶詰、牛乳等々、約百六十カナダドル、一万三千六百円分の食料を買いこみ、部屋の中で貪り食った。もちろんこれは初日に買った自分の分だけの食料で、荻田は別に好きな物を買いこんでいたし、その後もジョアヘブンにいる間は足りなくなったものや食べたくなったものを随時買い足していた。

部屋に戻るとベッドに横になり、買いこんだ物を食べながらテレビをつけた。日本の知り合いにジョアヘブンに到着したことを連絡し、インターネットのニュースサイトをのぞいた。満足するまで腹を満たすと、どっと疲れが出た。階段を上がるのにも息が切れるほどで、バスルームの鏡に映った自分の体を見ると、無駄な肉がすべて削ぎ落とされムエタイの選手みたいになっていた。


ジョアヘブンに着いたからといって、私たちの旅がそこで終わったわけではなかった。終わったどころか、ひょっとしたらやっかいなのは、むしろその先なのかもしれなかった。ジョアヘブンでしばらく休息した後、私たちは北米大陸に渡り、グレートフィッシュ川を越えて不毛地帯を南下するつもりでいたのだ。

不毛地帯を目指すことにしたのは、フランクリン隊の最後の生き残りがそこに足を踏み入れていたという、伝説めいた逸話が残されていたからだった。最も広く受け入れられている解釈によると、フランクリン隊は目的地であるグレートフィッシュ川どころか河口にさえたどり着けず、そのだいぶ手前の餓死の入江で全滅したことになっている。だがイヌイットの間では、彼らのうちの最後の数人はグレートフィッシュ川を越え、不毛地帯を旅し、はるか南の地域にたどり着いていたという話が伝わっていた。

その話を聞いたのは米国の探検家チャールズ・フランシス・ホールだった。彼は一八六四年十二月に、二人の通訳と共にジョアヘブンから約四百五十キロ南東に位置するリパルス湾の近くにやって来た。そしてリパルス湾の住人から、フランクリン隊の最後の飢えた生き残りが、あるイヌイットの保護を受けて健康を回復し、南へ向けて旅立ったという話を耳にした。彼らの話だとフランクリン隊はすでに四人にまで減っており、リーダーはアグルーカと呼ばれた男で、ドクトクという男が彼と行動を共にしていたという。二人はいずれも、あのワシントン湾に現れた四十人の集団を率いていた人物と同じ名前だった。

ホールの本によると、彼が聞いたのは次のような話だったという。

アグルーカと三人の仲間はブーシア半島の近くの氷上で、犬橇で旅をしていたイヌイットの家族と出会った。アグルーカはひどい飢えに苦しんでおり、やつれて目がくぼみ、顔色が悪かった。イヌイットはその様子があまりにも悲惨だったため、最初は彼の顔をまともに見ることができないほどだったという。イヌイットはまずアグルーカにアザラシの生肉を一つまみ分だけ与え、それからだんだんと与える量を増やしていった。

アグルーカを助けたのは、トゥーシュアファガユというブーシア半島に住む男だった。ホールが探検に来ていた一八六四年から六九年にかけて、トゥーシュアファガユはまだブーシア半島で暮らしていたが、残念なことにホールは彼に直接会って話の真偽を確かめることはできなかった。彼が話を聞いたのはトゥーシュアファガユのいとこにあたるイヌイットたちだった。そのいとこたちの話を信じるなら、トゥーシュアファガユは一冬もの間、アグルーカから四人をイグルーに住まわせ、食事を与え、そうやって面倒を見続けたという。

冬の間、アグルーカの仲間の一人が病気のために死亡した。フランクリン隊の最後の生き残りはついに三人となった。それでも彼らの手元には銃と多量の火薬、弾丸が残っていた。冬が去って春が来ると、彼らはその銃でたくさんの鴨や雁、それに鹿を撃ち殺した。健康を回復し、肉付きもよくなった彼らは、ついに故国へ戻るため南に向かって旅を再開することに決めた。ブーシア半島の別のイヌイットが一人、彼らの旅に同行することになった。アグルーカはトゥーシュアファガユに銃を贈ろうとしたが、彼は使い方が分からなかったし、何だか怖かったので受け取ろうとしなかった。その代わりにアグルーカは剣を贈ることにした。そして彼は二人の仲間と一人のイヌイットと共に小さなボートを担ぎ、グレートフィッシュ川の河口に向かって出発した。夏から秋にかけてのことだったという。

ホールが聞いたこの話には、荒唐無稽で現実的ではないという批判が、公表された直後から寄せられた。その中には彼に対する人格批判と思われるようなものまで含まれていた。歴史学者のリチャード・サイリアクスは「ホール大佐といわゆるフランクリン隊の生き残りについて」という論文の中で、このアグルーカに関する証言を厳密に検証し、その真偽について否定的な見解を導き出した。そして返す刀で証言を集めたホールのこともこてんぱんにやっつけた。

彼のことをよく知る人によると、彼は総合的な知識に欠けており、ひたすら人を信じて疑わず、他人も自分と同じようであると信じていた人物だった。彼の情熱や勇気、忍耐力に異論はないが、彼には明らかに、自分の偏見に凝り固まった考え方を補強してくれそうなエスキモーの情報ならなんでも、あまりにも簡単にすべて真実だと受け入れてしまうところがあった。それにこの問題に対し、完全に公平な態度で取り組んでいたとはとてもいえないところがあった。

確かにホールには思いこみが強いところがあったらしく、そのことは他の識者からも指摘されていた。それを示すのによく引き合いに出されるのが次のエピソードだった。ホールが探検に乗り出したのはフランクリン隊が行方不明になってからすでに十五年ほど経った時だったが、それにもかかわらずホールはイヌイット社会のどこかで彼らがまだ生きていると信じ、救出しようと考えていたというのだ。たぶんサイリアクスが〈偏見に凝り固まった〉とか〈公平な態度〉ではないとか指摘したのは、ホールのそのような部分を指していたのだろう。

しかし気に留めておかなければならないのは、証言を集めたのはホールであってサイリアクスではないということだ。ホールはたった一人で何も分からない北極の地に、それも二回も乗りこみ、そこでイヌイットから旅や狩りの仕方を教わり、つごう七回の冬を越え、とてつもなく広範囲な地域を旅して証言を集めたのだ。それに比べたらサイリアクスは、様々な探検家が苦労して集めた証言を机の上で理路整然と意味づけし、右から左に処理したというだけに過ぎない。サイリアクスが知っているのはエピソードだけであり、シーンは知らない。イヌイットがどのような声色で、どういう表情をしてアグルーカの話をホールに伝えたのか、サイリアクスには分からないのだ。

　私は日本を出発する前に、ホールの探検記にもサイリアクスの論文にも著作物にも、あらかた目を通していた。ホールの話が本当かどうかまでは私には判断がつかなかった。普通に考えたら、餓死の入江で全滅したとするほうが解釈としては妥当なのだろう。ただ、ホールの集めた証言が、根拠が薄いと簡単に切って捨てることができるようなものではないという気もしていた。だから思ったのだ。だとしたら行ってみるべきなのではないだろうかと。

　北極の凍てつく荒野の中にフランクリン隊が生きようとした風景を見るのがこの旅の目的なら、アグルーカとその仲間が向かったという不毛地帯にも踏みこんでみるべきではないのだろうか。いや、そこで消えたという証言があるなら、まさにそこにこそ行ってみるべきだろう。それがたとえどんなに不確かな噂に過ぎなかったとしても、である。

　それにホールの証言で私が気に入ったのは、話を聞いただけで風景が見えてきそうなところだった。

　最後にアグルーカと二人の仲間は不毛地帯に向けて旅立った。

それを聞いただけで、私にはどこまでも広がるツンドラの荒野を、南に向かって歩く彼らの後ろ姿が目に浮かぶ気がした。そして自分もその風景の中を旅してみたいと思ったのだ。

2

ジョアヘブンに到着して四日目、私はようやく集落の中をうろついてみる気分になった。それまでは何かを食べて、ベッドに寝て、テレビを見て、本を読むこと以外に何かをしようという気は起きなかった。たぶん疲れていたのだ。しかし三日間も部屋の中でごろごろしていると、体力が回復したとか気力がみなぎってきたとかという以前の問題として、さすがに暇を持て余す生活に飽きてしまい、いい加減、村でも歩いてみるかという気になった。

その日は朝から役場や罠猟師組合などに顔を出し、ジョアヘブンの町の情報や、これから向かうグレートフィッシュ川の氷や不毛地帯のツンドラの状況について話を聞いてまわった。午後、たまたま小中学校の前を通りかかった時に、中年のイヌイットの女性から声をかけられた。私たちがジョアヘブンに到着する直前に出会った親子の家族らしく、彼女は私たちがレゾリュート湾から来たことを知っていた。話をしているうちに、彼女は「知りたいことがあるなら学校の先生に訊くといい」と言って、私を校長先生のところに案内してくれた。

「何が知りたいのですか」と校長先生が言った。イヌイットではなく白人だった。

「フランクリン隊のことを調べているんです」と私は答えた。「この集落のイヌイットの間では、当時の伝承が今も口承で伝えられていると聞いています。そのあたりに詳しい方がいたら、どなたか紹介してほしいのですが」

そう私が話すと、校長先生はいろんなところに電話をかけ始めた。

「日本から来たジェントルマンがレゾリュートからスキーで来て、フランクリン隊のことを調べているそうだ。誰が適当だろうか……」

ジェントルマンと言われたのは生まれて初めてのことだった。校長先生は受話器を置くと、紙の上に三人の人物をリストアップしてくれた。その中にルイ・カムカックという名前があった。

ルイは一九五九年生まれの五十二歳、多くのイヌイットの男性がそうであるように彼もでっぷりと腹が突き出した立派な体格をしていた。顔の彫りが深く、針金みたいな固そうなひげを生やしており、口数は決して多くはないが、喉の奥から絞り出される声は太くて重かった。私はルイの家を二日間にわたって訪ねて、彼の話に耳を傾けた。彼の自宅は海岸の近くにあった。玄関先には麝香牛やカリブーの毛皮が無造作に吊るされ、木箱の中にカリブーの頭や全長八十センチはありそうな凍ったレイクトラウトが突っこんであった。

「バック川で釣って来たんだ」と彼は言った。「六時間で七十匹釣れたよ」

そう言って彼は橇に積んであった釣り道具を持ってきた。竿は使わないらしく、太い糸の先に十五センチぐらいのルアーと数センチはある凶暴そうな三叉《みつまた》の釣り針を付けただけの簡素な道具だった。この釣り針とルイの太い腕で釣り上げられたら、魚もさぞかし痛い思いをするにちがいないと私は思った。

「これで大物のトラウトを釣るんだよ」

「餌は何を使うんですか」

「ホワイトフィッシュがいい。でも何でも大丈夫だ。白いビニールをつけて川の中に放りこめば、そのうち食いついてくる」

いったいどんな魚が棲《す》んでいるのか、私は大変興味をそそられた。

ルイはこの村ではちょっとした有名人だ。フランクリン隊のことを調べにここに来る人間は、だいたい彼のもとを訪れる。彼は一冊の本を開いて中の口絵の写真を見せてくれた。写真には彼が写っていた。本は『運命の航路』(原題『Fatal Passage』)という、例の超人探検家ジョン・レーについて書かれた伝記で、彼は著者の調査に同行したらしい。また二〇〇八年からカナダ国立公園局が行っているフランクリン隊の沈没船の調査にも彼は助言を与えているそうだ。

ルイがフランクリン隊に興味を持つようになったのは祖母の影響があったからだという。彼の祖母はその昔、エレバス湾でフランクリン隊の墓や遺留品を発見したことがあったらしく、その様子を彼は小さい頃からよく聞かされていたため自然と興味を持つようになり、十五年ほど前から、村の年老いたイヌイットに話を聞いて回って、フランクリン隊について伝えた口承をテープに録音するようになった。

「地図を見ながら話したほうがいいな」

彼は地図を広げると、巻き戻らないように隅っこに分厚い本を無造作に置いた。ずいぶん古くて価値のありそうな本だなと思ってよく見てみると、ホールやマクリントックの探検記の原書だった。

彼はいろいろと面白い話を教えてくれたが、まず最初に聞かせてくれたのがジョン・フランクリンの墓に関する目撃証言だった。フランクリンはもちろんのこと、キングウイリアム島に上陸する前に船上で死んだ幹部や隊員の墓は、実はいまだに一つも見つかっていない。定説だと彼らは海軍のしきたりにのっとり海中に埋葬されたのではないかと考えられているが、それでもフランクリンの墓が島のどこかにあるという伝説は、冒険野郎のロマンを誘うのか、これまでも何度か後の探検家の報告の中に登場したり、島の噂にのぼったりしてきた。ルイもまたフランクリンの墓の伝説に心を奪われた男の一人のようだった。

ルイが聞いた口承は次のような話だったという。昔、あるイヌイットが姪《めい》と二人でビクトリー岬の近くを移動中、やや小高い丘の上に大きくて平たい石が地面に何枚も並んでいるのを見つけた。石の脇には木でできた十字架が立っていて、二人が石の上に乗っかってみると、ぐらぐらと揺れた。石の一部が地面から浮いていたので下をのぞいてみると、中は真っ暗な空洞になっていた。彼らは十字架を引っこ抜き、橇を作る材料にするため持って帰ったという。

「中には探検の経過が書かれた記録が残っていたんじゃないだろうか」

「その二人はなんという名前だったんですか」

「名前までは伝わっていないよ。古い話だからね」

「どうして彼らは空洞の中を確かめなかったんですかね」

「たぶん恐ろしかったんだろう」

これだけだととりとめもない話のように聞こえるが、この話が単なる何かの間違いで片づけられないのは、一九八一年になってからモーゼス・プトゥグックという人物がキングウイリアム島北部でアザラシ狩りをしている最中に、これと同じような墓らしきものを見つけているからだ。モーゼスが見つけた場所にも、やはり地面には平たくて長い石が並び、そばに銅製の曲がった杖のようなものが落ちていたという。モーゼスはもう亡くなったが、ルイは彼からこの話を聞き、その墓らしきものがあったのはビクトリー岬のやや北側の内陸あたりではないかと考えるようになった。

「ビクトリー岬の北の低地には大きな平石が見つかる場所がある。そこから丘の上に運び上げたのではないだろうか」

「あなたはこの墓をフランクリンのものとお考えですか」

「ああ。フランクリンが死んだ時、彼らはまだ遺体を故国に持ち帰るつもりだったはずだ。だが船を放棄せざるを得ない状況になり、後から取りに戻るつもりで島内に埋葬したんじゃないだろうか。イヌイットの間では偉大なシャーマン、つまりフランクリンが死んだ時、たくさんの銃声が轟いたと伝わっている。当時のイヌイットを率いていたのはシャーマンだから、探検隊のトップもシャーマンだと思われたんだろうね」

フランクリンの墓については、過去にも似たような話が英国の新聞紙面をにぎわせたことがあった。一八六八年にある捕鯨船の船員がリパルス湾の近くで出会ったイヌイットから、フランクリン隊の墓と関係がありそうな奇妙な話を聞いているのだ。そのイヌイットは以前、キングウイリアム島沖で氷に囲まれ動けなくなった二隻の船を訪れたことがあるらしく、白人たちが仲間の遺体を埋葬した時の情景をその捕鯨船の船員に語ったという。

何人かの白人が大きなテントの中で病気になり、そこで死んだ。そしてキャンプの裏の丘の上に運ばれてそこに埋葬された。ある男が船で死亡し、岸まで運ばれ、他の者たちが埋葬されていた場所の近くに埋められた。しかしこの男は他の人間と同じように地面に埋葬されたのではなかった。岩に穴があけられ、「しばらく時間が経つと石と同じになる」何かで覆われたのだ。男が埋葬された時、そのイヌイットはアザラシ狩りに出かけていたが、仲間がその場に居合わせたので後からその時の様子を教えてもらったという。仲間たちはこう言っていた。その時、多くの銃が火を噴いたと。（L・T・バーウォッシュ『カナダ西部北極域』）

この話に出てくる「しばらく時間が経つと石と同じになる」何かとは、明らかにセメントのことを指している。当時のイヌイットがセメントのことなど知っているとは思えないので、この話には殺人事件の容疑者が本人しか知り得ない秘密の暴露をした時と同じような信憑性《しんぴょうせい》があると考えられた。そのため一九三〇年代に入って新聞が報道し、カナダのしかるべき探検家が調査に乗り出したことがあった。銃声が聞こえたことやビクトリー岬の近くという位置関係など、ルイの話すことはこの話と驚くほど共通点が多かった。

「ホールの本に出てくるアグルーカの話についてはどう思いますか」と私は訊いてみた。

「アグルーカとドクターが生き残っていたという話だろ」

「ええ、最後に三人が南に向かったという」

「ホールのこの本はいい本だが、しかし……」

彼は地図の重しに使っていたホールの原書を手にとって、お前はあの話を信じているのか？　とでも言いたげな表情で私のほうを見た。

「彼は探検を始めた時、まだフランクリン隊に生き残りがいると思っていた。十五年も経っているのにだ。ホールの探検には多額の遠征費がかかっていたはずだし、それを回収する必要もあったのだろう。イヌイットの通訳だって今とは違い、まともな英語が話せたとは思えない。彼が集めた話には、こうあって欲しいという自分自身の願望が反映されていたんじゃないかな」

「では、フランクリン隊の生き残りはどこまで行ったと思いますか」

「彼らはいくつもの小さな集団に分かれていったはずだ。ビクトリー岬のメモにはすでに士官が九人も死んだと記録されている。最初に死んでいったのはこれらの幹部だったんだろうね。彼らは年をとり体力的には弱かっただろうから。最初に士官クラスが死んだ結果、天測で進路を決定できる者がいなくなった。残ったのは若くて体力のある水兵ばかり。彼らはどこに行ったらいいのか分からず、適当にあちこち分散したんじゃないかな。私の推測では、チャントレー入江までたどり着けた者もいたと思う。でもそれはわずかだったはずだ」

彼は話を続けた。

「トッド諸島には行ったのか」

トッド諸島とは、私たちがジョアヘブンに到着する直前に立ち寄った、トゥルアの遺体があったといわれている島だ。

「ええ」

「墓は見なかったか」

「雪ばかりで何も見つかりませんでした。まだ墓が残っているんですか」

「西に低地が広がっていただろ。夏に行けば今でも白骨が転がっているよ」

そう言って彼は一枚の写真を見せてくれた。岩や砂利が広がる地面の上に腰骨や大腿骨の一部と思われる白骨が転がっており、その周りに大きな岩が円形に並べられていた。

「十年ぐらい前に発見したんだ。頭蓋骨もあった。餓死の入江だって夏に行けば白骨が残っているだろう」

「十年前？ フランクリン隊については本がたくさん出ているのに、現地で調査をする人はいないんですか」

「みんな机の上で資料をひっくり返しているだけさ。こんな遠くまで来る者はほとんどいないんだよ。イヌイットは狩りの途中にたくさんいろんなものを見つけてきたけど関心がなかったんだ。多くのイヌイットにとっては、昔の白人の探検隊がどこまで行ったのかということよりも、その日に獲物がとれるかどうかのほうが重要だからね」

彼はトッド諸島の白骨の写真を一枚私にくれた。そして不毛地帯に向かうという私の話を聞いて、いくつかの忠告をしてくれた。

「チャントレー入江はバック川の流れの影響で冬でも氷が開くことがあり、とても危険だ。開いた氷の上に雪が載っかっていて、今でも踏み抜いて落ちてしまう事故が起きる。絶対に近づいてはいけない。また六月に入ったらバック川の洪水に気をつけたほうがいいだろう。幕営する時は必ず高いところにテントを張ったほうが賢明だ」

そして別れ際にもう一つ、気味の悪いアドバイスをしてくれた。

「キングウイリアム島では一人旅をしないほうがいいよ。多くのイヌイットが仲間の肉を食べる白人の幽霊を見てきたからね」

3

私たちはアグルーカから最後の生き残りの行方をたどる旅の準備を進めた。ジョアヘブンで集めた情報を参考に最終的なルートの検討を行い、食糧や燃料、装備を買い入れていった。

私は旅の目的地を、ジョアヘブンから直線距離にして約四百八十キロ南にあるベイカー湖の集落に決めていた。その根拠もホールの探検記の中にあった。

彼の本の中には、アグルーカらは最後、キナッパトゥと呼ばれる人たちの住む地域まで到達していたという話が残されている。キナッパトゥというのはどうやら、当時ベイカー湖からチェスターフィールド入江にかけての地域に住んでいたカイルニルミウト族というイヌイットの部族のことを指していたらしい。その話を読んでいたので、私はキナッパトゥが住んでいたベイカー湖を旅の最終目的地にした。

アグルーカがキナッパトゥの住む地域に向かったという話を、ホールはシーガーという名前のイヌイットから聞いている。仲間たちと一緒にシーガーのところにいた時、ホールの通訳がたまたま、アグルーカの不幸な運命についてため息をもらしたことがあった。

「アグルーカと二人の仲間が自分の国に戻れなかったなんて、とてもかわいそうね」

それを聞いたシーガーは物凄い勢いで座席から飛び上がり、「何！」と声を荒らげた。

「アグルーカが戻っていないだと？　いったいそれはどういうことだ？」

興味深いことに、ホールがこの話を聞いた一八六四年の時点で、シーガーを始めとしたリパルス湾のイヌイットは、アグルーカがどこかで死亡したという事実を知らなかったようだ。というのも実はシーガーは当のキナッッパトゥの人たちから、アグルーカが自分たちの住む地域にやって来て、それから再び故国に向かって旅立ったという話を耳にしていたのである。ホールは次のようなメモを書き残している。

シーガーが話を聞いたアグルーカという男は仲間一人を伴い、弾薬がほとんど尽きかけた状態でキナッパトゥの住む地域に到着した。キナッパトゥの人たちはこのことについて以前、E・A・チャペル船長とその弟がこの湾（引用者注・ハドソン湾）に初めてやって来た年（それは一八六〇年のことだった）に、シーガーに話したという。キナッパトゥたちが言うには、アグルーカとその仲間はさらに旅を続け、白人たちが住む、そこから最も近い場所にたどり着いたという。それはチャーチル基地のことだったに違いない。

（『ホールの第二次北極探検記』）

当時、ホールが調査対象にしていた北方のイヌイットと、キナッパトゥなど内陸に住むイヌイットとの間では、鉄や木材などの交易が行われており、そのやり取りの中でアグルーカに関する噂も交わされていたのだろう。この話が本当なら、フランクリン隊の生き残りはグレートフィッシュ川を越えて、不毛地帯の奥深くに足を踏み入れていたことになる。シーガーの話だと彼らがキナッパトゥの地域に到着した時には、すでに仲間は一人に減っていたというのだから、出発時に一緒だったもう一人は旅の途中で死亡したのかもしれない。

実際、アグルーカが向かったという夏の不毛地帯は、旅の舞台としては極めて魅力的だった。何しろ雪が解けた後の不毛地帯を歩いて旅をした記録は、私が調べた限り見つからなかったのだ。

過去に旅の記録がないということは、単純にそこが人間が旅をするのに適していないということを意味している。日本を出発する前、私はカラープリントしたグーグルアースの衛星画像をにらんでは部屋の中でため息ばかりついていた。地図を広げてもらえば分かることだが、カナダ北極圏の不毛地帯には無数の湖や沼、細かな河川が網の目のように入り組んでおり、どんなに衛星画像や地図を見ても、私にはこの水路でずたずたに切り裂かれたような荒野を本当に移動できるのか、いまいち確信が持てなかった。湖沼や河川に行く手を阻まれるだけではない。そもそも大地に広がる手強《てごわ》いツンドラの湿地を歩いて越えられるのかどうかも疑問だった。

雪が解ける前なら、寒さ以外に問題になるようなことはほとんどない。昔のイヌイットも探検家も、凍った不毛地帯を犬橇で縦横無尽に駆け巡っていた。現在でも冬から春にかけてなら、イヌイットはスノーモービルで何百キロもツンドラを疾駆するし、大きな集落や鉱山があるような地域では輸送トラックが走る〝冬の道〟ができるという話も本で読んだ。しかし雪が解けてしまえば事情は一変する。夏になりツンドラが湿地になると犬橇やスノーモービルは使えないし、輸送トラックが渋滞する〝冬の道〟もただの苔と泥が広がる湿地や湖に戻るのだ。

そのため昔から夏のツンドラ地帯では、ボートで川を移動するより他に旅をする手段がなかった。グレートフィッシュ川を初めて踏査したのはジョージ・バックというフランクリンと同時代の探検家だったが、彼も夏にボートで川を下って探検を成功させたし、現代でもネットで検索すると、カヌーでこの川を下った人の記録なら読むことができる。しかしアグルーカが率いる三人の最後の生き残りはボートで川を移動したのではなく、どうやら湿地が広がる夏の不毛地帯を歩いて南下したようなのだ。彼らがそうした以上、私としてはそれと同じ方法で不毛地帯を南下しなければならなかった。

未知という意味では、雪の解けた不毛地帯はそれまでの氷上の旅よりもはるかに探検的だといえた。記録がないだけに雪の解けた不毛地帯がどうなるのか、知っている人間はほとんど誰もいなかった。

情報がないと想像は悪いほうにどんどん膨らんでいく。ツンドラの湿地はどんなところなのだろう。足がずぼずぼと埋まる最悪の場所なのだろうか。靴はいったい何を履いたらいいのだ？　長靴か？　トレッキングシューズか？　スノーシューみたいなのがあったほうがいいかもしれない。その他にも無数の小川が雪解けで増水し、手のつけられない激流に変わることが心配だ。もしそうなったらその激流を渡渉することはできるのだろうか。朝、目が覚めたらテントが激流の間に閉じこめられ、逃れられなくなっている、なんてこともあるのではないか。そうなったらどうしたらいいだろう。荻田と二人で肩を寄せ合いながら、歌でも歌って何日間も丘の上で水が引くのを待たなければならないのだろうか。いったい食糧は何日分用意したらいいのだろう？

悪いことに私たちが旅をする季節は、ちょうど雪解けの季節と重なる可能性が高かった。季節が遅くなるとシンプソン海峡の氷が解けて北米大陸に渡れなくなってしまうので、必然的に出発の時期は限られたのである。

日本を出発する前、私は何人かの研究者に会って、この地域の夏のツンドラがどのような状態になるのか話を聞いて回ったが、現場の状況が想像できるほどの具体的な情報は得られなかった。雪解け後の川幅や湖の位置が知りたかったので、月毎の衛星画像のデータも探してみたが、結局経費のことを考えると、グーグルアースの画像を参考にするのが一番現実的だと分かったことぐらいしか、収穫と呼べるものはなかった。

最終的に不毛地帯を突破するために考えついた使えそうな対策は二つだった。

一つはゴムボートを用意することだった。北極に出発する前に毎日のように地図をにらんだ結果、たとえ多少荷物が重くなったとしても、無数に散らばる湖や川に対処するにはボートを持っていくしか方法がない。そういう結論に私は至った。

ボートを持っていくとしたら性能など二の次、軽いことが一番の条件だ。何しろ自分で背負ってツンドラの湿地を何百キロも歩かなければならないのだ。メーカー各社や通販サイトを比較した結果、アマゾンで見つけた本体重量が七キロの、どちらかといえばレクリエーション向けのインフレータブル・カヤックが一番適当なように思えた。レビューを見ると、〈処女航海は小豆島エンジェルロード周囲の海で、日本海のようにうねりはなく、波も静かでした。ド素人の妻と共に、サンセット・カヤックを楽しんだ次第でした〉と書かれていた。十分だろう。私たちはこのカヤックを激流下りに使うのではなく、湖や川の渡渉に使うだけなのだから。価格は八千九百九十円とこちらも申し分ないので、私はアマゾンにこのボートを一艇注文した。

しかしその後、北極のツンドラの環境について話を聞くために、アラスカ大学フェアバンクス校で地形学の研究をしている吉川謙二教授に会った時、アラスカのメーカーが作っている超軽量ゴムボートの存在を教えてもらった。なんでもアラスカではボートを背負って山を登り、激流を下るという楽しそうな遊びが流行《はや》っているらしく、このメーカーのボートは背負って旅をすることを前提に設計されている。そのため一艇当たりの本体重量がわずかに二・四キロしかなく、これなら一人で一艇ずつ背負っても十分にツンドラを歩けそうだった。私が不毛地帯を突破する糸口を見つけたと思ったのは、実はこのボートの存在を知った時だった。すぐにそのメーカーに連絡を取り、日本を出発する直前にエドモントンの荻田の知り合いのところに送ってもらう手筈《てはず》を整えた。アマゾンで購入したカヤックは結局ダンボール箱を開けることさえしなかった。

ゴムボートを使う案にこだわったのは、道具として有効だということの他に、もう一つ理由があった。実はアグルーカから最後の三人も、ハルケットボートという英国で開発されたばかりのゴムボートを持っていた可能性があるのだ。〈彼らは両側に空気をため込む場所のある小さなボートを持っていた〉とホールは書き残している。

　彼らの（私たちの情報源の）描写から判断すると、そのボートは使用時に空気を送り込んでふくらませる空洞部分が両側についた天然ゴム製のものか、それに類するものだったに違いない（フランクリンはハルケットボートと呼ばれるボートか、それと同等のものを船に積載していたに違いないと思われる。この点に関して過去に何かで読んだか、あるいは誰かに聞いたのかはよく覚えていないが、フランクリンは確かこの種の物を船に積んでいたはずだと私は確信している）。必要な時に広げておけるように、ボートには棒と穴がついている。

　この小さなボートはひとまとめに巻いてたたむことができ、肩に背負って運ぶことができる。

（前掲書）

実際ホールの推測通り、フランクリン隊はハルケットボートを北極に持ちこんだ初めての探検隊だった。彼らのボートは私たちが用意したボートよりも何倍も重かったに違いないが、それでも同じ装備を使って旅をするという結論に至った背景には、決して無視することのできない意味があるように思われた。結局、人間が不毛地帯を旅しようと考えたら、十九世紀のヴィクトリア朝の英国人も、二十一世紀のロスジェネ世代の日本人も同じようなことを考えるということが、私には面白かった。十九世紀の英国の探検家など、私たちにとっては別の国の歴史の住人という遠い存在にすぎないが、しかしひとたび北極という共通の条件の中で絞りこまれると、そうした社会や時代の差異は一遍に無化され、同じ人間という共通項だけが浮かび上がってくる。北極を旅するというのはもしかするとそういうことなのかもしれないとも思った。

不毛地帯を突破するための二つ目の対策はもっと単純で、体を鍛えておくというものだった。たとえ不毛地帯のツンドラがどんなに厳しいものであっても、理論的には体力さえあればどんな状況も乗り越えられる。目安としては四十キロの荷物を担いでツンドラ地帯を一日二十キロ歩けるように、私は出発前、南アルプスや奥多摩の山や皇居の周りで四十キロから五十キロの重荷を担いで黙々と体を作っておいた。本格的な探検の前に私はしばしばこうした歩荷《ぼっか》訓練を行うことがあるが、体力さえあればあとはどうにかなるという自信を持っておくことは、先の見えない旅の際にはとても重要なことになってくる。

しかしどんなに対策を講じようとも、夏の不毛地帯がどのような状況になっているのかは行ってみなければ分からなかった。ジョアヘブンに到着してからも、引き続き私はベッドの上に地図を広げては、ため息ばかりついていた。事ここに至っても、どのルートからだと不毛地帯をうまく縦断できるのか私にはよく分からなかった。

旅の最終目的地たるベイカー湖は直線距離で四百八十キロ先だ。といっても、実際には川や湖に邪魔されて一直線に歩けるわけではないので、旅の行程は五百キロにも六百キロにも及ぶだろう。その不毛地帯の縦断における最大の障害はグレートフィッシュ川——現在のバック川——の存在だった。この川は、はるか西の源流からところどころで激流を形作って不毛地帯を横断し、最後はチャントレー入江に流れこんでいる。そのためベイカー湖に向かうには必ずどこかでこの川を渡らなければならない。グレートフィッシュ川をどこで渡ることができるのか、それを見極めることがこの旅を完遂させる上での最大の難問だった。

もしまだ川が完全に凍っていれば歩いて渡れるので問題はないだろう。しかし私たちが行くのはちょっと微妙な時期で、川の氷が解け始めた頃かもしれないし、ひょっとすると完全に解けて増水してしまっているかもしれなかった。ボートを用意したといっても、それで激流を渡ることは難しい。私たちのボートの最大の利点は軽量なことだが、同時にそれは小さすぎるということでもある。大人一人が乗って荷物を載せたら、それだけで家の風呂に家族みんなで入った時みたいに窮屈になり、まともなパドリングなど望めないだろう。そもそも今回の旅は基本的に徒歩が主体なので、ウエットスーツやヘルメット、ライフジャケットといった川下りに最低限求められる安全装備は重くて持ち運ぶことはできない。そうした安全対策なしで氷の浮かぶ北極圏の激流に突っこみ、万が一——というかそれは四分の一ぐらいの確率で起こりそうだ——転覆でもしたら、すぐに低体温症になって命を落としてしまうにちがいない。今回の旅に限っては、ボートは湖や川の瀞場《とろば》といった静水で使う非常用装備にすぎない。それが私の認識だった。

さらにジョアヘブンで情報収集しているうちに別の厄介な問題も浮上してきた。どうやらチャントレー入江の中央部はグレートフィッシュ川の流れの影響をまともに受けるため、氷の状態が非常に不安定だというのだ。表面は雪で覆われているので見た目には分からないが、今でも時々、雪を踏み抜き海に転落する事故が起きるらしい。このことは最初にルイ・カムカックから忠告されて以来、知り合いになった住民のほとんどから同じことを言われた。当初、私たちはチャントレー入江で海を横断し、あらかじめ川の右岸（川の右岸は上流から見て右側。左岸はその逆）側に渡っておいてベイカー湖を目指そうと考えていた。それなら途中でグレートフィッシュ川を渡河せずに済むため、大きな障害がなくなるからだ。しかし入江の氷の状態が危険だという話を聞いてからは、計画の変更を迫られた。

最終的に私たちは次のような計画で出発することにした。

村から河口までは特に大きな障害もないだろう。まずルイ・カムカックが十年前に白骨を見つけたというトッド諸島に立ち寄り、もう一度何か発見がないか調べてみる。それからシンプソン海峡を渡って餓死の入江に足を運び、北米大陸に渡ってからはアデレード半島を南東方向に横断して、フランクリン隊の遺留品が残されていたというモントリオール島に立ち寄る。そしてグレートフィッシュ川の河口に向かいどこかで渡河し、あとは不毛地帯をひたすら南にベイカー湖を目指す。

問題のグレートフィッシュ川の渡河地点については、いくつかの候補地を考えておいた。まず河口付近で試みて、そこで渡河できなかったら左岸をそのまま上流にさかのぼり、途中のフランクリン湖という大きな湖で渡れるところを探す。そこでだめなら次は百五十キロほど上流にあるメドーバンク川という大きな支流との合流点のあたりが、地図を見る限り流れがゆるくて有力そうに見える。そこでもだめなら、さらに四、五十キロ上流にある湖群帯まで行かなければならないだろう。もしそこまで上流に押しやられた場合、季節はもう夏になり氷も解けているに違いないからボートで湖を渡れるはずだ。

旅の距離は最大で七百五十キロに及ぶ上、川の解氷待ちという最悪の事態も考えられた。私たちは余裕をもって五十日分の燃料と食糧を用意することにした。装備は氷上行進の時と大幅に入れ替えた。春になり暖かくなったので、テントや寝袋、衣類などはそれまでのような極寒地仕様のものは必要ないし、重くて持ち運ぶこともできない。氷上行進に使った巨大な化繊の寝袋やテント、羽毛服などの防寒具はエドモントンの荻田の知人の家に送り返し、事前にジョアヘブンに送っておいた四百グラムほどの羽毛の寝袋や、日本の登山で使っている二、三人用の普通サイズのテントなどを持っていくことにした。衣類も大幅に軽量化し、靴は初めは氷上行進の時と同じ防寒靴をはき、雪が解けてからはくトレッキングシューズも用意した。

装備の中で一番悩んだのは銃だった。北米大陸に渡ると、そこからは北極熊から灰色熊の棲息域に変わる。ジョアヘブンの人たちによると、不毛地帯で灰色熊に遭遇することは特段珍しいことではなく、灰色熊は北極熊より気性が荒いという人もいた。なおかつ冬を越えたばかりで腹を空かせている可能性も高そうだった。とはいえ銃と弾薬の重さはバカにならないため、できれば置いていきたいところではあった。出発してからしばらくは地面が雪に覆われているので橇が使えるだろうが、解けてしまうと装備は全て自分で背負わなければならない。そのため装備の軽量化は大きな課題だったのだ。だが最終的には灰色熊を恐れて私たちは銃を持っていくことにした。

もう一つ、これは日本を出発する時点で決めていたことだが、ジョアヘブンから先では氷上区間で使用していた衛星携帯電話を置いていくことにした。フランクリン隊の生き残りは通信手段を持っていなかったから、というのがその理由で、彼らが見たものに近い風景を体験するためには、なるべく同じ状況に身を置いて旅をしなければならないという気持ちが私にはあった。

それに本音をいうと、先にも書いたが、冒険旅行をする時には可能な限り通信手段を排除したいという気持ちが私には強かった。通信手段を確保した冒険というのは、冒険をする意味の半分ぐらいを失わせてしまうような気が、私にはどうしてもしてしまう。冒険をすることの目的とは、自然という何が起きるか分からない世界に深く入りこむことにある。奥に入れば入るほど、自然は私が生きて存在しているという厳然たる事実を身体に突きつけてくる。奥に入ることができたと感じることができた時、その冒険は成功したといえる。一方、奥に入ることができなかった時、たとえ目標にしていたゴールにたどりついたとしても、どこか物足りなく感じるのだ。どうやって自然の奥に入るかが冒険の難しさなのだが、通信機器を持っていくと、どうしてもその「入りこみ感」が弱まってしまう。もちろん持っていったほうが安全なのだが、最悪の場合は救助を呼ぶことができるという担保を心の中で持ってしまうことが、自然の中に入りこむことを阻害する要因になってしまうのだ。

冒険の本来の姿は放浪にある。この先、自分はいったいどうなるんだろう。そういう漠然とした、先行きが不透明なところにその魅力はある。そして未知の世界に挑む探検にこそ、そうした冒険性は最も色濃く反映される。システム化された世界、マニュアル化された枠組みの中で展開される行為は、どんなに冒険的な意匠を凝らしていても、それは冒険ではない。

今回の不毛地帯の旅では未知という探検的な要素がいっそう濃くなるため、可能な限りその未知性を損なわないかたちで私は旅をしたかった。六分儀など他の航海器具がなかったため、GPSは最終的な位置確認手段として持っていくことにしたが、衛星電話はやはり置いていくことにした。

私たちがジョアヘブンに滞在した期間は十日間に及んだ。骨の髄まで染みこんだ疲労を取り除き体力を回復させるには、それぐらいの休息が必要だった。その間、甘いものや肉を好きなだけ食べて体重を増やすことに専念した。ジョアヘブンから先の旅で私たちが恐れていたのは、グレートフィッシュ川の渡河、灰色熊、それに空腹だった。氷上の六十日間で陥ったような飢餓感はもう体験したくなかったので、十分な量の食糧を準備して出発することにした。幸いなことに最初は橇が使えるので、その間は軽量化をそれほど気にしなくても済むだろう。食糧は前半の二十日間は一日一キロ、後半の三十日間は一日七百グラムで計算した。その他に銃、ボート、燃料、テント、衣類、医薬品など、正確な重量計算はしていないが、おそらく一人当たりの荷物の重さは六十キロほどだったと思う。

夜間のほうが氷が固くなって歩きやすいので、しばらくの間は昼夜を逆転させて行動することにした。出発したのは五月二十五日午前零時半だった。その日もまた空は薄暗く、気が重くなるような灰色の雲に覆われていた。

4

外でスノーモービルのエンジン音が響いているのが聞こえた。スノーモービルは私たちのテントの近くで速度を落とし、少し通り過ぎたところでゆっくり停止したようだ。すぐにギュッギュッという雪を踏みしめる足音が耳に届いてくる。誰かが降り、テントに近づいて来たようだった。

「ハロー」

まったく、こんな朝っぱらから誰だ？　こっちはまだ寝てるんだよ！　と内心で舌打ちをしながら、起きるのが面倒くさいので私は無視を決めこむことにした。

「おーい、誰かいるか？」

足音の主はしつこく英語で声をかけてきた。朝といっても、私たちは昼夜逆転の行動をしていたので時刻は午後七時半だった。

「まだ寝てるよ」

私はしぶしぶテントのファスナーを開けた。薄暗くなりかけた雪の上に、黒い帽子をかぶりサングラスをかけたイヌイットの男が娘と二人で立っていた。少し先には一千ccの大きな二台のスノーモービルがエンジンをふかしたまま止まっており、もう一人の娘が腰掛けていた。

「どこに行くんだい？」と男が言った。

「ベイカー湖ですよ」

「それは大変だね」

「この先で釣りの大会があるんだ」

「釣りの大会？」

そういえば……と私は思い出した。ジョアへブンに滞在中、村では祭りが開かれており、その催しの一つに釣り大会もあったはずだ。

「場所はどこですか？　餓死の入江？」

「ああ。餓死の入江のすぐそばの湖さ」

「その場所を教えてくれませんか」

男は上着のポケットの中からガーミン社製の高性能ＧＰＳを取り出し、内蔵された地図をモニターに表示させた。すぐに釣り大会が開かれる湖が矢印で表示された。その場所を見た瞬間、あ、あの湖だ！　と頭の中でかすかな記憶がよみがえった。確かそれは誰かの探検記の中で、昔からのイヌイットの漁場とか何とかと紹介されていた湖のはずだ。私は慌てて地図を取り出し寝袋の上に広げた。地図を見るとその湖の脇に私は「ナブヤト（エスキモーの露営地）アムンセン」と書きこんでいた。

「ナブヤト湖だ……」

「ああ、そうだ」

「ここは昔からの漁場なんですか」

「そうだ。この辺のイヌイットはずっと昔からこの湖で釣りをしてきた。そういう漁場がいくつもあるんだ」

「釣り大会には何人くらい参加するんですか？」

「五十人くらいじゃないかな。今から次々とスノーモービルが来るよ」

「面白そうだな。行ってみようぜ」と荻田が言った。

「テントはどこに張るんですかね。できればお世話になりたいんですが」

「湖の真ん中に島があって、その東側に張る。スノーモービルに大きなテントを積んでいるんだ。今回は息子と妻は家で留守番なので、二人の娘を連れて来たんだ」

「オーケー。俺たちも後からナブヤト湖に行きますよ」

そう約束すると、男は娘と一緒にスノーモービルにまたがり、ナブヤト湖に向けて立ち去った。私たちはすぐに朝食をとった後、慌てて出発の準備を整えた。外に出ると次から次へとスノーモービルのヘッドライトが現れ、テントの横を通過していった。何人かに話を聞いてみたが、釣り大会に参加するのはジョアヘブンの村人だけではないようだった。

「やあ、どこに行くんだい」と若い二人の男が近づいてきた。

「ベイカー湖さ。君たちはどこから来たんだ？」

「僕らはジョアヘブンだが、クグルトゥックやタロヨアクからも集まってくるよ。一番大きな魚を釣ったら、新品のスノーモービルが賞品としてもらえるんだ」

「スノーモービル！　それは凄いな」

「君も挑戦したらいい。うまくいけばスノーモービルでベイカー湖まで行けるぜ」

すでにジョアヘブンを出発してから四日目になっていた。私たちは村を出発した後、まずトッド諸島にもう一度立ち寄った。ルイ・カムカックが言っていたように、雪が解けてフランクリン隊の白骨死体が顔をのぞかせているのではないかという期待がないでもなかったからだ。しかし島にはまだ雪が広く残っており、新しい発見は何もなかった。トッド諸島を離れた私たちは餓死の入江に立ち寄るため、シンプソン海峡を南下していた。釣り大会に向かう人々に出くわしたのはその途中のことだった。

ナブヤト湖は餓死の入江の南西にある小さな湖で、地図に書きこんだメモの通り、アムンセンの『ユア号航海記』に詳しく書かれていた。アムンセンは一九〇四年十月に部下を一人伴い、物々交換で魚を手に入れるためにこの湖を訪れ、そこでタラ漁をしている多くのイヌイットから歓迎を受けたという。アムンセンが来た当時、この湖はイヌイットの大露営地になっていたらしい。彼はそこで十軒の小屋を目撃したが、それでも〈期待していたよりもずっと少なかった〉と書いているので、普段はもっとたくさんの小屋が立ち並んでいたのだろう。

ナブヤト湖に行くことを決めたのは、イワナを食べてイヌイットと交流できそうだということだけが理由ではなかった。私はその時までアムンセンがナブヤト湖について書いていたことなどすっかり忘れていた。しかし釣り大会のことを聞き、そのことを思い出した途端、よく考えたらフランクリン隊の生き残りが餓死の入江に入りこんだのは、その露営地に行こうとしたためではなかったかという仮説を思いついたのだ。

すでに紹介したが、一般的な解釈だとフランクリン隊は最後に餓死の入江にさまよいこみ全滅したと言われている。入江にはシェルター代わりにひっくり返されたボートや、カニバリズムの爪跡を残すたくさんの遺体が泥の中に転がっていた。彼らがなぜ餓死の入江に入りこんだのかはまったく分かっていないが、よく考えるとイヌイットの大露営地であったナブヤト湖は餓死の入江のすぐ南に隣接している。もしかすると彼らは餓死の入江に向かっていたわけではなく、ナブヤト湖を目指していたのではないのか？

過去の探検記を読むと、彼らがたどったアデレード半島の海岸線にはイヌイットの狩猟場や漁場が点々と続いていた。フランクリン隊の生き残りがその途中でナブヤト湖の噂を聞き、そこを目指したと想定することは、まんざら的外れでもない気がした。噂を聞いていなくても、雪が残っている季節ならイヌイットが犬橇で走った跡が無数に残されていただろうから、自然とナブヤト湖のほうに導かれたはずだ。北極を実際に歩いてみるとよく分かるが、雪は氷のように固く、気温も低いのでスノーモービルや犬橇の跡はなかなか消えないのだ。彼らが餓死の入江に入りこんだのは、きっとナブヤト湖を目指していたからなのだ、と私は思った。だとしたら私たちもナブヤト湖に行き、その釣り大会とやらに参加しない手はなかった。釣り大会は毎年ナブヤト湖であるわけではなく、近隣の漁場で交互に開催しているというので、それを考えると、今年の会場がたまたまナブヤト湖だったことは私にとっては大変幸運なことだった。

村を出発してからは連日曇り空で、この日も憂鬱な天気が続いていた。出発時の気温は氷点下十度で南から向かい風が吹いていた。氷上行進の時よりも衣服は大幅に軽くしており、下半身などはトレッキング用のズボンを一枚穿いているだけだったが、氷点下十度程度だと寒さはほとんど感じなかった。幕営地からスノーモービルの跡をたどり、海から陸に上がってなだらかな雪原を数時間歩くと、白いキャンバス地のテントが無数に並んでいるのが見えてきた。テント村は湖の何カ所かに分散しており、すでに参加者は凍った湖面に穴を開け、横に腰を下ろして釣り糸を垂らしていた。短い棒に太い釣り糸を巻きつけ、それを三秒に一回ぐらいの割合でくいっ、くいっとリズミカルに動かしている。穴の周りには六、七十センチほどの大きな魚が並んでいた。レイクトラウトだ。テン湖の上をうろうろしていると、遠くのほうで私たちに大きく手を振る男がいた。テントにやって来たあの男だった。二人の娘はすでにテントの中で横になり、気持ちよさそうに寝息を立てていた。

彼の名前はジョアンニ・サレリナといい、ジョアへブンで小学校の教師をしているという。私たちが合流した時にはすでに湖面に二つの穴を開け、釣り糸を固定し、数尾のレイクトラウトを氷の上に並べていた。ここでの釣りの仕方は、木の枝やカリブーの枝角に糸を巻いて穴から垂らすだけという、とても簡単なものだ。北極圏の川や湖にはホッキョクイワナやレイクトラウトといった七、八十センチ級の大物がうようよしており、日本の渓流釣りなどとは比べ物にならないぐらい太い糸を使う。糸の先端には、三叉の大きなフックのような釣り針を取り付け、ルアーで獲物をおびき寄せるのだ。

その日から三日間、私たちは彼のテントに滞在し、釣りやいろいろな話を聞いて過ごした。ジョアンニによると、ナブヤトというのは「カモメの来る場所」という意味だそうで、渡りの季節を迎えると、無数のカモメが湖にある島に営巣のためにやって来るという。初日の昼頃に、キャンプにジョアンニの実母と継父がやって来た。継父はマックス・カメーマリクといって、グレートフィッシュ川の河口で生まれ育った人だった。マックスは博識で歴史に造詣が深く、私は彼に昔の人たちの暮らしぶりについてたくさん質問を浴びせることになった。

グレートフィッシュ川に住んでいたイヌイットはウトゥクヒカリンミウト族といって、現在はカナダ政府の政策に従ってベイカー湖やジョアヘブンに移住している。川にはもう誰も住んでいないが、マックスが生まれた一九五二年頃はまだ、多くのウトゥクヒカリンミウト族が河口付近で昔ながらの暮らしを続けていたという。

「当時は生活そのものがサバイバルだった」とマックスは話した。「夏の間はフランクリン湖の下流部で釣りをして暮らしていた。流れが速く、非常に良い漁場だったんだ。八月中旬になると、カリブーを仕留めるため内陸に向かうこともあった。しかし十月に入ると湖には氷が張ってしまうので河口に移動して釣りをして過ごした。春になるとチャントレー入江を北上してアザラシを狩ることもあった。そして氷が解ける頃、再びフランクリン湖のほうに戻るんだ」

彼の話は考えようによっては重要な意味を持っていた。ホールによると、アグルーカら三人の男は夏にキナッパトゥの住む地域に旅立ったとされている。もし彼らにウトゥクヒカリンミウト族に会おうという意図があったなら、彼らは季節的に河口ではなくフランクリン湖に向かった可能性が高いということになる。

「今の時期の河口付近の氷の状態はどうですか」と私は訊いた。私たちの旅の最大の関門はどこでグレートフィッシュ川を渡河できるかにあった。河口付近で川を渡れてしまうなら申し分なかった。

「河口の近くは流れが複雑で氷が解けるのが早い。もうすでに安全とはいえないかもしれない」

「じゃあ、フランクリン湖はどうでしょう。湖は川より氷が安定しているんじゃないですか」

「今すぐなら大丈夫だが、間もなく解け始める。あまり遅くなると危ないかもしれないね」

マックスとの話は川の状態のことだけに留まらなかった。驚いたことに彼は以前からフランクリン隊の謎についても興味を持っており、よくジョアヘブンで聞き取り調査みたいなこともやっていたという。

「これは私の兄弟がある老女から聞いた話だ。ジョアヘブンにハドソン湾会社の交易所ができる、そのはるか前のことだった。ある男が妻と二人でキングウイリアム島北部を移動していた。その途中で何か墓のようなものを見つけたらしい。大きくて平らな石があって、その周りに丸い物が並んでいたという。私の推測だとその丸い物というのは大砲の弾だったんじゃないかな。平らな石というのはセメントで作ったものだろう。その墓はコリンソン入江から数えて二つ目の丘の上にあったというから、今でも探せば見つかるはずだ」

この墓の話が非常に興味深かった理由は、話の内容そのものもさることながら、それがルイ・カムカックの話とほとんど同じだったというところにあった。墓が大きな平たい石でできていることや、場所がビクトリー岬の周辺（コリンソン入江はビクトリー岬のすぐ南にある）だという部分などは、ほぼ同じとさえいえた。その意味では、ひょっとしたらフランクリンの墓は本当に存在するのかもしれないと思わせられるものが、マックスの話からは感じられた。

「私は一九八〇年代に村に伝わる口承を集めたが、ジョアヘブンの人たちはフランクリン隊のことについてあまり話したがらないんだ。訊かれた人たちは一様に顔色を変えて、口をつぐむ。何があったのか知らないけどね。これは私の推測だが、フランクリン隊の何人かはイヌイットに殺されたんじゃないかな。あくまで推測だけどね」

マックスは平然と、こっちがびっくりさせられるぐらい穏やかじゃない話をした。そしてこうも言った。

「ウトゥクヒカリンミウト族は白人の探検隊のことを恐れていたよ」

彼がそう言った瞬間、私は彼がもしかしたら恐ろしいことを言おうとしているのかもしれないと思い、少し気持ちが張りつめた。

「ジョージ・バックの探検隊は、彼らを三人殺しましたね」

私は思わず声を低くしてそう言った。

ジョージ・バックというのは一八三三年から三五年に、グレートフィッシュ川を初めてボートで下った探検家だ。彼らは源流から河口に下りチャントレー入江の大部分を探検したが、その際にささいな勘違いが原因で住人との間でいざこざが生じ、隊員の一部が河口付近で三人のイヌイットを殺害するという不幸な事件が起きた。殺されたのはもちろんウトゥクヒカリンミウト族だった。そしてバック隊の後に初めてグレートフィッシュ川の周辺にやって来た白人はフランクリン隊だった。つまりそれはウトゥクヒカリンミウト族の側からみると、フランクリン隊はバック隊に仲間が殺されてから初めてやって来た白人の探検隊ということを意味していた。

マックスはいったい何を言いたいのだろう。フランクリン隊はウトゥクヒカリンミウト族に殺されたとでも言いたいのだろうか。

私の問いかけに、彼は肯定なのか否定なのか分からないことを言うだけだった。

「私は小さい頃、人々が鞄の中にビーズをたくさんつめて運んでいるのを見たことがある。たぶんあれはバックの探検隊にもらったものだろう」

マックスはそう言っただけで、それ以上この話題について深く言及することはしなかった。あるいは私の考えすぎだったのだろうか。こちらもそれ以上深く質問できなかった。

釣り大会は五月二十九日まで開かれ、ジョアンニは六十一尾ものレイクトラウトを釣り上げた。大きいもので八十センチぐらいあったかもしれない。私たちも彼に道具を借りて何尾か釣った。途中でジョアンニから一尾もらってムニエルにして食べてみたが、身は鮭のようにオレンジ色がかっており、ぷりぷりと引き締まっていて本当にうまかった。あまりに巨大なので二人でどんなに腹いっぱい食べても一尾で三日はもった。湖を出発する時、私たちはジョアンニからさらに魚を三尾、カリブーの肉を一キロほど譲り受けた。燃料も余ったのでそれも持って行けという。不毛地帯の旅は先が読めないので、食糧や燃料は自分たちで運べる限り、いくらあってもありすぎるということはない。私たちはありがたく頂戴することにした。湖にいた人たちは次々とテントを撤収し、雪煙を巻き上げながらジョアヘブンに走り去っていった。私たちもジョアンニやマックスの家族に別れを告げ、南に向けて旅を再開することにした。

湖からはモントリオール島のほうに向けて真っ直ぐ進路を定めた。モントリオール島ではその昔、フランクリン隊の遺留品が見つかったことがあったという。

春になったとはいえ、まだ海には氷が張り大地には雪原が広がっていた。五月下旬から天気は非常に不安定になっており、空には雲が広がり晴れ間をみせることはほとんどなかった。ジョアヘブンにいた間は毎日晴れ間が広がり、雪が解け、道路には深い水たまりができていたので、早く出発しないと海の氷が解け、ツンドラの大地も水浸しになってしまうと心配していたが、いざ歩き始めると雪や氷は意外と分厚く、なかなか消えそうになかった。

ナブヤト湖を出発してから間もなく、上空を飛ぶ鴨や雁などの数が増していった。鳥たちは次から次へと大きなV字の飛行編隊を組み、頭上を北に向かって飛び去っていった。途中の岩礁では数えきれないほどのカモメの群れが営巣の準備を始め、鶴のつがいが愛の契りを交わしていた。北米大陸の北部一帯は春になると鴨や雁、カモメ、鶴、鵞《が》鳥《ちょう》などの世界有数の営巣地となる。旅の途中でうまい具合に営巣の時期とぶつかれば、卵は食べ放題だろう。

陸地を横断している途中、薄暗がりの中を二台のスノーモービルが雪原をヘッドライトで照らして走っているのが見えた。私たちに気がついたのか、光は徐々にこちらに近づき、五分ほどでスノーモービルが到着した。ジョアヘブンからカリブー狩りに来た四人の家族だった。

「カリブーの群れが見えたんで追いかけたが、収穫はなかったよ」と眼鏡をかけた一家の主《あるじ》が言った。「どこに行くんだい？」

「ベイカー湖です」と荻田が言った。「鴨や雁はいつごろ抱卵するんですかね」

「あと二週間ぐらいだけど、もう少し早い場合もありますね」。今度は若い息子が答えた。

「バック川沿いにも鳥は営巣しているんですか」

「ええ、たくさんいます」

その後、軽く世間話をした後、私たちはお互いによい旅を、と言って別れた。しかし最後に主が、そうそう言い忘れたことがあるという感じでわざわざ踵を返して戻って来て、おなじみの忠告をしてくれた。

「バック川の河口はもうとても危険だ。表面は雪に覆われているが、足を踏み抜いて落ちることがある。私の考えではもう氷は解けてしまっているはずだ。なるべく海岸線を歩いたほうが賢明だよ」

それからまたしばらくの間、私たちは人間と会う機会を失った。

5

餓死の入江からグレートフィッシュ川河口までの間では、墓や遺体などフランクリン隊の生き残りが到達していたことを示す決定的な物証は何も見つかっていない。しかし断定はできないが、立ち寄っていたかもしれないといった、可能性をにおわせる程度の遺留品なら見つかっている。そうした遺留品の一つとして、例えばモントリオール島で見つかったボートの残骸が挙げられるだろう。モントリオール島とは、その時、私たちが目指していたチャントレー入江にある小さな島だ。フランクリン隊終焉の地とされる餓死の入江から、南南東に約五十キロのところに位置している。

フランクリン隊が遭難した後に、グレートフィッシュ川を初めて下ったのはジェームズ・アンダーソンという人物が率いる探検隊だった。フランクリン隊が船を放棄して七年後の一八五五年のことである。彼らはグレートフィッシュ川の河口に到達した後、そこからボートを漕いでモントリオール島まで足を延ばした。そして島で昔の探検隊のボートの部品や、そしてエレバス号と書かれた木材などを発見した。エレバス号とはいうまでもなくフランクリン隊の船のことだった。しかも近くにあったイヌイットの貯蔵庫からは、「スタンレー」という名が刻まれた雪靴の木の骨枠まで出てきた。スタンレーとはエレバス号に乗っていたスティーブン・スタンレーという軍医のことにちがいなかった。これは後に明らかになったことだが、製造元の証言により、見つかった雪靴は確かにフランクリン隊に支給されたものと同型であることが確認された。やはり島で見つかった物品は明らかにフランクリン隊の遺留品だったのだ。

しかも後に判明した事実であるが、隊員の中には島の西から東にかけて誰かがボートを引きずった跡と、その先で壊されてばらばらになったボートの残骸を見つけた者もいた。この隊の隊員の士気は高くはなく、彼らは捜索が長引くのを恐れて自分たちが発見したものを隊長のアンダーソンに報告しなかったのだ。

ところがこれらの発見は、フランクリン隊の生き残りがこの島に立ち寄っていたことを示す証拠とは見なされなかった。これらのボートの残骸や遺留品が本当にフランクリン隊のものだったとしても、イヌイットがどこか別の場所で残骸を見つけて持ちこんだ可能性がないとはいえなかったからだ。

しかし私はフランクリン隊に関する様々な資料をひっくり返しているうちに、もしかしたらこの時に残骸となって見つかったボートは、やはりフランクリン隊の生き残りが直接持ち運んだものだったのではないかと考えさせられる話を、まったく別の本の中から見つけ出した。

それはカナダ北極圏でイヌイットの口承文化を調べているドロシー・エベルという人の『北西航路での遭遇』の中に紹介されていた話だった。エベルによると、確かにモントリオール島周辺では、グレートフィッシュ川に住むイヌイットにより、持ち主不明のボートが発見されたことがあったというのだ。ところがそのボートを見つけたイヌイットたちは、白人がそれに乗って襲ってくるのを恐れて壊してしまったという。ボートを壊したのは、おそらくジョージ・バックがグレートフィッシュ川のイヌイットを殺害したことが伏線になっているのだろう。

この話を読んだ時、私はもしかしたら、エベルが聞いた、イヌイットが壊したというこのボートは、アンダーソン隊が見つけたボートの残骸と同じだったのではないかという疑問を抱いた。双方の話を整理すると、次のような推測が成り立つことに私は驚かざるを得なかった。

エベルが聞いたのは、イヌイットが島の周辺でボートを見つけて、それを壊したという話だ。一方アンダーソンの隊員は、この島ですでに壊されていたボートの残骸を見つけた。双方のボートが同じものだったと仮定した場合、このボートはイヌイットに発見された時、モントリオール島に無傷でぽつんと残されていたことになる。

では、その無傷のボートを島まで運んだのは一体誰だったのだろう。ボートを運んだ人物が別のイヌイットだった可能性は低い。なぜなら北極では木材や金属がほとんど手に入らないので、イヌイットがどこか別の場所で無傷のボートを発見していたのなら、彼らはそれを生活道具の材料にするためその場で壊して持ち帰ってしまっただろうからだ。

ボートを島に運んだのがイヌイットではないとしたら、その他には誰が考えられるだろうか。アンダーソン隊の前にモントリオール島にまで足を運んだ外国人は、記録上ジョージ・バックの探検隊だけだ。だが彼らの探検記には島にボートを残したというような事実は一切書かれていない。またアンダーソン隊の後に島にやって来た探検隊まで考慮に入れると、マクリントック隊など二隊が考えられるが、彼らはいずれも橇で移動しておりボートは使用していないのだ。

となると残された可能性は、フランクリン隊……ということになる。

モントリオール島にはちょうど六月一日に日付が変わる頃に到着した。島の周りの海では、カリブーの群れが一列になり雪に蹄を沈ませて歩いていた。彼らも北に渡る季節を迎えたようだった。

島は全体的に岩盤に覆われており、すでに雪が解けて地表の半分ぐらいが露出していた。島の北側には狩猟用の小屋があると聞いていたので、私たちはその小屋を目指した。小屋には村人たちが頻繁に立ち寄るらしく、スノーモービルの跡がたくさん残り、周りには板材や木箱、使用直後のちり紙などが散乱していた。小屋の中には毛布やカリブーの毛皮や燃料、お菓子、紅茶、弾薬などが山のように保管されていた。時間はまだ早かったが、テントは狭いので、この日は小屋に泊まってゆっくり休むことにした。翌日に小屋を出発したが、三十分ほどで雨が降り出したので、その先にある別の小屋に入って雨宿りをすることにした。しかしその後も雨脚は強まる一方だったので、結局その日は小屋で停滞することにした。

翌六月二日夜、雨が止んだので小屋を出発することにした。今回は衛星電話を持ってきていないので、今後の予定進路を記したメモを小屋の壁に貼り付けておいた。ジョアへブンを出発する前、日本の協力者にモントリオール島の小屋に行き先を記した紙を残しておくと伝えていたからだ。万が一、行方不明になった場合、日本に自分たちの行方を知らせるのはこの頼りなさそうな一枚の紙切れだけになる。

北極の春は晴れることはほとんどないようだった。雨は上がったが、空は相変わらず重たい雲に覆われていた。行動が夜間ということもあり出発はいつも気が重かった。気温は氷点下七、八度、風はしばしば強く吹き、止むことはなかった。その日はチャントレー入江の西海岸沿いの氷海を一日かけて二十キロほど進んだ。北からの風が冷たく、太陽はほとんど姿を見せなかった。小さな島の海岸に砂地が見つかったので、私たちは今回の旅で初めて雪の上以外のところで幕営することにした。

テントの中ではいつも地図を広げて、その先のルートについて思案を巡らせた。私はグレートフィッシュ川の河口とフランクリン湖では、どちらが渡河しやすいかということに頭を悩ませていた。旅の趣旨からすると、アグルーカと呼ばれた男たちの道筋をできるだけ忠実にたどることが望ましい。ナブヤト湖で出会ったマックスによると、夏の間ウトゥクヒカリンミウト族は河口ではなくフランクリン湖で暮らしていたというので、それを考えるとアグルーカはフランクリン湖付近を目指していた可能性が高いように思えた。だとしたら私たちも河口ではなくフランクリン湖に向かい、そこで渡河すべきだろう。

というよりもそれ以前の問題として、河口付近で川を渡ることは事実上もう不可能になっていた。ジョアヘブンを出発した時はできれば河口付近で対岸に渡り、そのまま直線的にベイカー湖まで行ければ理想的だと考えていた。だが私たちは出会ったイヌイットのほぼ全員から、河口付近の氷は流れがあって大変危険だと忠告を受けていた。そもそも川の氷が危険なのかどうか素人の私たちには判断できないし、地元のイヌイットでさえ時折落ちて死亡することがあるというのだ。おそらく河口まで行って川を見たら、表面は雪で覆われていて安全そうに見えるに違いない。しかしイヌイットの話だと割れ目は見た目では分からないという。だとしたら川が危険かどうかは私たちには完璧に判断できないことになる。河口に行っても一か八かのロシアンルーレットに身をゆだねない限り、対岸には絶対に渡れないのだ。そんな危険は冒せないし、渡れないことが分かっていて河口に行くことほど馬鹿らしいことはない。それならば河口には立ち寄らず、その次の渡河候補地であるフランクリン湖まで行ったほうが、距離も五十キロ以上短縮できる。

私たちはモントリオール島からフランクリン湖を目指すことにした。翌日、小島が散在する湾を横切り、フランクリン湖に続く小さな川の河口に到達した。ジョアヘブンで聞いた話だと、その先の湖は水鳥の一大繁殖地になっているらしく、営巣の季節になると多くのイヌイットが狩猟に訪れるという。川岸にはそのための小屋もあった。小屋は古くて中は色々な荷物であふれていたので、私たちは軒下の風を避けられる場所にテントを張った。

夕方、目が覚めると猛烈な風が吹き荒れており、私たちは再び停滞を余儀なくされた。それにしても春の北極の天気がこれほど悪いものだとは思わなかった。

「この調子で三日に一回の割合で天気が荒れたらかなわんな」。私はテントから外をのぞいてみた。地吹雪が舞い上がり、視界はほとんどなかった。

「しかし先が読めないな。この先、いったいどうなるんだろう」と荻田が言った。

「フランクリン湖までは先が読めるよ。たぶんあと三日で着く」

「その後はどうする。グレートフィッシュ川を遡るかい」

「行ってみなきゃわからんな。グレートフィッシュ川を遡っても、途中で左岸にモントレソール川という大きな支流が流れこんでいる。その支流だって渡れるのかどうか……。もし渡れなかったら、西からこの支流の源頭部を大回りするしかない」

ジョアヘブンを出発した時は、川はすぐにでも解氷の時期を迎えるのだとばかり思っていた。だが実際はなかなか氷が解けそうな気配はなかった。そして氷が解けないことが、私たちの最大の悩みの種になっていた。フランクリン湖まで行くのを決めたのはいいが、氷を踏み抜く危険がある限り、湖はきっと怖くて渡れないだろう。川を渡るためには、どこかで氷が解けている場所を見つけてボートで渡るしかない。私は地図を広げて、フランクリン湖の次の渡河候補地であるメドーバンク川の合流点までの距離を指で測ってみた。

「メドーバンク川の合流点まで大体二週間。その時には氷は解けているのかな」

「解けていないと困ったことになるぞ」

「めちゃくちゃ困るって。そのままイエローナイフまで行くことになるかもしれない……。イエローナイフの地図ってあったっけ?」

手持ちの地図を調べてみると、イエローナイフは私たちが用意していた地図の数百キロ外側にあるようだった。

「もう、なるようにしかならんな」

不安定な氷が解けない限り川は渡れない。最悪の場合、どこかで解氷待ちを強いられるかもしれないので、その場合に備え私はマッシュポテトなど軽い食糧には手をつけず、ぎりぎりまで残しておくことにした。出発してからまだ十日強しか経っていないのに、早くも食糧の食い延ばしを考える必要に迫られていた。

六月五日夜、久しぶりに上空に青空が広がった。小屋を出発すると間もなく湖の真ん中の島に水鳥たちの繁殖地が現れ、荻田が頭上を飛ぶ大きな雁を銃で見事に仕留めた。雁の肉は脂がたっぷりとのっていて柔らかく、高級感があり、バターで炒めるとたまらない味がした。

私たちは北に向かって渡る水鳥や動物たちと入れ違うようにして南に進んだ。湿地の至る所で雁や鶴が集まり、上空では大きな群れが次から次へと北の空に飛び去っていった。地面には栄養分のありそうな緑の苔が広がり、何十頭ものカリブーが地面に口をつけて、せわしなく動き回っていた。右を見ても左を見てもどこを見渡しても、カリブーのいない丘は見当たらなかった。目を覚ますと、カリブーの群れにテントを囲まれていることもあるぐらいだった。麝香牛の群れも至る所で見かけたし、時々、雪面にクズリの足跡を見かけることもあった。クズリは灰色熊と立ち回りを演じることもあるという気性の荒いイタチ科の獣で、私たちが最も見てみたい動物の一つだったが、結局姿を見かけることはなかった。恐れていた灰色熊も一向に姿を現さなかった。

私たちはすでに不毛地帯に足を踏み入れていたが、実際には不毛地帯とは名ばかりで、そこは限りなく生命の躍動する世界だった。銃と弾丸さえ十分にあれば、ここで三人の男が生き残ることはそれほど難しいことではないように思われた。唯一の問題は燃料の確保だろう。不毛地帯には樹木が存在しないため、油がない限り、ヘザーという松の葉のような草を燃やすしかない。ヘザーはほとんどどこにでも生えていて、入手することは容易だ。だが、私たちも時々かき集めて燃やしてみたものの、不毛地帯では風を遮る場所がないので、あっという間に燃え尽きてしまう。ヘザーでは焚き火のように安定的に長時間火を熾《おこ》すのは難しそうだった。

六月七日未明、低湿地を歩いていると目の前の草むらに一羽の鵟鳥がいるのに気がついた。鵟鳥はこちらのほうをちらちらと警戒し、いつもならとっくに逃げ出すぐらいのところまで近づいても、なかなか飛び立たなかった。様子をみながら近づいていくと、十メートルぐらいまで近寄ったところで、もう我慢できないとばかりにバサバサと飛び去っていった。

いったいなんだったというのだろう。そう思いつつ鵟鳥が休んでいたところに行ってみると、草の上の巣に十五センチぐらいありそうな白い卵が二つ、ごろんと転がっていた。

「たーまーごー!」

荻田が喜びの声を上げた。もちろん彼が喜んだのは卵を見つけたことが嬉しかったからではなく、夕食が豪勢になるからだった。殻は十分に厚く、ちょっとやそっとでは割れそうになかったが、一応、私は卵をジップロックに入れて、草やタオルで厳重に包み、ザックの中に大切にしまった。

「いやー、ついに繁殖の季節を迎えたんだな」。荻田はルンルン気分を抑えられないようだった。「これからは鳥を見かけたら、近づいて確認しなきゃ」

私たちは北極に来てから様々な物を胃袋の中に収めてきた。セイウチ、雷鳥、麝香牛、レイクトラウト、カリブー……。しかし、どれが一番印象深いかと訊かれたら、私はこの日に食べた鵞鳥の卵を真っ先にあげるだろう。

テントの中でこの巨大な卵をどう料理するか話し合った結果、シンプルにスクランブルエッグにしようということになった。当然まず殻を割るのだが、それが瀬戸物みたいに固い。鍋の縁でごつんごつんと三、四回叩いてようやく割れ目が入った。そこに親指をねじこみ、ゆっくり開いた。すると中から缶詰の黄桃みたいな黄身がでろんと鍋の中にこぼれ落ちた。そのあまりの存在感に私たちは思わずのけぞり、おーっ！　と歓声を上げた。卵を二つ割ると、それだけでもう鍋は一杯になってしまった。フォークで黄身をつついてみると、黄身の皮膜はビニールのように厚く、中から黄身がマグマのようにどろりと溢れ出た。

味は濃厚の一言に尽きた。うまいとかまずいとかではなく、すごい、という言葉しか口からは出てこなかった。うまく説明できないが蛋白質《たんぱくしつ》の塊というか、究極の栄養分というか、プロレスラーが食べるべきものであるというか、そういう感じがして、私たちはすごい、すごい、うおー、すごい！　と言いながら鵞鳥の卵を食べ続けたのだった。

6

天気は相変わらず憂鬱な状態が続いた。六月七日は午後七時過ぎに出発したが、すぐに灰色の空から不快な小雨がぱらつき始めた。気温は高くなり雪の中の水分は数日前から、ほぼ飽和状態に達していた。スキーを履いているにもかかわらず、雪はすっかりずぶずぶで、一歩踏みこむごとに足が二十センチぐらい沈んでしまう。湿った雪のせいで橇を引くのも重かった。途中で小さな湖をたくさん横断したが、もはや氷はどこで割れ目が入っているのか分からないような状態なので、十分に用心する必要があった。

私たちは間もなくフランクリン湖の北端に到着するあたりに来ていたが、相変わらず地形は起伏に乏しく、目印となるような山や谷がないので現在位置を把握するのに骨が折れた。湖はすでに表面の雪が解け始め、周りには緑の湿地が広がっていた。湿地には多くの水鳥が集まり地面は糞だらけだった。そこからフランクリン湖まではずっと汚い湿地が続き、かび臭いようなツンドラ独特のにおいが立ちこめていた。少ないところだと雪の厚さはもう十センチぐらいしかなく、一歩ごとに葉緑素をたっぷりと含んだ緑の〝ツンドラ水〟が足の周りにじゅわっと溢れ、靴をずぶ濡れにした。

ぬかるみを越えて丘の上に登ると、水鳥たちが私たちの存在に気がつき、よちよちと逃げ出した。私たちは正面に見える黒い山の右端を目指し、橇を引きずって草の生えた雪と泥土の湿地を横切った。フランクリン湖はすぐ近くのはずだが、どこにあるのかよく分からなかった。五十万分の一の地形図には載っていない小さな丘や湖が周りにはたくさんあり、そのせいで位置がよく分からなくなってしまうのだ。小雨が止むことなく降り続いていた。再び表面が解けた湖が現れ、足を濡らしながらその脇を通り過ぎ、南に向かってひたすら広い雪の斜面を登った。すると青く氷結した巨大な湖がようやく目の前に広がった。

それがフランクリン湖だった。

フランクリン湖は周りが閉ざされた完全な湖ではなく、グレートフィッシュ川の途中の川幅が広がったところにある湖だ。ジョアヘブンを出発してから十五日目、ようやく私たちはグレートフィッシュ川にたどり着いたわけだ。一八四八年四月二十五日にフランシス・クロージャーが目指すと書き残した、あの「バックのフィッシュ川」に到着したのである。

湖の周りには地肌が一部露わになった雪景色以外何もなかった。しかし百六十三年前の当時はきっと、ウトゥクヒカリンミウト族のテントがこの湖の周りに立ち並んでいたのだろう。ウトゥクヒカリンミウト族はかつてこの地域の一大勢力だった。昔は湖の周りの丘は彼らが煮炊きする煙で包まれていたと、ある探検家は伝えている。アグルーカの一行がこの湖までたどり着き、彼らと出会っていたということは果たしてあったのだろうか。一八五五年にグレートフィッシュ川を下ったジェームズ・アンダーソンの隊は、この湖で留守を守るウトゥクヒカリンミウト族の女たちと出会い、フランクリン隊の生き残りについて話したと思われる、次のような興味深い目撃証言を聞いた。

とりわけ一人の女性が、とある小さな島で極限状態にある男を見たとはっきり明言しました。女性はその男がどのような格好で砂浜に座っていたかを教えてくれました。この不幸な人は頭を腕に抱え、頬はくぼみ、体もすっかりやつれていたそうです。彼女がこの男を見たのは四年前（引用者注・一八五一年）でしたが、自分たちの分の食べ物さえなかったので助けてやることができませんでした。それにたとえ食べ物があったとしても、もう手遅れだったそうです。

（ウィリアム・バール編『フランクリン隊捜索　北極陸路探検隊一八五五』）

この報告は彼らの雇い主であるハドソン湾会社の総裁にあてて書かれたものだが、アンダーソンは後になって、そんな話は聞かなかったと頑強に否定した。その理由はよく分かっていない。

次の日から私たちは行動時間をさらに夜間にずらして、深夜零時から歩き始めることにした。一日で一番冷えこむ時間に歩かないと、雪が軟らかすぎて全然進むことができないからだ。湖岸線は複雑に入り組んでおり、岸の近くの湖面をなるべく直線的に進んだ。雪がところどころで解け、湖面の至る所に水たまりができており、細い割れ目も頻繁に目にするようになった。この日は夜と朝の二回、狼を見かけた。

フランクリン湖を南下し始めて二日目、沖に張り出した岬を越える時に湖の全景を見渡すことができた。全体的に表面の雪は解け始めており、川の流れが氷を通して薄黒く浮かび上がっていた。ナブヤト湖でマックスにフランクリン湖の氷の状態を訊いた時、彼は「今すぐなら大丈夫だが、間もなく解け始める」と言っていた。それから十日以上経っていたが、十日が「今すぐ（right now）」と言えるかどうか、私には大いに疑問があった。やってみたら十中八九、湖を渡れてしまう気がする。しかし失敗した時の危険が大きすぎる。ここで勝負をかけなくても、上流の別の渡河地点で渡るという他の選択肢がまだ残されていた。

フランクリン湖を渡らず、このままグレートフィッシュ川の左岸を上流に向かって進んだ場合、間もなくモントレソール川という支流が現れる。この支流もバカにならない川幅があり、もしかするとすんなりと渡河できないかもしれない。またこの支流の合流点の手前でグレートフィッシュ川の本流は激流になっているらしく、そのまま本流沿いに行った場合、そこを越えられるかどうかも疑問だった。そうしたことを考慮した結果、私たちは一度グレートフィッシュ川を大きく離れ、モントレソール川の上流部にある湖を目指し、その湖でモントレソール川を渡河することにした。そしてその先で再びグレートフィッシュ川に戻ろうというのである。

上空では雁の渡りがピークを迎え、大きなもので六十羽もの群れが次から次へと上空を飛び去った。まるまる二日間湖岸を歩いた後、私たちは湖に別れを告げてモントレソール川上流の湖に向かった。翌日はさらに天気が悪化し雨が降り始めた。天候待ちして出発を見合わせたが、日付が変わった頃に雨が収まったので、午前四時に出発し八時間行動した。橇の中は水浸しになり、テントもザックもすべてずぶ濡れとなった。

雪の水分量は完全に飽和状態を迎えて粘着質になっていた。一歩歩くごとにスキーの裏に重たい雪がくっついて、足は鉄下駄を履いたみたいに重くなった。途中でいくつもの湖を横断したが、湖の雪はさらに水分を多く含んでおり、足を踏み出すと脛まで雪の中に沈んでしまう。雪の状態が悪いため、一日に二十キロ歩ける日は稀で、十五キロとか十六キロしか歩けない日が多かった。

天気が悪いせいか、私たちの口からも威勢のいい言葉は出てこなかった。

「思ったより、雪が解けるのが遅いよな。想定外だ。いい加減飽きたよ、雪と氷の中で生活するのは。もう四カ月だぜ」

テントの窓から外をのぞくと、どこまでもぐずぐずの銀世界が広がっていた。フランクリン湖の次にグレートフィッシュ川を渡河できそうな最有力地点は、メドーバンク川という一大支流との合流点だ。だがそこがだめなら、さらに上流の湖群帯が次の有力地点となる。天気の影響を受け、見通しはどんどん悲観的になった。一番直面する可能性が高く、かつ最悪なのは、表面に割れそうな薄い氷が残っていて、歩いても渡れないし、ボートも使えないという状態だ。荻田は途中の小屋で手斧《ておの》を拾ってきており、もしその場合はこの斧で氷を粉砕して渡るしかないと話していた。私は最初、その話をほとんど冗談だと思って聞き流していたが、そのうちそれが悪いアイデアではないように思えてきた。それ以外に川を渡る手段が思い浮かばなかったのだ。

「最悪メドーバンク川がだめでも、上流の湖群帯まで行って、そこで渡ればいいんだけど……。でもマジな話、そこまで行っても氷が残っている可能性はあるな」

この日の幕営地からその湖群帯まで百五十キロほどあった。

「ここから十日かかるな」と私は言った。

「グレートフィッシュ川さえ渡れればなあ。その先からは水系が変わって川の流れがベイカー湖に向かうから、ボートを使って下れるかもしれないんだけど」

「いや、今恐れているのは、水系が変わっても雪解けの増水がちょうど重なって、結局ボートでは下れないってシナリオだ。最悪、全部歩く羽目になるぞ」

六月十二日夜、珍しく上空に晴れ間が広がった。空気が乾燥して気温も低く、風もほとんどなかった。正面の丘が地平線ぎりぎりに浮かぶ太陽の光を浴びて赤く輝いた。深夜零時頃だったが、一応夕陽ということになるのだろうか。ジョアヘブンを出発してから夕陽が輝くほど空が晴れたのは初めてのことだった。

歩き始めてから十五分後、私たちは北緯六十六度三十三分の線、つまり北極圏の限界線に到達した。北極圏と北極圏外を分ける境界線に着いたのである。北極圏とは北半球で、一年のうちで一日でも太陽が昇らない日、あるいは沈まない日がある地域のことをいい、北緯六十六度三十三分より以北がそれにあたる。つまり私たちはこの時、北極圏を越えて南に抜け出したのだ。三月十六日にレゾリュート湾を出発してから九十日、私たちは長い間北極と呼ばれる地域を旅してきたが、これからは単なる〝カナダ平原地帯の旅〟という、タイトル的にはいささか味気ないものとなるわけだ（ただし北極という言葉には他にも定義がいろいろとあり、例えば樹木限界線をとった場合、私たちにはまだまだ北極探検を名乗る資格があったことになる）。

その日は気温が低く雪は固く締まっていた。カリカリの雪面を歩き、快調にモントレソール川に向けて距離を稼ぐことができた。モントレソール川はもう間近だった。六月十三日の朝方、モントレソール川の渡渉予定地点である湖がようやく見えてきた。季節が深まり、湖ではところどころで雪が解けて青く光っていたが、全体的には氷の厚さはまだ十分にありそうだった。この湖の流れはそれほど速くないだろうから、表面に雪が残っていさえすれば、その下の氷もまだ十分に厚いと判断できた。フランクリン湖から数多くの小川や湖を横断してきたので、私たちは氷の安全性について、ある程度は判断できるようになっていた。

この日はすでに二十キロ以上歩いていた。すでにかなり疲れていたし、いつもなら行動を終了する時刻をとっくに過ぎていた。しかし懸案事項を消しておきたかったので、私たちは最後に湖を渡り、モントレソール川を越えておくことにした。行ける時に行っておくというのは冒険の現場での鉄則だ。

前を歩いていた荻田がストックで氷の状態をコツコツと確かめながら進んだ。氷の厚さは十分で、割れる不安は特に感じなかった。午前七時半を過ぎると、気温が急激に高くなり、雪が解けて一気に重くなった。ずぶずぶと深く沈む重い雪に足を取られたものの、三十分ほどで湖を渡り終えることができた。

私たちは湖岸のすぐ近くにテントを張った。天気が良く、懸念材料の一つが消えたこともあり、気持ちは一気に楽になった。前日までとはうって変わり、私たちの間では今後の見通しについて楽観的な意見が飛び交った。

「グレートフィッシュ川も簡単に渡れるんじゃないかなあ」と私は言った。

「渡れるかもね」

「渡れたらベイカー湖もすぐに着くんじゃない」

「距離的にはそんなにないからな」

「直線距離であと二百キロとかそんなもんでしょ。グレートフィッシュ川まであと二日か三日。そこで渡れちゃったら、十日ぐらいで着いちゃうかもしれない」

「十分にあり得るな」

しかし現実はそう甘くはなかった。翌日には早くも、モントレソール川を渡れたのはただ単に幸運だったからにすぎないということを、私たちは思い知らされたのだ。

外が大雨になっていることには、寝ている間から気がついていた。テントをたたく雨粒の音を聞くだけで、行動できる天気ではないことは明らかだった。雨で停滞することにはもう慣れっこになっていたので、私たちは暗黙の了解で、起床時間が過ぎても寝袋から出ず、そのまま眠りこけていた。

午前三時頃、私は小便がしたくなったので、嫌々ながら寝袋を脱いでテントの外に出た。そして周囲の風景を見て、啞然としてしまった。

まわりの何もかもが前日までと違ってしまっていた。

地表の大部分で雪が解け、丘は黒い地肌をさらしていた。谷という谷には雪解け水が流れこみ、青い川ができあがっていた。何よりも驚かされたのは、前日に渡ったモントレソール川の雪が完全に解けてしまっていたことだった。私たちが渡ったところは、白い雪面から青い湖面に一変してしまっていたのだ。

どうやら湖面の氷の上の雪が解けて、氷の上に深さ一メートル近い別のシャーベット状の湖ができるという、二層の状態になっているようだった。前日の最後に湖を渡っておいたのはやはり正解だった。もし一日遅れていたら徒歩で渡ることは明らかに不可能だった。ボートで渡るにしても湖の上には青いシャーベットが広がっているので、著しく困難だったに違いない。

雪に含まれる水の量は前日の段階ですでに飽和量に達していた。それがこの日の大雨で一気に溢れ出し、すべての雪が解け出したのだ。ここまで劇的に周囲の環境が変わった瞬間というのを、私は今まで目の当たりにしたことがなかった。

風景が一変した。昨日と今日は断絶してしまい、再び私たちは明日がどうなるのか、よく分からなくなってしまった。

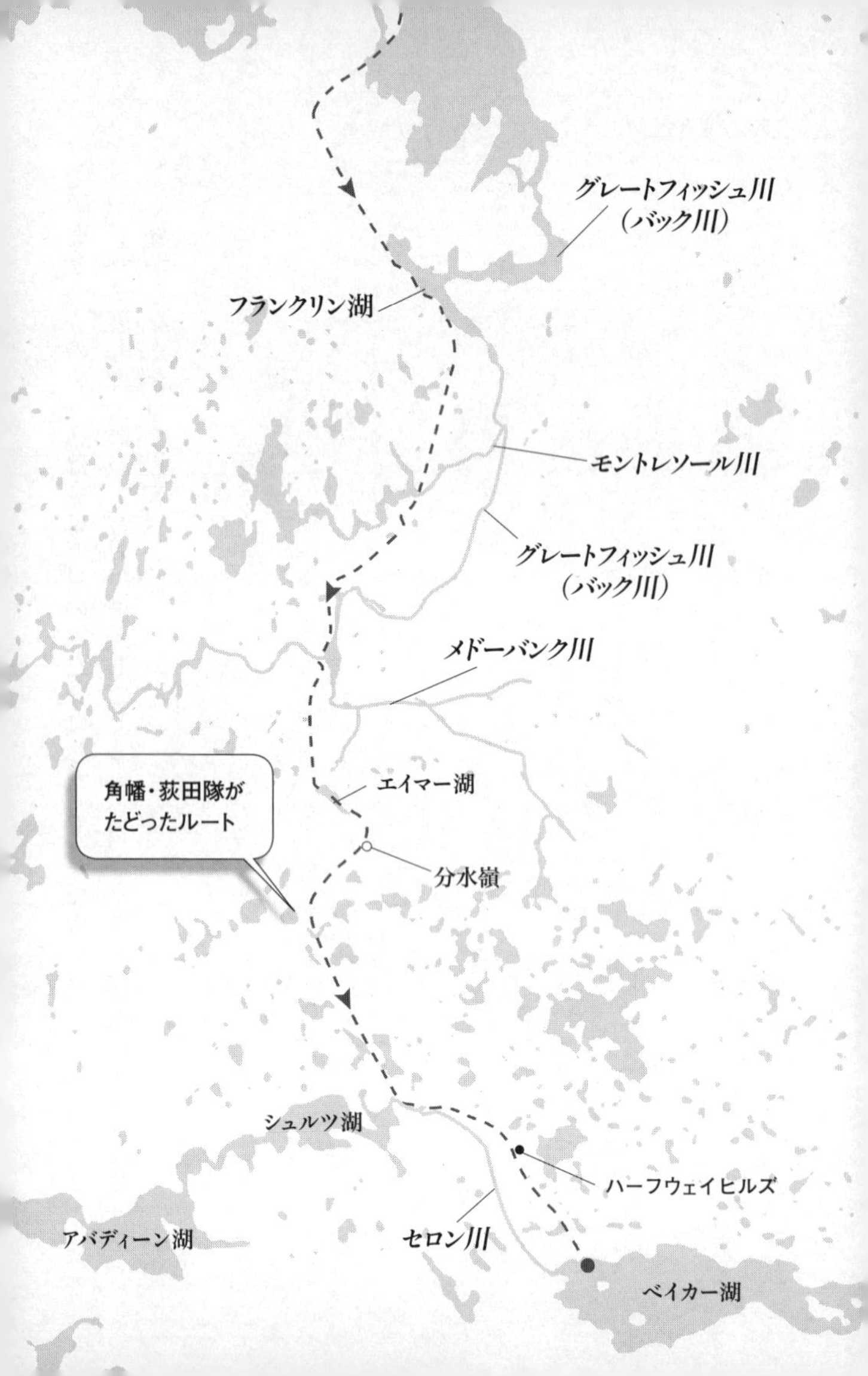

グレートフィッシュ川
(バック川)
フランクリン湖
モントレソール川
グレートフィッシュ川
(バック川)
メドーバンク川
角幡・荻田隊が
たどったルート
エイマー湖
分水嶺
シュルツ湖
ハーフウェイヒルズ
アバディーン湖
セロン川
ベイカー湖

第六章　不毛地帯——混沌

1

辺りには薄い霧が漂い、空は黒い雲に覆われていた。気温はそれほど低くはないはずだが、湿度が高いせいか、外に出ると震えが起きるほど寒かった。大雨のため前日は一日中テントの中で停滞した。もう雨は止んだが、周囲の雪が解け出したせいで、それまでの景色がすっかり変わってしまっていた。

六月十四日夜に私たちはモントレソール川の幕営地を出発した。すぐに幅十メートルぐらいの川が現れた。前日までなら雪で埋まっていたような小さな谷だったのに、大雨のせいで冷たい急流ができあがっていた。靴を脱いで素足で渡渉しようとしたが、踏み込んだ途端、足はシャーベット状の雪に膝まで沈みこみ、あまりの冷たさに二歩進んだだけで引き返した。

私たちはなるべく丘の上の水はけのよい場所を選んで進むことにした。雪に沈んでいた谷はどれも凍えるような川に変わり、低地には池が広がっていたからだ。丘の上をしばらく進み、べしゃべしゃになった湿地を越えると、目の前に大きな谷間が広がった。

谷の中の雪原は一気に解けたようで、水色に透き通った大きな川が流れていた。川にはまだ氷が張っているらしいが、その上の雪が雨で解けたらしく、氷の上に別の川が流れるという状態になっていた。こんなところを一体どうやって渡れというのだろう。

「大きな関門が現れたな。とりあえず下りて渡れる場所を探すか」と荻田が言った。

「ボートを使ってみようぜ」と私は提案した。「水の上に浮かせて、氷をストックで突けば進めるんじゃないか」

岸に下りてみると川幅は百五十メートルほどありそうだった。岸辺を歩くと、解けかかった雪に足がずぶずぶ深く沈みこんだ。ジョアヘブンを出発してから二十二日目に入っていたが、ボートを使うのはこれが初めてのことだった。私たちのは軽量化を最優先に考えたボートなので、普通の空気入れではなく薄い袋を使って膨らませる仕組みになっていた。袋に空気を溜め、それを注入口から本体に送りこむ。そうやって膨らませたボートを、深い雪の中に足を沈ませながら川のぎりぎりまで運び、最後にひょいっと飛び乗った。

川の水は雪が解けたシャーベット状で、水深は深いところでも一メートルほどしかなく、その下には氷が張っていた。その氷の下に本当の川が流れているのだ。パドルで進めるような状態ではないので、私はストックでシャーベットの下の氷を突いて進んだ。浅い所ではボートの底にシャーベット状の雪がたまって進まないので、ストックで突いた瞬間にお尻をジャンプさせて、カエルみたいに飛び跳ねながら前進した。

私たちはその川を二時間かけてようやく渡り終えた。小さな丘に登ると、その向こうに再び同じようなシャーベット状の川が流れているのが見えた。地図で確認すると、いずれの川も全長わずか五キロほどの小さな流れに過ぎない。それなのに雪解けで何十メートルもの川幅になってしまっていた。そのまま直進すると、どうやら同じようなシャーベット状の川をあと二つは渡らなければならないらしかった。しょうがないので一度大きく南に進路を変え、それらの川の源頭をすべて回りこむことにした。

地図を見るとグレートフィッシュ川まではあと二十五キロほどだった。そこから一大支流であるメドーバンク川の合流点まで川幅が広く流れは緩そうなので、私たちはそのどこかで渡河できる場所を探すことにしていた。

大雨のせいで足元の雪の状態はさらに悪化していた。雪が解け始めたといっても、面積的にはまだ地面の半分ぐらいには雪が残っていて、スキーと橇なしで歩くことはできない。しかしスキーと橇があるせいで、逆に雪の消えた湿地や岩場を越える時は岩に引っかかったり、泥土に足を取られたりして時間がかかった。

地図読みも一筋縄ではいかなかった。大陸に入ってからは丘や湖がモザイク状に入り組み地形が複雑になるため、氷上行進の時のように目的地に向かって一直線に進むというわけにはいかなかった。特に雪が解け出してからは、下手に低地や谷に突っこむと湖や川を渡渉しなければならなくなるので、地図を読んでうまくそれらを避けなければならないのだ。

ところが、その肝心の地図が必ずしも十分なものとはいえなかった。私たちが用意していた地図は二十五万分の一と、五十万分の一の縮尺のものだった。縮尺の大きな二十五万図のほうは等高線が二十メートルに一本の割合で入っているので正確に地形を読める。しかし五十万図のほうは五百フィート（約百五十二メートル）に一本の割合でしか等高線が入っていない。それだと、百メートルとか二百メートル程度の起伏が続く不毛地帯では、ほとんどの丘や谷が一本の等高線の中に吸収されてしまうため、地形を読むのが難しいのだ。そんなことは分かっていたが、縮尺の大きな二十五万図を全部そろえると枚数がかさばるし金もかかるので、もっと南の、より地形が複雑になるあたりの分しか用意していなかった。やむを得ないこととはいえ、しばらくは情報量の乏しい五十万図で読図をしなければならなかった（ちなみにGPSは緯度と経度が出るだけなので、このように地形を読んで進まなければならない場合には役に立たない）。

六月十七日未明、私たちは小さな川の源頭を越え、いくつもの湖を通り過ぎた。天気は珍しく快晴に恵まれ、遠くに駒形の顕著な山が姿を現した。休憩時にゴーッという激流が谷間を流れる轟音が聞こえてきた。グレートフィッシュ川が再び近づいてきたのだ。川に到達する手前で息をのむような美しい光景に出会った。氷の解けた湖が深く水をたたえ、青い水面が風に波打っていた。昇ったばかりの朝陽を浴びて、周りの雪面が赤く輝き、周囲には鮮やかな緑の絨毯《じゅうたん》が広がっていた。湖は下流で優しいせせらぎとなり、爽やかにグレートフィッシュ川に注ぎこんでいた。

「この光景を見た人間は、もしかしたら有史以来、初めてかもしれないな」

荻田が立ち止まってつぶやいた。ずいぶんと感傷的なことを言うやつだなと私は思ったが、しかしその言葉は、私たちにとっては決して大げさだというわけではなかった。イヌイットを含めても、夏の不毛地帯の奥深くに、これほど入りこんだ人間が過去にそれほど多くいたとは思えない。それだけ私たちは人間が足を踏み込まない環境の中を旅していた。少なくともそう思えるところにはいた。目の前に広がっているのは、地球が作り出した生のままの自然だった。私たちはそこに人間の住む場所から二十四日かかってやって来て、そこから出ていくのにも同じぐらいの日数を必要とするのだろう。私たちがそこにいることを知っている人間は、この世に一人も存在しなかった。私にはそれが素晴らしいことのように思えた。だからこそ私たちは目の前の風景と直結し、重なりあい、溶けこむことができていた。人間と接触した過去と、接触する未来が、時間的にも距離的にも遠く離れすぎていて、現在の自分からは想像もできないという、まさにそのことによってもたらされる隔絶感の中で私たちの旅は続けられていたのだ。もしかしたら自由とはそういうものなのかもしれなかった。

私はアグルーカと呼ばれた男のことに思いを馳《は》せた。もし彼らが不毛地帯に向かったという話が本当なら、その隔絶感は私たちが感じたそれよりもはるかに大きなものだったにちがいない。何しろ彼らには過去の記録どころか、地図すら一切なかった。不毛地帯を縦断した探検家はまだいなかったのだ。

地図がない世界を旅していた人たちを私は純粋に尊敬する。地図がなければ、その先の地形の状態が分からず、先の見通しが立たない。大きな川に行く手を阻まれるかもしれないし、知られざる湾がそこには立ちはだかっているかもしれない。それは今という時間が未来から分断された世界を旅するということに他ならないのだ。土地が未踏であるということは、彼らの隔絶感をさらに高め、旅を不安なものにしていた。しかしだからこそ、いっそう魅力的なものに変えていたともいえる。

だから私は思うのだ。アグルーカと呼ばれた男が本当にいたのなら、彼の目に映った光景は、私たちが見ているものよりも、はるかに美しいものだったにちがいないと。

2

それにしてもアグルーカとはいったい、誰のことだったのだろう。

チャールズ・フランシス・ホールが伝えたアグルーカの逸話を振り返ると、その存在にどこまでも実体がないことに私は改めて驚かされる。

フランクリン隊の生き残りの話には実体がある。そこには墓があり、死体があり、むごたらしい人間性がむき出しになった、食うことがすなわち生きることであるというような凄惨さが表れている。しかしアグルーカの話になった途端、「フランクリン隊」という実体のしっかりした主体は、「アグルーカ」という、いったい誰のことを言っているのかよく分からない存在に転化し、話の舞台は「キングウイリアム島」という明確な地名が与えられた島から、「不毛地帯」という境界線の曖昧な、そこがどんなところなのかいまいち伝わってこない名前の場所に置き換わる。話の内容も、氷の中で飢餓と病気でばたばたと斃れ、死んだ仲間の肉を食べたという具体的でおぞましいものから、優しいイヌイットに保護され、夏に南を目指したという、どこか希望の持てるものに変化する。つまりアグルーカの話になった途端、フランクリン隊は「百二十九人で出発した北西航路の探検隊」という具体的な存在から、抽象的な概念に昇華されてしまったかのような印象を受けるのだ。それは実線から点線に変わり消えていく、フランクリン隊の行方の途切れた尻尾のようなのだ。

アグルーカの逸話は、それに対する反応一つとっても二転三転してきたところがある。そしてその二転三転してきたこともまた、闇に消えたフランクリン隊の捉えどころのない本質を表象しているような感じがして、私には興味深かった。そもそも最初に話を聞き出したホールでさえ、この逸話の扱いには少し手を焼いていたようなのだ。

ホールが北極圏でフランクリン隊に関する証言を集めたのは、一八六四年から六九年にかけての探検においてである。出発してから間もなく、彼はアグルーカと呼ばれた男が最後に生き残り、二人の仲間を伴って南へ向かったという証言を聞き出した。その話がフランクリン隊にはまだ生き残りがいるはずだという自分の説を支持してくれそうな内容だったため、彼は大いに興奮した。〈このことを通訳から聞いた時にはどれほど驚いたか〉と彼は書き残している。〈フランクリン隊に関する多くの興味深い、かつ重要な事実を知っている住人にこれほど早く出会えるとは、私はほとんど期待していなかった〉。ホールは住人にお願いして、この話の内容を記した手紙をある捕鯨船の船長宛てにしたためているが、その手紙を読むと彼の鼻の穴から荒い息が吹き出していたことが伝わってくるようだ。

私が成し遂げた最大の仕事は、トゥクルトゥーやイバイビイグ（引用者注・いずれもホールの通訳）を介して、ジョン・フランクリン卿にまつわる新しい知らせがこれらのイヌイットから徐々に得られていることです。あなたも知っている通り、このことは極北にやって来た今回の任務における大きな目的でもあるのです。これらの人々について得たすべてを、私はあなたに知らせずにはいられないのです。
（『ホールの第二次北極探検記』）

しかし、ホールは探検の最終盤に別の逸話を聞いたことによって、アグルーカの話は事実ではなかったという正反対の結論を自ら導き出すことになった。その逸話とは、ワシントン湾に四十人ほどの飢えた男たちがボートを引いて現れたという、例の話であった。ワシントン湾の話にもアグルーカと呼ばれる男は登場した。集団を率いていたのがアグルーカ、もう一人がトゥルア、通訳をしたのがドクトクと呼ばれた男だった。この時に聞いたワシントン湾におけるアグルーカの様子は、ホールにとってはあまりに弱々しく、死の間際であるように聞こえたようだ。その弱々しさは不毛地帯を越えて南に向かったという、最初に聞いたもう一方のアグルーカの希望に満ちた話とは、あまりにも対照的だった。

それに加えて、ワシントン湾のアグルーカはイヌイットに見捨てられたようにホールには感じられた。ワシントン湾で白人の集団と出会ったイヌイットは、別れ際にアザラシの肉をくれと叫ぶアグルーカの声を無視するかたちで立ち去っていたのだ。ホールにはそれがショックだった。不毛地帯のほうの話では、イヌイットは一冬の間、アグルーカの世話をしたと聞いていたのに、あれは何だったというのだろう。イヌイットのおかげでアグルーカは元気を取り戻して、不毛地帯に向かったのではなかったのか。たぶんホールはそう考えたのだろう。

　私は悲しみと怒りでひどく混乱している。というのも男たちの命を救えるかどうかはひとえに先住民の手に委ねられていたのに、彼らと彼らの仲間は誰にも知られないように、慌ただしく、アグルーカとその仲間を見捨て、苦しませ、新鮮な食べ物を与えず死なせたのだ。（前掲書）

ワシントン湾の話を聞いたホールはイヌイットに幻滅した。彼らはフランクリン隊を助けなかった。アグルーカを見殺しにした。そう思ったのだ。そしてその時点で、ホールは自分の中でそれまで揺らがなかった確信が間違っていたのだと結論づけざるを得なくなった。フランクリン隊には生き残りなどいなかったのだ。彼らはおそらくモントリオール島にさえたどり着けなかったであろう。アグルーカがキナッパトゥの国に到着したという話などは戯言だったのだ、と。

自分の考えを百八十度転換させたホールは、急速にフランクリン隊に対する関心を失っていった。そして次第に北極点の世界初到達のほうに興味の軸足を移すようになった。最初はフランクリン隊の謎に惹《ひ》きつけられ北極を探検していたホールだったが、彼は次第に北極の過酷な大地そのものに魅せられてしまったのだ。

その後の彼の運命は、まるでフランクリン隊を地で行くかのように悲劇的で謎めいていた。一八七一年、国からの資金援助を受け、ポラリス号で米国初の本格的な北極点遠征隊を率いることになったホールは、しかし、その野望を果たす前にグリーンランド北部で不慮の死を遂げる。

過去のどの探検家よりも最北の地で越冬していたホールは、一杯のコーヒーを飲んだ後、突然体調を崩し、体を動かすことすらできなくなった。彼は部下による毒殺の可能性を疑った。そして死の間際には、長い間北極探検を共にし、フランクリン隊に関する様々な証言を集めてきた、全幅の信頼を置いていたイヌイットの通訳しか近づくことを許さなかったという。これは後日談になるが、彼の遺体は一九六八年に凍土の下から掘り返され、髪の毛と爪の調査が行われた——あのビーチェイ島で掘り返されたフランクリン隊の三人の水兵のように。その結果、死の二週間前に大量の砒素《ひそ》が投与されていたことを示す反応があったという。とはいえ、それで毒殺されたことが確定されたわけではなく、結局彼の死の真相は時間の闇に葬られた。彼が情熱を傾けたフランクリン隊の謎と同じく、ホールの死は北極探検史における最大のミステリーの一つとなったのだ。ホール自身の遭難という思わぬ事情が生じたため、彼が集めたフランクリン隊に関する数多くの証言は、一八七九年にJ・E・ノースが編集した『ホールの第二次北極探検記』という書物が出版されるまで世に紹介されることはなかった。

そしてこの本が出版されることで、アグルーカの逸話は初めて陽の目を見ることになった。ビクトリー岬で例のメモが見つかって以来、フランクリン隊に生き残りなどいなかったことは揺るがしがたい事実となっていたのに、ホールが集めた証言の中にはそれに反旗を翻すような内容が含まれていた。このアグルーカと呼ばれた男はいったい何者なのだ。本当に不毛地帯を南に向かったのだろうか。あるいは何かの間違いなのか。ホールが否定的な結論を下しても、彼が集めた話の中身には研究者たちが無視することのできない力のようなものが備わっていた。

アグルーカとは誰なのか。そのことに関して議論の口火を切ったのは、探検家のジョン・レーだった。フランクリン隊がカニバリズムに走っていたことを最初に明らかにした、あの一日に八十キロを歩く超人探検家だ。彼はホールの探検について書かれたこの本を読み、確信をもって自らの意見を新聞に発表した。レーの指摘は彼の足腰のように強靭《きょうじん》だった。あのレーが言ったのだ。

ここに書かれているアグルーカとは、フランクリン隊の生き残りのことなどでは断じてない。アグルーカとは私のことである、と。

3

雪の丘を越えると、数キロ先に青い湖らしきものが見えた。グレートフィッシュ川が入江のように深く陸地に切れこんでいたのだ。どこかに渡河できるところがあるのではないか。川の状態を早く確かめたかった私は、急いで先に進んだ。

その先の丘の上から再び川の風景が見渡せた。だがその状態は期待を裏切るものだった。川の東側は解氷しているが、西半分にはまだ薄い氷が張っていて、とても渡れそうな状態に見えなかった。

「最悪だな」と私は言った。「あれじゃあ渡れるところがないぞ」

「探せばどっか渡れるところがあるよ」と荻田が言った。

気を取り直して私たちは川岸に下りられる場所を目指して出発した。丘の湿地を越えると、小さな支流が茶色い激流となってグレートフィッシュ川に注ぎ込んでいた。支流は雪解けですっかり増水していた。私たちは激流の渡渉を避けるため下流に迂回し、先ほど見えたグレートフィッシュ川が陸地に切れこんだ入江まで下り、その入江をボートで渡ることにした。

その日はグレートフィッシュ川の左岸で幕営し、装備と行動時間の再調整を図ることにした。ここ数日で地面の大部分から一気に雪が消えたので、スキーと橇を処分することにしたのだ。荷物をすべてザックに詰め替え、そこから先はすべて背負って歩くことにした。また雪がなければ夜間に行動する意味などないので、半日を休憩にあて行動時間を昼間にずらすことにした。不必要になった橇を鋸で切り刻み、いらない装備と一緒に袋の中に入れ、スキーごとロープでがっちりと結わえ、それに重い石を括りつけて川の底に沈めた。

翌六月十八日も雲ひとつない快晴が続いた。時折、割れた氷が川に落ち、脅迫じみた轟音が辺りに響いた。

この日からはいよいよグレートフィッシュ川の岸沿いを進むことになる。とにかくどこかで対岸に渡河できる場所を探さなくてはならない。ザックのベルトが肩に深く食いこんだ。前日までは橇を引いていたので荷物の重さはそれほど気にならなかったが、この日からは全てを背負って運ばなければならなかった。重さは四十キロぐらいだろうか。これからはその重荷を背負って、不安定な草地や湿地の上を歩くことになった。

出発してからしばらくはグレートフィッシュ川の左岸沿いを歩いて進んだ。地面の植生は場所によって異なり、苔の地面に柳の灌木《かんぼく》が生えているところもあれば、ただの草地のようなところもあった。途中で川の一部の氷が開いていたので、一時間ほどボートを漕いで川を遡った。水深は浅く、岸から百メートル以上離れても川底が見通せるほどだった。パドルの水飛沫を体に浴びるうち、寒くて私の体は震えだした。

川で水遊びをする鳥の鳴き声が遠くまで響きわたった。鳥が水と戯れる音以外は何も聞こえなかった。風と水の流れがなければ北極の荒野からはまったく音が消えてしまう。恐ろしく静寂で澄み切った世界だった。

途中で氷が現れボートで進めなくなったので、再びツンドラの大地を歩き始めた。川岸から丘に上がると乾いた岩や石が多くて歩きやすかったが、谷間や湖の周りなどの低地は湿地になっているので歩きにくかった。最悪なのは丸く盛り上がった坊主状の草が広がる湿地で、草の周りはえぐれているのに、それが葉に隠れて見えないうえ、荷物も重いので一歩一歩が非常に不安定になり疲れるのだ。これに柳の灌木が混ざった場所が、ツンドラの湿地帯の中では最悪だった。

渡河できそうなところを探しながら歩いていると、川の真ん中にいくつかの小島に分かれた中洲が現れた。一番手前の小島までは歩いて渡れそうなので、そこまで行って向こう側を偵察してみることにした。小島に渡ると、対岸まで氷が開いているところがあったが、水の流れが強すぎてボートを漕げそうもなかった。やむなくここでの渡河は諦め、私たちは川岸に戻り再び上流を目指して歩き始めた。

途中で小高い丘が現れたので、そこから上流の様子を見渡した。上流は悲惨なことになっていた。川幅が大きく広がり、そこに隙間なくぎっしりと氷が張りついていたのだ。とてもボートで渡れる状態ではないし、氷が薄すぎて歩いて渡ることもできそうにない。

「マジかよ、あれ……」。私は思わず呻《うめ》いた。「上流は全然、氷が開いてないな」

上流の様子を見て渡河の見通しは一気に悲観的になった。このままでは一か八かで氷の上を歩いて渡らない限り、対岸には行きつけないかもしれない……。

私たちは川に目を向けながら岸辺を歩き続けた。川には再び中洲が現れた。中洲があると流れが複雑になるせいか、大体氷が開いていたが、氷が開いているところは流れが速く、とてもボートで渡れそうになかった。ここも中洲までは流れが緩くボートで渡れそうだったが、その向こう側は川の流れが一カ所に集中し白波が立っていた。明らかに危険だったが、だからといってそこから先で川を渡れるという保証もなかった。

「ここで渡れないかな……」と私が言った。

「勝負かけるか？」と荻田が訊き返した。

私たちはしばらくの間、川に弱点がないか話し合った。だがやはりどう見ても、島の向こうの急流は危険だった。途中で横波を受けたら一発で転覆するだろうし、もし転覆したら、私たちにはライフジャケットがないので下流の氷の下に引きこまれてしまうかもしれない。ボートも推進力のない小型のゴムボートなので、急流を突っ切る力はないだろう。

「やっぱり、あの流れにもっていかれたら終わりだ」と私は言った。「もうちょっと上流に行くことにしよう。ここはまだ勝負をかける場所じゃない」

私たちは再び上流を目指して歩き出した。先ほど見た感じだと、しばらく先まで川には氷が張り対岸に渡れる見込みはないので、私たちは一度川を離れて内陸側の丘陵部を進むことにした。川岸は湿地が続き歩きにくかったのだ。

その日の夜、私たちはテントの中で渡河できなかった場合の対策について話し合った。

「これは待ちが入るかもしれないな」

川の状況を見て、私はかなり悲観的になっていた。

「川開き待ちか……。広くて流れのない所は、まだ氷が残っているみたいだな」と荻田が言った。「メドーバンク川との合流点で氷が開いてなかったら、上流の湖群帯を目指すんじゃなく、少しここで待ったほうがいいかもよ。川の動きは湖よりこっちのほうがあるだろうから、氷が開くのも早いんじゃないかな」

「そうだな。ここだと急流も島もあって、川に動きがあるもんな」

翌朝になり目が覚めても、話す内容は変わらなかった。

「それにしても合流点で渡れなかったらショックだな」と私は地図を見てため息をついた。

「ショックだよ」と荻田も言った。「その時は本当に、あれ、あれれ、という雰囲気になってくるだろうね」

この日も快晴が続いた。テントの外から蠅《はえ》が飛ぶ音が聞こえてきた。北極の旅も、ついに蝿が飛ぶ季節に突入した。出発してからしばらくは川の一キロほど内陸を進んだ。大小無数の湖が広がっており、湖と湖を仕切る土手の上を歩いた。土手の上は湿地になっておらず、大きな岩が転がっているので歩きやすかった。しかし荷物が重く、それなりにアップダウンもあるため、三十分に一回ぐらいは大きな岩の上に荷物を下ろして休憩しなければならなかった。

出発してから四時間後、再びグレートフィッシュ川が丘の向こうにぼんやり見えてきた。川面には相変わらず白い氷が薄く張りついているようだった。

「相変わらず、べっとりと氷がついているなあ」

川に薄氷が張っている限り渡河は絶望的だった。進むうちにだんだん川の様子が明らかになっていったが、相変わらず白い氷ばかりが目についた。もっと遠くまで行かないとだめなのだろうか……と私は少し重たい気持ちになってきた。どこで渡れるのか早く答えが欲しかった。先が読めず、旅の先行きが分からないので、このまま渡れなかったらどうしようという不安から、いつまでたっても解放されないのだ。

それでも川に向かって歩くうちに、どうもところどころで氷が開き、青い急流が現れているると思われるところが、ちらちらと見えてくるようになった。もしかしたらあそこで川を渡れるのではないか……。白い氷の中に青い水の流れが見えた途端、一気に希望のようなものがわいた気がした。私たちは逸《はや》る気持ちを抑えながら、その青い流れを目指して丘を下った。大きな湿地を越え、目指す急流にたどり着いたのは、その日の午後四時のことだった。

しかし氷の開いたところに行ってみると、やはり川の流れは速く激しい早瀬ができていた。しかもすぐ下流で川の流芯は冷たい氷の下に呑みこまれていた。

「やれば、渡れるかもしれない」

そう言葉には出してみたものの、虚しいばかりだった。本当にやるとしたら命を賭けた大ばくちになる。もし転覆でもしたら、私の体はあの冷たい氷の下に呑みこまれてしまうのだ。荻田も乗り気ではなさそうで、私の問いかけにも無言のままだった。

私たちはさらに上流を目指して歩くことにした。時間も遅くなり疲労の度合いも徐々に濃くなってきた。少し歩くと、再び氷の開いた急流が現れた。

そこも川幅は広く下流には白波が立っていた。しかしその上流には白波は見えず、ボートで渡れそうに見えなくもなかった。今度こそ川を渡れるのではないか。そう期待をかけながら、私たちはその白波のないところに向かった。しかしそこもダメだった。よくよく観察してみると、白波こそないものの、明らかに流れは速く、しかも複雑なうねりさえ伴っていたのだ。川には中洲があったが、水のパワーが強いため、おそらく私たちのボートでは中洲にたどり着く前に白波の立つ下流部に持っていかれるだろう。転覆でもしたら、それこそうねりの力で川底まで引きずりこまれかねない。一度底まで引きずりこまれたら、私たちには浮力体となるライフジャケットがないので浮かびあがってこられないかもしれないし、保温性の高いウエットスーツを着ていないので、すぐに低体温症になり動けなくなるだろう。川にはまだ氷が張っているのだ。

「沈没したら川底まで引っ張りこまれそうだな」

「ここは危ないよ。というか、ちょっと無理でしょ」

今日も渡河地点は見つからないのだろうか、いったいどこで渡れるのだろう……。ため息をついて、私は上流のほうに目を向けた。するとその時、数百メートル上流に再び氷の一部が開いているところが見つかった。青い水面が真ん中の中洲まで続き、中洲の向こうには広大な氷のない川が広がっていた。これまでと違い川面は穏やかで、流れもゆったりしているように見えた。あそこなら渡れるんじゃないだろうか、と私は思った。

私は声を荒らげて荻田に言った。

「おい、あそこ。見てみろよ！　あそこなら渡れるんじゃないか」

私たちは吸いこまれるように氷の開いているところに向かった。期待感が一気に高まり、疲れていたのに足の動きが自然と速まった。

近づいてみると岸にはまだ薄い氷が残っていたが、その氷もわずかに開いており、うまい具合に細い道のようなものができていた。そこにボートを漕ぎ出せば難なく流れのない安全な開水面にたどり着ける、氷にはそんな桟橋のような割れ目ができあがっていたのだ。そして奥の川の流れは思った通り緩やかで、問題なくボートを漕ぐことができそうだった。

「素晴らしい。あそこからなら渡れるぞ」

ついに私たちはグレートフィッシュ川を渡る最大のチャンスを迎えたのだ。

4

『ホールの第二次北極探検記』が出版された翌一八八〇年、「ニューヨーク・ヘラルド」紙の七月四日付紙面に〈北極探検について〉との見出しが躍った長文記事が、横三列、縦にぶち抜きで掲載された。サブの見出しには〈科学者の間で論争勃発　不完全な海図、地理的な大失態、そして引用の誤り　フランクリン隊について〉と派手な文句が並んでいた。記事の執筆者は探検家のジョン・レーだった。

レーのこの記事は、ホールの探検について書かれたこの本に対して、徹底的に反論したものだった。本の中ではアグルーカという男がキナッパトゥの国に向かったというホールの報告が紹介されているが、そのアグルーカというのはどう考えても自分のことであると、レーは主張したのだ。

この本の中では有能なハンターになったというアグルーカという男と、彼の二人の仲間のことがしばしば言及されている。彼らは一八五三年から六四年にかけての数年間、エスキモーの社会に溶けこみ、生き長らえていたそうだが、あらゆる点から考えて、それは私と私の仲間以外の何者でもない。（中略）これらフランクリン隊の生き残りが目撃されたという場所は、私が一八四六年から四七年と一八五三年から五四年に探検していた地域とまったく同じである。すなわちリパルス湾、クロージャー岬近辺、チェスターフィールド入江である。

レーの主張は次の二回の探検が根拠になっていた。一度目は一八四七年四月から五月に行った探検だ。この時、彼は仲間やイヌイットの通訳ら五人と共にリパルス湾からペリー湾を越えて、ブーシア半島の東側のロードメイヤー湾にまで到達した。この探検はフランクリン隊の活動時期とちょうど重なっており、彼がブーシア半島の東海岸を往復していた頃、まさにそのブーシア半島の反対側のキングウイリアム島沖では、フランクリン隊の二隻の軍艦が氷に囲まれ不気味な軋み音をあげていた。そしてレーが探検を終えてリパルス湾に戻ったその約一カ月後に、エレバス号の船上でジョン・フランクリンが死亡したのである。

二度目はそれから七年後の一八五四年に行ったブーシア半島の探検だ。レーはリパルス湾で越冬した後、三人の仲間と一人のイヌイットと共にブーシア半島の付け根を西に横断し、同半島とキングウイリアム島を隔てる海峡まで足を延ばした。この時の探検は、フランクリン隊の遭難から六年程度の年月が経過していたものの、活動の舞台となる地域が近接しており、レーの最終到達地点からフランクリン隊が全滅したとされる餓死の入江までは距離にしてわずか百十五キロほどしか離れていなかった。そしてレーが、フランクリン隊の生き残りがワシントン湾に現れていたことや仲間の死肉を食べていたことなどを聞いたのは、この探検の最中だった。

確かに時期的にも地域的にも、フランクリン隊が遭難した時に最も近くで活動していた探検家は、まぎれもなくジョン・レーだった。そして本人が主張するように、アグルーカと呼ばれた男と彼との間に多くの共通項が存在することも事実だった。

両者の共通項として、まずアグルーカという名前そのものが挙げられる。アグルーカとはイヌイット語で「大股で歩く男」を意味しており、背が高く、果断な性格の人物につけられることが多かった。実はジェームズ・クラーク・ロスを筆頭に、イヌイットからアグルーカと呼ばれた探検家は過去に何人かおり、ジョン・レーもまたその一人だったのだ。

他にもホールはアグルーカの仲間の一人は斜視で、もう一人は上顎の歯が欠けていたと報告しているが、レーに言わせると、それはまさに彼の仲間の特徴そのものだったという。またホールによると、アグルーカは狩猟やイヌイット式の生活技術に熟達していたとされており、彼の面倒を一冬見たというイヌイット、トゥーシュアファガユはこう語っていたという。

　トゥーシュアファガユはかつてシーガーに次のように語ったことがあったという（一八五三年から五四年にかけての冬、ペリー湾でのことだった）。もし誰かに殺されでもしない限り、アグルーカは白人たちの住む故国に帰り着いているはずだ。なぜなら彼は狩りの方法や、カリブーやイヌイットが狩猟の対象とする他のほとんどすべての動物の仕留め方、あるいは暖かく過ごす方法やイヌイットが行っているような生存の仕方をすべて知っているからだ。

（『ホールの第二次北極探検記』）

しかしこうしたイヌイット式の生活技術は、フランクリン隊ではなく、まさにジョン・レーという探検家の最大の武器だったのだ。

さらにレーは、あのアグルーカが所持していたというゴムボート、ハルケットボートも探検に持ちこんでいた。ハルケットボートはもともと、ジョン・フランクリンが一八一九年から二二年に不毛地帯を探検した時——彼が靴を食った時の探検である——に遭難しかけたことがきっかけで開発されたものだった。探検の終盤で衰弱しきった彼らは、木のカヌーを持ち運ぶことができなくなり途中で放置した。そのため後から現れた川を渡ることができず、大変な苦労を強いられた。この経験から不毛地帯の探検には軽くてコンパクトなボートが必要だということになり、開発されたのがハルケットボートだった。ボートの本体の素材は帆布とゴム引き防水布の混合材で、空気で膨らませて使用する仕組みになっており、製造の際にはフランクリンの助言もあったようだ。ボートは一八四五年にフランクリン隊が出発するまでには完成し、彼らはそのうちの一艇を持ちこんでいた。一方、レーがブーシア半島の探検のために英国を出発したのはその翌年で、彼もまたリパルス湾の周辺でハルケットボートを使用していたのだ。
レーとアグルーカの逸話が重なる点は他にもあった。レーはこの二回の探検でいずれもリパルス湾からチェスターフィールド入江を経由して帰国の途についたが、このチェスターフィールド入江というのは、実はアグルーカが向かったとされるキナッパトゥが住む地域の一部だったのだ。レーの探検記を読むと、彼が一八四七年にこの入江の近くで九人のキナッパトゥの人々と出会い、友好的に会話を交わし物々交換までしていたことが分かる。

十時に九人のエスキモーが私たちのもとを訪れたが、私たちが午前中に彼らのテントの近くで行動を終える予定であることを知ると、まもなく立ち去った。彼らのうちの二人は、その先の海峡が深くなっているポイントを教えたいので、その日は近くの岩で寝ると言った。（中略）満ち潮に助けられ一時間ほど漕ぐと、昨晩の訪問者の幕営地に着いた。彼らは大きな声で歓迎してくれ、まもなく浜には交易のための毛皮やら何やらがたくさん並んだ。
（『北極圏海岸探検記』）

レーはこのキナッパトゥたちとの出会いの後、チャーチルに向かった。そしてそのチャーチルもまた、ホールの本の中でアグルーカが最後に向かったとされていた場所だった。レーが帰路に選んだルートはアグルーカの目的地と一致していたというわけだ。

これらのことを考えると次のような推測はとても説得力があるように思われる。

キナッパトゥの人たちはレー、すなわちアグルーカが自分の国に戻ったことを知り、そのことをホールの情報源であるイヌイットに「アグルーカが国に帰ったよ」と伝えた。その話がいつの間にかイヌイットの間で、フランクリン隊の生き残りであるアグルーカが国に戻ったというふうに曲解され、そしてホールに伝わった……。

やはりアグルーカとはジョン・レーのことだったのだろうか。

5

六月二十日、空には薄い灰色の雲がかかっていた。外に出て川の様子を確かめると、前日に氷の中にできていた桟橋のような水路は、川の流れの影響で閉じてしまっていた。しかし、だからといって他に川を渡れそうな場所も見当たらない。私たちはボートをロープで吊るし川岸の急な雪壁をおろして、岸辺に開いたわずかな水面に浮かべた。すぐに行く手は氷に阻まれたので、わずかに開いていた氷の裂け目にボートの先端をくい込ませた。

目の前で見ると、川の氷は面白い構造をしていた。

それまで私たちは川の氷というのは水の表面がバシッと面的に凍った、乗っかったらパリンと割れてしまうような、上からの荷重に弱い板チョコみたいな構造になっているのだとばかり思っていた。しかし実際はそうではなく、氷はツララの集合体になっているのだ。縦にびっしりツララが敷き詰まっており、それが一枚の平らな氷となって川の表面を覆っているのである。

ボートに乗ったまま氷の縁をストックでつつくと、大量のツララが簡単にざくざくと氷の本体から剝がれ水面にぷかぷか浮かんだ。最初はそれを何度も繰り返し、剝がれたツララを脇にのけて水路を作ろうとした。しかしそれだと労力ばかりがかかり、なかなか水路ができず先に進めない。そこで私たちは思い切って氷の上を歩いてみることにした。氷はツララの集合体なので、上から荷重がかかっても割れずにたわみ、衝撃を吸収してくれるように思えたのだ。

私はボートの上から荷物を氷の上に載せた。続いて右足を乗せてみる。ゆっくりと体重をかけたが、氷はびくともしなかった。両足で乗っても平気だった。

「お、立てるぞ。結構、安定してるわ」

続いて荻田も氷の上に移った。

「なんだ。全然大丈夫じゃないか」

氷は予想以上に強かった。流れのないところを選べば割れる心配はまったくなさそうに思えた。薄いところを歩いてもじわじわとたわむだけなので、危ないと思ったらすぐに頑丈な部分に逃げられる。正直にいうと、いったい昨日までの苦労は何だったのだろうと思わないこともなかった。氷の上を歩けるなら、どこでも川を渡れたわけである。だが私たちに川の氷を判断する経験がなかったのだから、それもしょうがない。現場で試行錯誤しながら進むのが探検の醍醐味でもある。

私たちは荷物をボートの上に載せ、橇のようにして引っ張って氷の縁まで歩いて行った。そしてそこからボートを漕いで中央の島へと渡った。島の向こう側には流れの穏やかな大きな川が広がっていた。私たちは再び川にボートを浮かべて対岸を目指した。渡河したのはちょうどメドーバンク川との合流点だった。対岸に着く手前で再び氷が現れたが、もはや氷が安全であることは確認済みだったので、私たちはボートから氷の上に飛び移った。

ジョアへブンを出発してから二十七日目、こうして私たちは懸案だったグレートフィッシュ川の渡河を終えた。そこから先には、もはや私たちを危機的な事態に陥れるような大きな地理的な障害物は見当たらなかった。対岸を踏み、グレートフィッシュ川を渡れないのではないかという不安から解放された時、この旅はこれで事実上終わったのだという思いが私の胸に去来した。

ベイカー湖まで残すところ二百キロ少々となった。渡河地点を出発したのは六月二十一日のことだった。空は重たい雲に覆われ、小雨がぱらつく朝だった。春が過ぎ、季節は一気に夏に移り変わろうとしていた。地面に残っていた雪もその量をみるみる減らし、すでに丘の日陰の一部に残るだけとなった。

幸いなことに川を渡ってからは、等高線の詳細な二十五万分の一の地形図が使えたので、位置確認はだいぶ楽になった。だが背中の荷物はまだまだ重かった。いつグレートフィッシュ川を渡れるか分からなかったので、ザックにはまだ二十日分以上の食糧や燃料が残っていたうえ、テントやボート、パドル、衣類などの荷物も入っていた。

レゾリュート湾を出発して以来、私たちはこれまで八十七日間も北極の氷海と荒野を歩き続けてきた。どうやら私たちはこの地に長く留まりすぎたらしい。私たちが望んでいたのは一刻も早い到着であり、どういうルートをたどればいち早くベイカー湖に到着できるのかということが最大の関心事だった。

グレートフィッシュ川から南では、川のように細長い大きな湖が何本も南北に延びている。このエリアを効率よく移動するには、これらの無数の湖を利用しない手はない。条件のいい時に湖にボートを浮かべれば、少しは楽をして進むことができるだろう。とりわけ渡河地点から約七十キロ南にある分水嶺を越えたら、あとはボートを有効に使えるはずだ。分水嶺を越えたら、水系はグレートフィッシュ川水系からセロン川水系に変わる。理屈としては、分水嶺までは水の流れはグレートフィッシュ川に向けて流れて来るため、私たちはそれに逆らって上ることになるが、分水嶺から先ではセロン川に向けて流れて行くので、水の流れは下りに変わるのだ。ということは、うまくすればどこかの川にボートを浮かべて一気にベイカー湖まで川下りを楽しめるかもしれない。

私たちはまず渡河地点から真南にあるエイマー湖という名前の湖を目指すことにした。渡河してから先はひたすら単調な風景の中を歩き続けた。毎日、いくつもの湖が次々と現れ、丘を乗り越え、不快な湿地に足を沈め、重荷を背負ってひたすら歩いた。北極圏を抜けたといっても太陽はほとんど沈まない。白夜のように夜は明るく、昼と夜の区別はあまりなかった。渡河する前の数日間は快晴が続いたものの、再び天気は悪くなり何日間も続けて苛立たしい空模様が続いた。大地には遮るものが何もないので、はるか向こうの雲が大雨を降らせているのが遠くからでもよく分かった。南の空に入道雲がわくように立ち上るのを見て、北極にも夏が来たことを知った。

こうした単調な風景を打ち破るのは、相変わらず動物たちだった。カリブーの群れが丘の向こうに現れては、一目散に逃げ出した。つがいの隼《はやぶさ》が岩の断崖を切り裂くような声を上げながら旋回し、絨毯のような冬の内毛の剝がれた麝香牛が私たちの前に立ちふさがった。生きているものだけではなく、死体や死にゆく動物たちの姿も頻繁に見かけた。ある時は狼に食い荒らされた動物の骨や毛や臓物が柳の灌木の中に散乱しているのを見つけ、ある時は怪我のために仲間から見捨てられ、湖の氷の中でもがくカリブーと出くわした。見捨てられたカリブーの太腿の付け根には巨大な円形脱毛症みたいな禿《は》げができており、やせ細って黒い目玉がぎょろりと浮き出ていた。近いうちに行き倒れるか、狼に襲われるかして死ぬことは確実だった。

エイマー湖には六月二十四日に着いた。岸辺の一部は氷が開いていたが、湖の大部分はまだ白く凍っていた。しかし氷はグレートフィッシュ川と同じようにツララの集合体で、踏み抜く心配はなかったので、ボートを橇代わりにして歩くことにした。氷の上を一時間ほど歩いた頃だろうか、釣りにちょうどよさそうな氷の割れ目が現れた。覗き込んでみると、湖はかなり深いが、水が青く透き通っているため底の石の様子まではっきり見えた。

私たちはボートの端に腰かけ、穴に糸を垂らして釣りを始めた。不毛地帯には川や湖が無数にあるので、出発前から釣りにはかなり期待をかけていたが、本格的に釣りに挑むのはこれが初めてだった。それまでは川や湖に氷が張っていることが多かったし、行動に余裕がなかったこともあり、腰を落ち着けて釣りをする機会がなかったのだ。釣り糸に釣り針と大きなルアーを取り付け、餌の代わりに使い終わったテーピングテープを巻きつけ、湖の中に沈めた。

開始から四十五分が経った時だった。五十メートルぐらい離れたところにいた荻田から、バカでかい叫び声が聞こえてきた。

「うおーっ！　でけえーっ！」

彼の足元で巨大魚がばちばちとのたうちまわっているのが見えた。私は急いで駆け寄った。

「で、でかいな。なんだこの魚は？」

「なんだろう、たぶんレイクトラウトだな」

レイクトラウトならナブヤト湖でざっと六十匹ほど目にしたが、荻田が釣ったものはそのどれよりも一回り大きかった。胴体は丸太のように太く、厚ぼったい唇をしていて、顔つきも傲岸そのものだった。

「ひいた時の感触が半端じゃなかったよ。最初は石にひっかけたのかと思っちゃった」

魚はばちばちと激しい動きで体を氷に打ちつけていた。気絶させようと荻田が木の枝で強く頭を打ちすえると、バチッという音とともに枝が真っ二つに折れてしまった。それでも魚は氷の上で激しくのたうちまわっていた。どうやら頭の骨もパキケファロサウルス並みに固いようだった。記念撮影のために魚を持ち上げてもらうと、荻田は「痛てて……、早く写真撮って」と顔をゆがめた。あまりの重さに糸が指に食いこんでしまうらしい。

悔しくなった私はすぐに自分の持ち場に戻り、再び糸を垂らした。するとすぐさまアタリが来た。糸を強く引っ張ると、フックが魚の顎に食いこむ感触が伝わってきた。ばらさないように慎重に糸を引きあげると、すぐに青い水面から茶色い斑模様《まだらもよう》の巨大魚が勢いよく跳ね上がった。

「でけえっ！」

私も負けじと大きな声を上げた。荻田が駆け寄って来て同じ声を上げた。

「でけえっ！」

「でけえよ。こんなの二匹も釣ったら十分だろ」

「十分だよ。とても一日じゃ食べきれないぞ」

「よし、もうさっさと湖畔まで行ってキャンプにしちまおう。今日はレイクトラウト祭りだ！」

私たちは再びボートを引いて氷の上を歩き出した。氷の縁までたどり着くと、岸まで氷が開いていたので、私はボートを漕いで岸に向かった。すると、どういうわけかボートの中に川の水が一気に浸水してきた。もしや、と思い、大急ぎで岸に漕ぎつけると、ボートの底には大きな穴が開いていた。調子に乗って荷物を載せて氷の上を引いたものだから、重みで底が擦れて穴が開いてしまったのだ。湖のほうを見やると、荻田も浸水したボートで必死にパドルを動かしていた。

魚は荻田が釣ったほうが長さ八十二・五センチ、幅十七・五センチ、私のが長さ七十二・五センチ、幅十三センチあった。肉だけでも五センチもの厚さがあり、背骨ですら直径一センチもあった。ナイフで腹を切り裂くと中から長さ二十五センチのホワイトフィッシュが、半分消化された状態で出てきた。その日は釣った魚を塩ゆでにし、胃袋が限界になるまで食べ続けたが、それでも一食では一匹の半分を食べるのがやっとだった。

その日のテントの横には、ガムテープやリペアシートでつぎはぎだらけになった二艇のボートが痛々しい姿で地面の上に並んでいた。

翌日、私たちはグレートフィッシュ川水系とセロン川水系を分ける分水嶺を越えた。

分水嶺といっても実際には最高地点でさえ、わずかに標高二百二十メートルほどしかなく、山とも呼べないような単なる丘が連なった丘陵地に過ぎない。分水嶺のくせに丘の合間には池や湿地が広がり、分水嶺を越えても、その向こうにはまた田んぼのような湿地が続いた。私たちは靴をずぶ濡れにしながら、時には川にボートを浮かべ、時には素足で渡渉し、いくつもの川や湖を越えて行った。

分水嶺を越えると、あとはセロン川を目指せばいいだけだった。

目的地であるベイカー湖の北西にはシュルツ湖という別の大きな湖があり、この大きな二つの湖はセロン川本流でつながっている。私たちはまずシュルツ湖に向かい、そこからはセロン川にボートを浮かべ、最後はゆっくりと川を下ってベイカー湖にゴールするつもりでいた。

つまりこういうことだった。

事前に集めた情報だと、グレートフィッシュ川と違ってセロン川には、夏になるとアウトドア好きのカヌーイストたちが訪れることも珍しくないという。地図を見てもシュルツ湖の周辺には何軒か小屋が建っているようなので、もしかしたら釣り人と鉢合わせすることも十分考えられる。少なくとも魚は釣り放題に違いない。それにセロン川の源流部は不毛地帯と針葉樹帯のちょうど境界線あたりに位置するため、源流から流れてきた流木が川岸で見つかる可能性も決して少なくないだろう。流木さえあれば焚き火ができる。焚き火を見ていれば何時間でも時間をつぶすことができる。焚き火をして、湖で釣った魚を塩焼きにし、それを好きなだけ食べる。セロン川を下って来たカヌーイストに出会うこともあるだろう。彼らは艇を止めて話しかけてくるにちがいない。ずいぶん珍しいボートに乗っているね、底に貼っているガムテープはいったいなんなんだい？　穴が開いたんですよ。へえー、珍しいこともあるもんだね。どこから来たんだい。レゾリュートです。レゾリュート？　それはいったいどこにある村なんだい……。きっと話はいつまでも尽きないだろう。シュルツ湖に行けば、これまでと違った楽しい旅が始まるはずだ。セロン川のゆったりとした流れが、私たちをベイカー湖まで運んでくれるにちがいない……。

長い不毛地帯の縦断に疲れ、倦《う》んでいた私たちは、水系が変わる南の地域にもしかしたらこれまでと違う別世界が広がっているのではないかと、あらぬ幻想を抱いていた。

それにシュルツ湖は今回の旅の行き先としても、なかなか申し分のない場所だった。

デンマークの著名な探検家クヌド・ラスムッセンの『アメリカ北極圏横断』の中には、次のような興味深い記述がある。ラスムッセンは一九二一年から二四年にかけて行った彼の最も有名な探検の途中で、不毛地帯に住むイヌイットの民族調査をしているのだが、彼はその時のことを書いた文章の中で、シュルツ湖とその西隣のアバディーン湖にまたがる地域の南側には、「アキリナック」という伝統的な先住民の交易地があったと報告しているのだ。

そこにある有名なアキリナック——セロン川に隣接した巨大な湖の南に連なる丘の尾根——に、イヌイットたちは交易地を持っている。ここで彼らは橇やカヤックやテントのポールを作るため、はるか上流の地域から流れてきた巨大な木の幹が岸辺に打ち寄せるチフサリク湖産の木材を調達するのである。（中略）アキリナックはベイカー湖からカザン川一帯に住む先住民たちの交易地であり、ここで彼らは、同じように木材を求めてやって来る、はるか彼方の北西航路の地域の部族と出会うこともあった。

この中で言及されている〈北西航路の地域〉とはブーシア半島やアデレード半島、あるいはグレートフィッシュ川河口といった、北西航路の探検家たちが足を運んだ地域のことをさしている。ラスムッセンによると、そうしたはるか北に住む人たちも昔は木材を入手するために、はるばるそのアキリナックという交易地にまで足を運ぶことがあったというのだ。

この本のコピーをガイドブック代わりに持って来ていた私は、旅の途中でこの記述に気がついてからというもの、このアキリナックという場所がアグルーカの行き先と関連しているような気がして次第に気になって仕方がなくなってきた。ホールの本によると彼らは南へ出発した時、イヌイットを一人伴っていたという。もしかするとそのイヌイットは不毛地帯を縦断し、そのアキリナックとやらにアグルーカたちを導いたのではないだろうか。イヌイットにとって馴染みがあるその場所こそ、実はアグルーカたちの最初の目的地だったのではないか。そんな気がしてきたのだ。

旅の途中で私は何度もラスムッセンのこの文章を読み返し、そして地図と見比べた。アキリナックとは一体どの場所のことをさしているのだろう。私たちが持参していた二十五万分の一の地形図には、残念ながらアキリナックという地名の表記はなかったものの、シュルツ湖の南には標高二百メートルほどのまとまった丘陵地帯が東西に長く連なっていた。もしかしたらこの丘陵地帯のどこかにアキリナックはあったのではないだろうか。シュルツ湖が行き先として申し分なかったのは、私にとってはそういう意味があったからだった。

いずれにしてもアグルーカが目指したというキナッパトゥの国は、もう目と鼻の先だった。そのことだけは間違いがなかった。

6

ジョン・レーが「ニューヨーク・ヘラルド」紙で展開した主張には強い説得力があった。彼は実際にイヌイットからアグルーカと呼ばれていたし、キナッパトゥの住んでいたチェスターフィールド入江に立ち寄って、そこから故国に帰っていた。状況証拠としては、もうそれだけで十分なようにさえ思われる。

だとしたら、やはりフランクリン隊は餓死の入江で全滅していたのだろうか。グレートフィッシュ川を越えて、不毛地帯に足を踏み入れた者はいなかったのだろうか。

だが問題はそう簡単ではなかった。アグルーカがジョン・レーではないことを示す、同じように説得力のある根拠も、一方ではやはりあったのだ。例えばアグルーカの船は沈んだことになっているが、レーの船は沈んでいない。アグルーカの仲間は途中で一人死んだが、レーの仲間は誰も死んでいない。アグルーカは世話をしてくれたイヌイットに銃を贈ろうとして断られたが、レーはイヌイットの通訳に銃を与えている。アグルーカはグレートフィッシュ川に向かったが、レーはこの川には近づきもしなかった、といったことなどだ。

だがそれらのどれにもまして、アグルーカとレーが別人だと考えられる根拠は、イヌイットはレーのことを非常によく知っていたという、誰もが見落としそうなほど単純な事実の中にこそあった。カナダの研究者デビッド・ウッドマンは『フランクリン隊の謎の解明』の中で、そのことを次のように書いている。

彼ら（引用者注・ホールにアグルーカの話をしたイヌイット）はレーが北極に二回来たことも知っていたし、レーがどのルートをたどったのかも知っていた。彼らはオウリグバックとイビチュック（同・いずれもレーの通訳）のこともよく知っていて、何年も経ってからその墓の場所をホールに知らせてさえいる。彼らはレーが煙草を吸わないことまで知っていたのだ！　彼らがアグルーカの行動と、一八四六年の冬に自分たちのすぐ側でキャンプをして暮らしていた男の行動を混同することなど、本当にあり得たのだろうか？

アグルーカの話をホールに伝えたイヌイットは、リパルス湾のイヌイットだった。ところが、そのリパルス湾というのはレーが探検の根拠地にしていた場所でもあった。つまりアグルーカのことをホールに話したイヌイットたちは、同時にレーのことも極めて詳しく知っていた――彼がノンスモーカーであることを指摘できるぐらい詳しく知っていたのだ。それなのに彼らは誰一人として、南に向かったアグルーカとはジョン・レーのことだと一言も言わなかった。もしアグルーカがレーのことだったら、イヌイットは必ずそのことをホールに伝えたはずだろう。

ではイヌイットが伝える通り、アグルーカが本当にフランクリン隊の生き残りだったとしたら、それは隊員の中の一体誰だったのだろう。

ホールの探検記の中には、これまでに紹介したものの他にも、アグルーカと呼ばれた男についての逸話がいくつか紹介されている。その中でも注目に値する話として、コクリヤグダンというペリー湾の部族長が語った証言がある。驚くことに彼は若い頃、フランクリン隊のものと思われる、氷に囲まれた二隻の船を訪れたことがあったという。そしてそこでトゥルアルクと呼ばれた生前のジョン・フランクリンらしき人物と、アグルーカと呼ばれる男と出会っていた。

ペリー湾の人たちは、探検隊の領袖を肩のがっちりとした年老いた男で、体が厚くて、ホールよりも体の重そうな人物であったと描写した。髪の毛は白髪交じりで、顔は大きく、頭は禿げていたという。彼はいつも目に何かをかけており（通訳はそれを眼鏡と翻訳した）、足がひどく不自由で、最後に会った時には病気のようだった。彼はイヌイットにとても親切で、いつも彼らに何か食べ物を与えようとしていた。アグルーカともう一人の男は、子供のように動き回り、トゥルアルクが命じたことをすべてこなした。彼はとても陽気でいつも笑っていた。白人もイヌイットも全員、彼のことが好きだった。（中略）最初の夏と最初の冬の後、彼らはトゥルアルクを見なくなった。その後アグルーカが領袖となった。

（『ホールの第二次北極探検記』）

この話を聞いた当初ホールは、トゥルアルクとはフランクリンのことで、アグルーカとはフランクリンの死後に隊を引き継いだクロージャーのことに相違ないと考えた。しかし彼は後にその判断を覆し、この話はフランクリン隊のことを述べているのではなく、一八二九年から三三年にジョン・ロスとジェームズ・クラーク・ロスが率いたビクトリー号の探検について述べた証言だと見解を変えた。ホールは必ずしもその根拠を明確にしなかったが、ジョン・ロスがイヌイットからトゥルア、ジェームズ・クラーク・ロスがアグルーカと呼ばれていたこととと、それは無関係ではなかったと思われる（すでに指摘した通り、当時アグルーカと呼ばれていた探検家は何人もいた）。

しかし事実関係を仔細《しさい》に検証すると、コクリャグンの船に関する証言はフランクリン隊と符合する点が多すぎるし、逆にロス隊とは符合しない点が多すぎるように思われる。

例えばコクリャグンが見た船は二隻だったというが、これに符合するのはフランクリン隊であり、ロス隊ではない——ロスの船は二隻だったが、一隻は小さな補給船だった。また彼は船のあった場所をブーシア半島の西のウーグーリックと呼ばれる海域だったと述べているが、その海域に船を進ませたのはフランクリン隊だけである——ロス隊が船を停泊させた湾はブーシア半島の東だった。極めつきは足が不自由で頭が禿げていたというトゥルアルクに対する描写だろう。頭が禿げていたのはあくまでフランクリンであって、ジョン・ロスは禿げていなかったのだ。

さらにトゥルアルクをフランクリン、アグルーカをクロージャーだと見立てると、その事実関係はさらに史実と一致する。例えばこの証言の中には〈トゥルアルクを頻繁に見かけたほうの船は、その年の春に重い氷の圧力で転覆した〉という言葉がある。フランクリン隊の二隻の船のうち一隻は放棄された後、間もなく沈没し、もう一隻は南に漂流を続けたと考えられているのだが、先に沈んだほうの船は実はフランクリン（トゥルアルク）が乗船していたエレバス号だった可能性が高いとされており、もしそうならこの証言はぴたりと一致する。また〈最初の夏と最初の冬の後、彼らはトゥルアルクを見なくなった〉という部分もフランクリン隊と一致する。彼らの船は一八四六年に氷に囲まれ（つまり証言中の〈最初の夏と最初の冬〉にあたる）、その翌年フランクリンは死亡したからだ。そして〈その後アグルーカが領袖となった〉という部分も、アグルーカがクロージャーだとすると正確になる。

この話がフランクリン隊のことを語っていたのなら、イヌイットが語るアグルーカとは、フランクリン隊の副官だったフランシス・クロージャーだということになる。

先にも書いたが、アグルーカとはイヌイット語で「大股で歩く男」を意味しており、過去に何人かの有名な探検家がこの名前で呼ばれた。エドワード・パリー、ジェームズ・クラーク・ロス、ジョン・レー、彼らは皆アグルーカと呼ばれていた。そしてクロージャーもまた、その一人だった。

クロージャーがイヌイットからアグルーカと呼ばれるようになったのは、一八二一年から二三年にかけて行われたエドワード・パリーの探検隊に見習士官として参加した時だった。この探検隊はリパルス湾から約三百七十キロ北に離れたイグルーリックというところで越冬中に、多くのイヌイットの訪問を受け、その間にクロージャーはアグルーカと呼ばれるようになったという。

それ以来、イグルーリックのイヌイットは、クロージャーがアグルーカと呼ばれていたことをずっと覚えていた。どうやら彼は病人を船に運び治療を施す役目を担っていたため、イヌイットの間で根強い人気があったらしいのだ。そのためか、それから四十年以上が経ち、ホールがリパルス湾に来た時にもまだ、クロージャーはイヌイット社会でアグルーカという名で通っていた。それだけでなくイグルーリックにいた時には「領袖」ではなかったクロージャーが、その次に北極にやって来た時には「領袖」になっていたことも、つまりフランクリンの死後に隊長職を引き継いでいたことも、イヌイットたちはよく知っていた。

そしてとりわけ重要なことに思われるのは、クロージャー本人もアグルーカと呼ばれることに、どうやらプライドのようなものを持っていたらしいということだ。

ホールの報告によると、クロージャーが最初の探検でイグルーリックに滞在していた間、若くてがむしゃらだった彼は、まだ見習士官に過ぎなかったにもかかわらず、「自分はいつか探検隊の隊長となり、必ずこの北極の地に戻って来る」とイヌイットたちに公言していたという。そして「自分の名前はアグルーカであり、自分がアグルーカであることをすべての人に伝えてほしい」とも語っていた。

クロージャーはアグルーカという名に誇りを抱いていた。そのことを知った時、私はあるイヌイットが話していた次のような細かな描写が、意外と大きな意味を持っていたのではないかと気がつき、アグルーカとはやはりフランシス・クロージャーのことだったのではないかと強く思うようになった。

その描写とは例の、フランクリン隊の生き残りが集団となってワシントン湾に姿を見せた時の話だ。現場にいたイヌイットによると、その時、集団を率いていた人物は、自らのことをすすんで「私の名前はアグルーカだ」と名乗ったというのだ。つまりワシントン湾に現れたアグルーカは、少なくとも自分がイヌイットからアグルーカと呼ばれていることを知っている人物だった。さらに踏みこむと、その名に誇りを抱いていた人物だったといえなくもないだろう。

この証言の重要性に気がついた時、私はこう思った。ワシントン湾に現れたアグルーカがクロージャーだったのなら、イヌイットの保護を受け、最後にキナッパトゥの国を目指して旅立ったというあのアグルーカもまた、やはりクロージャーだったのではないだろうか、と。

フランクリン隊の船を訪れたというペリー湾の部族長コクリャグンの話には、実は次のような続きがある。トゥルアルクが乗っていたほうの船はじりじりと氷の圧力を受け押しつぶされていった。隊員は懸命に食糧を運び出そうとしたが間にあわず、船は底に穴があき沈没した。何人かの隊員が溺死し、食糧も大部分が失われ、生き残った隊員も多くがひどい飢えのために命を落とした……。そういう話をした後、コクリャグンはホールに向かって、アグルーカの行方について語り出した。彼から聞いた話をホールは次のように書いた。

アグルーカはドクトクと呼ばれたもう一人の白人と共に、自分たちの故郷に帰るのだと言って、グレートフィッシュ川に向かって旅立った。それがコクリャグンらが見たアグルーカの最後の姿だった。しかしそれからしばらく経った後、彼らはキナッパトゥの人たちからアグルーカについての噂を耳にしたことがあった。キナッパトゥの人たちは、チェスターフィールド入江の近くのどこかで、見知らぬ誰かが銃を撃っている音を耳にしたという。（前掲書）

アグルーカはやはりキナッパトゥの国にたどり着いていたのだろうか。

コクリャグンはこの話をした時、二つのスプーンをホールに見せた。そのスプーンには「F・R・M・C」という英文字が刻まれていた。それは紛れもなくフランシス・ロウドン・モイラ・クロージャーの頭文字だった。

そして彼は、このスプーンはアグルーカからもらったものだと話したという。

7

上空からクルル、クルル……という鳥の鳴き声が聞こえてきた。見上げると一羽の鶴が風に乗ってゆったりと飛び去っていくところだった。

「すげえ高いところを飛んでいるんだなあ」

私は思わず立ち止まった。鶴はあっという間に私たちが目指す南の空に消えていった。一体なんの用事があって、あの鶴はあんなに先を急いでいるのだろう。

「速いなあ。あっという間にあんなに遠くに行っちゃった」。荻田も鶴の飛ぶ優雅さに目を奪われた。

「一回も羽を動かしていないのになあ……」。私は自嘲的な気分になってきた。「なんかおれたち、バカみたいじゃないか？」

「こんな重い物、背負ってね」

残念なことに分水嶺を越えても、湖や川には厚く氷が張っており、ボートを浮かべて進めるような場所は見つからなかった。エイマー湖の時みたいに、ボートに荷物を載せて氷の上を歩ければ楽なのだが、底に穴が開いてしまった以上もうその技も使えない。セロン川まで行けばボートで下れるという期待を抱きながら、私たちは湖と湿地の荒野をひたすら歩き続けた。

六月二十七日、湿地帯を歩いていると、後ろを歩いていた荻田がうわっと声をあげた。

「びっくりした。シロフクロウだ」

私が振り向くのと同時に大きな白い鳥がばさばさっと物凄い勢いで東の空へと飛び立って行った。それを見た瞬間、もしかしたらまた見つかるかも……と思い、私たちはシロフクロウのいたところに急いで近づいてみた。

実はその五日前に私たちは雷鳥の卵を手に入れていた。その時も足元から突然雷鳥が飛び立ったので地面を見てみると、卵があったのだ。鵟鳥の卵を見つけた時もそうだったが、抱卵している鳥は外敵が来ても、ぎりぎりまで逃げようとしないようだ。この日に見つけたシロフクロウもそうだった。いきなり足元から飛び立つまで、私たちはそこにシロフクロウがいることにさえ気がつかなかった。

近づいてみると、地面には草が押しつぶされただけのこぢんまりとした巣があり、白くてすべすべしたピンポン玉ぐらいの卵が転がっていた。この前、雷鳥の卵を手に入れた時は、マッシュポテトを丸めて卵をつなぎにして、砕いた乾パンをまぶしてコロッケにした。そのコロッケが大変おいしかったので、シロフクロウの卵もコロッケにするため持ち帰ることにした。ただし卵は五つあったが、シロフクロウは雷鳥と違いそれほど数が多い鳥ではないので、三つだけを頂戴することにした。

その翌日、今度は炒飯《チャーハン》が食べたいな、などと妄想しながら歩いていると、十メートル先の岩の上から小さな鳥が飛び立ったのが見えた。鳥は私たちの周りを執拗に旋回し、一向に立ち去ろうとしなかった。

「シロハラトウゾクカモメだ」と荻田が言った。「巣でもあるんじゃないか。トウゾクカモメは巣に近づくのがいたら、近くを飛んで威嚇するんだ。本当にすぐ脇を飛ぶんだよ」

鳥はけたたましい鳴き声をあげながら、私たちのすぐ横を飛び去って、二十メートル先の岩の上に下り立った。

「あそこが巣なのかなあ、いや巣っぽくないなあ、まあ、そんなに簡単に見つからないか……」

ぶつぶつと何かつぶやいていた荻田がまた、うわっと声をあげた。

「卵だ！」

荻田の足元を見ると迷彩柄の卵が二つ転がっていた。親鳥が鳴き喚くのも当然だった。荻田は危うくシロハラトウゾクカモメの卵を踏みつぶすところだったのだ。せっかく卵を見つけたのでありがたく頂戴し、その日は妄想通りソーセージと炒めて炒飯を作った。しかし食べられる卵を見つけたのはそれが最後だった。その後は卵を見つけても成長が進んで半ば雛《ひな》になりかかっており、目や嘴《くちばし》といった器官らしきものができていたので、ちょっと食べる気は起きなかった。

分水嶺を越えてセロン川水系に入ってからは風が強くなった。大きな山や谷などのない不毛地帯では、どこにいても風は一定の強さで同じ方向から吹き続け、逃れようがない。

とりわけ六月二十七日はひどい強風が吹き荒れ、しかも悪いことに風向きは南からの向かい風だった。この日は途中で湖と湖とをつなぐ比較的大きな川を横断しなければならなかった。その川に到着すると水面は強風にあおられ、こちらに向かって激しく波立っていた。

「こりゃ、進まないんじゃないか」と私は言った。

私たちのボートは推進力がなく風の影響をもろに受けると前進できないのだ。

「大丈夫でしょ」と荻田が言った。「だめだったら隣の湖に張っている氷に渡って、その上を歩けばいい」

ボートを川に浮かべ私は浅瀬を歩き始めたが、あまりの冷たさにすぐに足がしびれて痛くなった。冬山登山用の分厚いウールの靴下をはいていたが、一分もすると耐えられなくなり、私は後ろから引いていたボートに飛び移り全力でパドルを漕ぎ始めた。ビュービューという強い向かい風にあおられ、あっという間に体は水飛沫ですっかり濡れてしまった。川幅は五十メートルぐらいだろうか。力一杯漕いでいたのでボートは物凄い速さで進んでいるように見えたが、後ろを振り向くと岸から全然離れていなかった。進んでいるように見えたのは、水面がこちらに向かって波立っていることによる目の錯覚だった。パドルを漕ぐのを止めると、私は一気に岸まで押し戻された。

もう一度挑戦したが結果は同じだった。ボートで川を渡るのは無理なようなので、私たちは氷の張った隣の湖に乗り移り、そこから対岸に渡ることにした。

湖まで行ってみると、岸と氷の間の水面が強風のせいで急流のようになっていた。氷に向かって荻田がボートを漕ぎ出した。彼は必死でパドルを漕いで何とか氷までたどり着き、そしてへばりつくように両手で氷にしがみついた。続いて私も氷までボートを漕ぎ、同じように両手で氷の突起に手をかけた。しかし前から吹きつける風の力は予想以上で、何とか氷の上に乗り上がろうとしたがボートごと押し流されてしまった。再び必死に漕いでもう一度氷にしがみつき、何とか風の影響の少ないところを見つけて両手で乗り上がろうとした。ところが今度は肝心の氷が予想以上に薄く、みしみしと今にも壊れそうな音を立てた。

「ダメだ！　薄すぎる！　一度岸に戻ろう！」

私たちは大声を出しあい、いったん岸まで戻ることにした。

激しい音を立てながら風が吹き荒んでいた。一度風がおさまるのを待ちたいところだが、数日前から同じ方向から吹き続けており、待ったところで何日後に止むのか分からない。それに一刻でも早くベイカー湖に着きたかったので、何とかその日のうちにその川を渡り終えてしまいたかった。

「まいったな」。私は途方に暮れた。「一度ボートから荷物を下ろして、氷に渡ってからロープで引っ張るか？　でも氷を移動しても、最後の水面で、また岸まで漕ぎ着けなくなるかもしれないな……」

「この川って下流で向きは変わらないの？」と荻田が言った。

確かに川の向きが変われば、受ける風の方角も変わる。そうすればボートで渡れる可能性も出てくるだろう。地図を見ると川には急流マークがたくさんついており、川の向きが大きく変わるところはなかったものの、その場に留まっていてもしょうがないので、私たちは下流に向かって歩き始めた。五百メートルほど進んだところで川幅が広がり、真ん中近くまで浅瀬が続く場所が現れた。川の向きもやや北向きに変わり、真正面からの向かい風ではなくなり、先ほどよりはだいぶマシなように見えた。

「ここならいけそうだな」と私は言った。「浅瀬をできるだけ歩き、流芯に着いたら一気に漕いで渡ろう」

私たちは再びボートに空気を入れた。風が弱まる気配はなく、川面は激しく波立っていた。先に準備を終えた荻田が川に漕ぎ出した。しかし底が浅すぎるようで、すぐにボートから降りて、川の中をじゃぶじゃぶと歩き始めた。私もウールの靴下をはいて浅瀬を歩き始めた。靴下をはいていても水は切れそうなほどに冷たく、川底の石を踏むたびに針山を歩いているように足の裏が痛んだ。自然と息が荒くなり、顔がゆがんだ。

途中で冷たさに耐えられなくなり、私は一度大きな石の上に乗っかった。前を見ると、荻田は流れの最も強い流芯部にたどり着いていた。そこから先は深くて流れも速いので、歩いて渡渉することはできない。彼は器用にボートに飛び乗ると、これまでに見たこともないほどの速さで両腕を回転させ、パドルを漕ぎ始めた。私も再び水の中に足を踏み入れ、痛い石の上を我慢しながら前進した。足は腿まで水中に沈み、冷たいというより芯まで鈍く痛んだ。風が左の方から強く吹き、川面が激しく波立っていた。ついに足の冷たさが限界に達し、私は後ろに引いていたボートに強引に飛び乗った。ボートが一瞬、グワンと大きく揺れて下流に傾いた。転覆すると思ったが、アドレナリンが出ているせいか怖さは感じなかった。かろうじて体勢を立て直すと、私は全力でパドルを漕ぎ始めた。対岸までは残り二十メートルほどだが、強風が私を一気に下流に押し流した。下流部には瀬があり、呑みこまれたら大ごとだ。必死でパドルを漕ぎ、何とか急流の手前で浅瀬に降り立つことができた。

強い向かい風はその後も吹き続け、不安定な天気が続いた。翌日は日中の気温が十七度まで上昇したが、夕方になると真っ黒い雲が上空を覆い、雷が鳴り響き夕立のような激しい雨が降り始めた。しばらくすると豪雨は止んだが、頭上の黒い雲はしばらく去らず夜に再び冷たい雨が降った。足元には一番歩きにくい湿地が続き、肉体的な疲労はピークに達しつつあった。

しかし本当につらかったのは肉体的な疲労よりも、むしろ精神的な疲労だった。私たちは不毛地帯を歩くことに心底うんざりしており、とにかく早くセロン川にたどり着きたかった。テントの中での話題もなくなり、いつの間にか二人の間からはあまり会話は聞かれなくなった。

次の日も寒い一日となり、日中の気温は五度までしか上がらなかった。田んぼのようなぬかるんだ湿地が続き、複雑に入り組んだ湖の間の陸地を縫うように南下すると、シュルツ湖の北側に伸びる大きな湖に出た。

「こんなところで歩いているとは思わなかったな」と荻田が言った。「予定ではどこかの湖でも下っているはずだったんだが……」

「俺もこの辺ではボートで下っているものだとばかり思っていたよ」

シュルツ湖の様子が見えたのは七月二日のことだった。湖面は青く光りところどころで水面が顔をのぞかせていたが、大部分はまだ氷に覆われているようだった。シュルツ湖からはベイカー湖に向けてセロン川が流れだしている。私たちは川の流出口あたりを目指し、大小様々な湖に囲まれた湿地帯を歩き続けた。

しばらくすると次第にセロン川の様子が見えてきた。しかし川は雪解けですっかり増水していた。増えた水が、土手に刻まれた一番増水した時の水線ぎりぎりまで迫っていた。川岸に立った瞬間、この川をボートで下ることは不可能だとすぐに悟った。南からの向かい風で流芯には白い凶暴な三角波ができており、風にあおられ流れはうねるように逆流していた。ちょうど大きな氷盤が筏《いかだ》のように三角波の真ん中を流れていった。氷盤は三角波に突入するたび、ざぶんざぶんと派手な音を立て、砕氷船のように飛沫をとばしていた。不安定なゴムボートで同じところを下れば、横波を食らって転覆することは確実だった。

目的地であるベイカー湖までは、もう残りわずか約七十キロに過ぎなかった。目の前にあるシュルツ湖のすぐ向こうには、かつてアキリナックと呼ばれた伝統的な交易地があるはずだった。私たちの旅はもう限りなく終わりに近づいているのに、それでもセロン川の光景を見た時、私にはベイカー湖が現実よりもかなり遠ざかったように思えた。

期待していた休日を楽しむカヤッカーの姿などはどこにも見当たらなかった。焚き火ができそうな流木もなかった。重たい雲ばかりが広がり、大きな氷が有無をいわせぬ力で川を流されていく。荒涼とした冷たい風景に終わりは見えず、私は少しげんなりした気分になった。

終章

キナッパトゥの国

レゾリュート湾を出発してから、すでに三カ月以上が経過していた。大地から雪が消え、地面には苔や柳が若々しく萌《も》えていた。不毛地帯と呼ばれるツンドラの荒野にも、どうやら新緑の季節というのがあるらしい。地面には高山植物のような花が至る所で咲き、柳の灌木の中に足を踏み入れるたびに、緑色の花粉が煙幕のように飛び散った。

かわいそうなことに、花粉症持ちの荻田はこの柳の花粉にも反応するらしく、せっかくの長い旅の最後の行進を、彼は目に涙を浮かべ、鼻水をすすりながら歩く羽目となった。不用意にも私が足を花粉まみれにしたままテントの中に入ると、荻田はくしゃみを繰り返し、半分涙目で猛抗議した。「頼むからテントに入る時は、その緑の粉を落としてからにしてくれないか」

丘を越えるとセロン川に流れこむ支流の様子が見えてきた。七月に入ったというのに川にはまだ分厚い氷が張っていた。氷の張った部分は越えられないので、私たちは下流に向かい、氷が開いているところを見つけてボートで渡ることにした。支流は雪解けで深く黒々とした深淵《しんえん》をたたえていた。細かな波が立つたびにボートは不安定に揺れて、転覆しそうな怖さを感じた。

セロン川沿いを歩いていると、まもなく川には巨大な激流部が現れた。増水した川幅いっぱいに瀬が広がり、至る所に強大な三角波がうねって豪快にはじけ飛んでいた。その激流には、激流というよりも滝といったほうが近い迫力が備わっていた。地図を見ると、激流の先ではいくつもの支流が急流となってセロン川に流れこんでいるようだった。このまま川沿いを進めば、これらの支流を越えるのに苦労させられることになりそうだった。

「いっそのことセロン川を離れてしまったほうがいいかもな」と私は言った。「このまま川沿いを行くとハマる可能性が高い。支流が多いし、その先にある丘陵地帯も岩壁が川にせり出していて越えられないかもしれない。それなら川から離れてしまって、ツンドラを歩いて突っ切ったほうがいいんじゃないかな」

「確かにこの川でボートを漕ぐのも無理そうだしな……」

ずっと期待していたセロン川での楽しい川下りを断念し、私たちは一度川を離れて、再びスポンジのように土に水を含んだツンドラの大地の中を進むことにした。小雨がぱらつき、足で地面を踏みしめるたびに湿地から黴臭《かびくさ》い水が溢れ出た。しばらく湿地を歩き続けると細長い湖が現れたので、ボートを出して対岸に渡った。その日はそこで幕営することにし、ボートをロープで岸の岩に結び、流されないようにしてしばらく釣りをした。エイマー湖で釣ったのと比べるとミニチュアみたいなものだったが、それでも五十センチから七十センチのレイクトラウトが四尾釣れた。おかげで食事は久しぶりに豪勢なものになった。

翌日から上空にはからっとした夏の青空が広がり、日中の気温は二十度近くに達した。レゾリュート湾を出発以来、私たちは六十度もの気温差の中を旅してきたことになる。前日の晩からはついに恐れていた蚊が出現し始めた。イヌイットたちが夏のツンドラで一番恐れていたのが、実は蚊だった。ジョアヘブンのスーパーには虫除けスプレーや防虫ネットといった商品が一番目立つ棚に並んでいたし、誰に話を聞いてもツンドラの蚊の多さには閉口すると嘆いていた。出発前の耐寒訓練でイカルイットに滞在していた時には、ある女性の新聞記者から不毛地帯に棲息するという〝ジャイアントモスキート〟なる存在について教えられたこともあった。

「ベイカー湖の近くで写真を撮ったらヘリコプターが写っていたの。何かなと思ったら、ヘリじゃなくて蚊だったわ」

その時は彼女の話を笑ってやり過ごしたが、実際に来てみるとそんな話をしたくなる気持ちも分からないではなかった。私たちは日々増えつつある蚊から逃れるように旅を急いだ。

青く晴れた空のかなり低いところを双発機が飛び去っていくのが見えた。

「だいぶ低いな。ベイカー湖に着陸するんだろう」と荻田が言った。

「ああいうのを見ると、ゴールが近いって感じるな」

　私たちは無心でツンドラの絨毯をただベイカー湖に向かって歩き続けた。何カ所かで川が現れたが、困惑させられるほどの川幅はなく、ボートを出すまでもなく歩いて渡ることができた。橇とスキーを放棄してからは、荷物が重く、ボートを出すことも多かったため、一日に十キロから十五キロしか歩けなかったが、この日は大きな障害も現れず一気に二十キロも距離を稼ぐことができた。

　はるか彼方にちらちらとアンテナのような妙な人工物が現れた。遠くには自動車が走るための砂利道らしきものも見え始めた。ベイカー湖の北側には金鉱があり、道路はその金鉱に向かうためのものであるらしかった。それから間もなく、ハーフウェイヒルズという大きな丘陵地帯の登りにさしかかった。少し前からアンテナのように見えていたのは、その丘の上に立つ鉄塔だった。丘の手前の湖には小屋とケルンが立っていた。ベイカー湖の村が近くなり、無人の荒野にも急速に人間の暮らす気配が漂い始めてきた。

　翌日、私たちは何時間もかけてハーフウェイヒルズの丘を越えた。数キロ先の丘の上には前日から見えていた鉄塔が立ち、その脇には金鉱に向かう道路が延びていた。はるか遠くの荒野に延びる道を時折、大型トラックが土煙を巻き上げながら走っているのが見えた。その道路に向かったほうがゴールが早く訪れることは確実だったが、私たちはそのまま地図で決めたとおりの方角に従い、ツンドラの大地を歩き続けることにした。あまりにも長い間、人のにおいのしない自然の中を歩いてきたので、道路に出てヒッチハイクというかたちで今回の旅を終わらせたくなかったのだ。

太陽が大地を照りつけた。体の周りには多くの蚊が群がり、腕や脛などの肌を露出させている部分は、すでに赤く腫れ上がっていた。再びベイカー湖に向けて着陸態勢に入った飛行機が見えた。ひどく歩きにくい湿地を越え、再び湖が点在する低地の小高い丘にテントを張った。ものすごい数の蚊がテントの外側にはりついており、とても出る気はしなかった。

ついにベイカー湖まであと十五キロとなった。村は間近だった。確実に明日には到着するだろう。季節は完全に夏になった。太陽の光でテントの中に熱がこもり、私は暑くて寝つけなかった。

最後に、フランクリン隊の最後の生き残りにまつわるエピソードを一つ紹介することで、私はこの物語を締めくくることにしたい。

一八八〇年八月下旬、アークティック号という捕鯨船を一人のイヌイットが訪れた。そのイヌイットは捕鯨船のアダムズ船長に、明らかにフランクリン隊について言及したと思われる奇妙な思い出について語り始めた。たまたま船長はフランクリン隊のことについて色々詳しく知っており、この航海の途中でも彼らの墓が見つかったビーチェイ島に立ち寄り、新たな発見がないか島内を探索したりしていた。だからイヌイットの話にただならぬ内容が秘められていることに、船長はすぐに気づいたようだった。

この時のアダムズ船長の報告は翌年の「タイムズ」紙に掲載されている。

そのイヌイットがまだ若かった頃、彼の父親の小屋に、陸上を旅してリパルス湾に向かう三人の男が訪ねて来たことがあったという。そのうちの一人は死亡したが、その死んだ男は偉大な船長だったそうだ。残された二人は狂おしいほどの悲嘆に暮れ、大きな声で泣き叫び、この人は「マガッカ」、すなわち偉大な船長だったのだと語った。この二人はそれから少しの間、彼の父親の小屋で暮らしていた。そのイヌイットは彼らが埋葬された場所をアダムズ船長に海図で示してみせた。そのイヌイットはさらに話を続けた。ここから西のはるか彼方で二隻の船が失われた。船を出発した時、男たちは十七人だったが、父の小屋にたどり着くまでの旅で三人しか生き残ることができなかったのだと。

（「タイムズ」一八八一年十月十八日付）

話を聞いたアダムズ船長は、イヌイットが語る三人の男とは、まさしくフランクリン隊の生き残りであり、偉大な船長とはフランシス・クロージャーだったにちがいないと考えた。彼らはどうやら本当にハドソン湾会社の交易所を目指していたようだ。イヌイットの年齢からして、この三人が小屋に現れたのは三十五年ぐらい前のことだろう。船長はイヌイットを故国に連れ帰り、詳しい話を聞き出そうと考えたが、この時は結局いろいろと状況が許さず、計画は実行に移されないまま終わったという。

この話はチャールズ・フランシス・ホールが聞いたアグルーカの逸話と驚くほど似通っている。小屋に現れたのが三人だったこと、仲間を率いていたのが「偉大な船長」――クロージャーのこと――だったこと、海上の氷の上ではなく陸上を旅していたことなどだ。船を出発した時の人数が十七人だった点や、目的地がキナッパトゥではなくリパルス湾だったところなどは、ホールが聞いた内容といくぶん異なっているが、しかし全体的な感じからは私もアダムズ船長と同じ印象をこの話から受ける。この三人組はやはり、フランクリン隊の最後の三人だったのではないだろうか。

フランクリン隊の誰一人として故国に戻らなかった以上、最後の生き残りもまた極北のどこかで死亡したことは疑いようのない事実だ。このイヌイットはアダムズ船長に三人の埋葬地を海図で示したというが、その位置が新聞紙上で伝わっていないのは極めて残念なことだ。記事の中で三人の行方について何らかの類推が可能なのは、彼らが〈陸上を旅して〉いたという部分だけである。ここを読むかぎり、この三人はグレートフィッシュ川の河口に到達した後、不毛地帯のどこかを彷徨い、その途中で死亡したような印象を私は受ける。

この三人がどこにたどり着いていたのかは永久に謎のままだ。正直な話、私は旅に出発するまで、この記事に載っているような最後の生き残りの埋葬地が旅の途中で見つかるのではないかという期待を、まったく持っていなかったというわけではなかった。もしアグルーカと呼ばれた男の話が事実なら、私たちは彼らがたどったのと同じような道筋で南下するはずだから、ひょっとしたら彼らの残したケルンなり、うまくすると彼ら自身の墓が見つかる可能性もゼロではないだろう。夏の不毛地帯を歩いて南下した人間などほぼ皆無だし、ひょっとしたら私たちは「アグルーカ以来」だったのかもしれないのだ。

それに期待を抱かせるものがまったくなかったわけでもなかった。モントリオール島の約十五キロ南にある比較的大きな島の海岸で、私は奇妙な感じで屹立《きつりつ》する三つの岩を見つけたことがあった。その岩は私たちの進行方向から四百メートルほど右にずれていたが、万が一フランクリン隊の墓だったら困るので、私はいったんルートから外れ、吸い寄せられるようにその岩に近づいた。岩はいずれも高さ五十センチほどで、底に倒れないように楔《くさび》の石がはめこまれ、それぞれ八メートルほど離れて立っていた。明らかに誰かが立てたものだった。ただし、イヌイットが何かの目印のために立てたと考えるのが普通なのだろう。しかしそれにしては岩の立て方が気になった。目印なら一個でいいのに、岩は三つも、しかもきれいな二等辺三角形を形作るように配置されていた。祭祀的な意味がありそうな雰囲気がなくもなかったのだ。

私は「フランシス・ロウドン・モイラ・クロージャーの墓」とでも書かれた墓石がないか探すためあたりをうろついた。周囲はまだ雪で覆われており、二十メートルほど先で砂利や岩が転がる地面が露出していた。だが、結局あやしげなものは何ひとつ見つからなかった。岩は微妙なバランスで立っていたので、そんなものが百六十年以上も残るわけがなかったし、それにそのあたりはジョアヘブンからグレートフィッシュ川に釣りに向かうイヌイットの通り道にあたるから、彼らが立てたものであるのはほぼ間違いなかった。だが石を積み上げた通常のケルンとは違う、あのような異なる形状のモニュメントを、誰が何の目的で立てたのだろうか。その引っかかりを私は今も完全に記憶の中から取り除くことができないでいる。

結論的なことをいうと、長い間、不毛地帯を歩いた経験から考え、フランクリン隊の生き残りがグレートフィッシュ川に到達し、さらに南の地域に踏みこんでいた可能性がゼロであったとは私には思えない。むしろ十分にあり得ることだったように思える。

地図がなかったことと、それに燃料が地面に生えているヘザーという草しかなかったことは彼らの旅の大きな障害になっただろう。地図がなければ先の地形が分からず、何度も川や湖に行き当たって右往左往することになるからだ。だが不毛地帯は山脈や峡谷のように前進が不可能になるほど困難な地形というわけではないし、湿地帯も事前に恐れていたほどのひどいぬかるみが続くわけではなく、水はけのいい場所さえ選べば決して突破できない環境ではなかった。彼らも次々と現れる川や湖に手を焼いたかもしれないが、それは私たちと同じように、いざとなったら彼らが持っていたというハルケットボートで対処できたはずだ。

もし旅をしたのが春から夏にかけてのことだったならば、食糧の確保が比較的容易になるぶん、生存の可能性はさらに高まるはずだ。彼らには十分な弾薬があったというので、渡りの季節とうまくかち合えば、湖で群れる鴨や雁の肉を十分に手に入れることができただろう。抱卵の時期をつかめば、たくさんの卵が巣で見つかっただろうし、湖や川では容易に魚を釣ることができたはずだ。実際にフランクリン隊の隊員がキングウィリアム島で多くの鳥を撃ち落とし魚を釣っているのを、何人ものイヌイットが目撃していた。また不毛地帯にはキングウイリアム島よりも多くのカリブーや麝香牛が棲息しており、肉の確保もそれほど難しいことだったとは思えない。足元に目を向ければ小さなベリー類も実をつける。

不毛地帯を生き抜くことが決して非現実的ではないことは、あのジョン・レーも認めていた。

クロージャーはカリブーやその他の獲物を狩る有能なハンターになったという。とりわけカリブーはよく仕留めていたそうだ。それが本当なら、ひと夏の間にハドソン湾会社の交易所まで狩りをしながら道を切り拓くのは、さして難しいことではなかったに違いない。とりわけ彼らがハルケットボートを持っていたのなら、それはなおさらだ。

（「ニューヨーク・ヘラルド」一八八〇年七月四日付）

もちろん最後の生き残りがどこまで到達していたのかという謎が解明されるためには、

墓なり記録文書なりが見つかる必要がある。しかしその可能性は恐ろしく低い。不毛地帯はあまりにも広大で、雪のない時期に訪れる人間の数は、サハラ砂漠よりもむしろ月のそれに近いといえるだろう。さきほど紹介したような意図のよく分からない目印やケルンは、実は他にも遠くから何カ所かで見かけたが、しかし途中から私はそういうものを見かけてもわざわざ近づくことはしなかった。いちいち確認のためにルートを外れていたら、時間がいくらあっても足りなかったからだ。万が一、本当にアグルーカの墓が今、荒野のどこかにポツンと立っているとしても、それが見つかる可能性は限りなくゼロに近いし、仮に誰かが遠くから眺めたとしても、わざわざ近寄って確かめるような奇跡が起きるとは考えにくい。

こんなことをいってしまえば身も蓋もないのだが、アグルーカが本当に不毛地帯を縦断していたのか、それがクロージャーだったのか、あるいはジョン・レーだったのか、実はそのことは私にとっては旅に出る前からさほど重要な問題ではなかった。なぜなら私にとって重要なことは、その話が存在しているということ、それ自体にあったからだ。たとえアグルーカが誰であろうと、その物語がイヌイットの間で語られたのは、それがフランクリン隊の話だったからである。私に不毛地帯に行きたいと思わせたのも、それがフランクリン隊の話だったからだ。この話はフランクリン隊と絡めて語られることで初めて存在価値だとか物語性が生じ、人々の関心を誘ったのだ。それが物語として成立した時点で、正体が誰であろうとアグルーカはフランクリン隊の残影に他ならなかった。

だからその軌跡を追うことが、フランクリン隊の足跡をたどる旅の締めくくりになると思ったのだ。

彼らはなぜ探検を続けたのだろう。私が本当に知りたいのはそのことだ。なぜ北西航路を探さなければならなかったか。グレートフィッシュ川を目指さなければならない理由は何だったのか。何を考え、仲間の死肉を食ってまで生き延びようとしたのか。そして彼らは何のために生きていたのだろうか。

探検家が探検をすることには多くの人が様々な理由をつけてきた。それは社会的な名誉だったり、軍人社会での出世だったり、他国との領土拡張競争の結果だったり、商業的な側面からの要請だったりした。もちろんすべて部分的には正しかっただろう。しかしそれらは私にいわせると部分的にしか正しくない。そんなことは人間が探検をする本当の理由にはならない。探検をしない人たちが考え出した分かりやすい理屈に過ぎないのだ。悩みや葛藤や逡巡《しゅんじゅん》という要素を取り除いた、やらない人が納得するためだけの、きれいに体裁を整えた説明なのだ。

ジョン・フランクリンはすでに英雄だった。もう探検をする必要はなかった。通商的な意義のなくなった北西航路の発見などに命を懸ける合理的な理由は一切なかった。たぶん、みんなが彼を止めたはずだ。やめたほうがいい。あんたはもう十分やったし、それにそんなに太っているじゃないかと。しかし彼は駄々をこねた子供みたいに行くと言った。何があっても行く、北西航路を見つける。それをやらなければ生きている意味などないと。

少なくとも彼は、家庭人としてはいざ知らず、探検家としては決して有能な人物ではなかったようだ。フランクリンの最初の探検――靴を食って飢えをしのいだ時の例の探検――で何が起きていたのかを知れば、海軍がなぜその後も引き続き探検隊の隊長を彼に任せたのか、理解に苦しむところがある。

彼の最初の探検は一八一九年から二二年の三年間に行われた。延々と不毛地帯を縦断し、コパーマイン川という川から海に出て北米大陸の沿岸を探検するのが目的だった。現地でライバル関係にある毛皮交易会社同士の争いに直面し、予定していた協力が得られなかったという不運が重なったという事情もあったが、フランクリンは食糧の補給態勢を万全にしておくことに失敗した。ところが、食糧が不十分なことが明らかになっていたにもかかわらず、彼は途中で探検から撤退することを拒絶した。コパーマイン川を下った彼らは、カヌーで北米大陸の未知の海岸線を千三十キロにわたり踏査した。そして食糧がほぼ尽きかけたところでフランクリンはついに撤退を決断する。本当の困難は基地への帰路の途中で起こった。基地を出発してから三カ月近く経った時、彼らの食糧はついに完全になくなったが、驚くべきことに彼らはまだ荒野のど真ん中にいたのだ。カリブーなどの獲物もほとんど見当たらなかったため、彼らは地面に生えた地衣類や狼が食べ残した腐肉をあさり、靴を噛《か》んで飢えをしのいだ。衰弱しきった隊員が途中でカヌーを捨ててしまったため、柳の枝と布で作った冗談みたいなボートで氷のような川を渡らなければならなかった。極めつきは基地まであと数日というところで起きた恐ろしい事件だった。隊員として雇われていた先住民の一人が、飢えのためからか、一緒にいた三人の仲間を密かに殺害し、その人肉を食べていたのだ。その男は人肉を狼の肉と偽り、他の隊員にも食べさせていた。男がさらに英国人隊員を殺害したことで事件は発覚し、男は処刑された。最終的に先住民のチームに救出された時点で、隊員は現地で雇った者を中心に十一人が死亡していた。すでに出発から五カ月近くが経っていた。

要はフランクリンの最初の探検は大失敗だったのだ。しかし彼はこの過酷な探検を生き延びたことで英国では英雄となり、ロンドンのウォータールー・プレイスに銅像が立つほどの人物に祭り上げられた。

分かりにくいのは彼が、他人には悪夢にしか聞こえないこのような体験にも懲りず、その後ものこのこと北極探検に繰り出したことだろう。おそらく彼は最初の探検で荒野に魅せられてしまったのだろう。不毛地帯のただ中で生死の境を彷徨ったにもかかわらず、ではなくて、生死の境を彷徨ったからこそ彼はまた探検に出かけたのだ。ふらつき、腐肉を漁り、靴を食い、贅肉《ぜいにく》が削げ落ちたことで、圧倒的な現在という瞬間の連続の中に生きるという稀な体験をすることになった。傷つき、疲弊したことで、手触り感のない時間と空間に漂うしかなかった彼の肉体に、初めて生きるものとしての強固な実体が与えられることになった。彼の口癖には荒野に魅せられた冒険家に特有の、その理由をうまく説明することのできない、開き直りともとれるもどかしさがうかがえる。

「北米大陸の海岸線の探検を成功させること、そして北西航路を発見することほど、私の心を躍らせるものはない」

「探検にはそれ自体に価値がある」

フランクリンを始めとした当時の英国の探検家が非難されるのは、彼らが過剰に着飾ったヴィクトリア朝の生活や文化に固執し、それを北極の生活の中にまで持ちこもうとしたところにあった。当時の探検家の多くは、自然と共存して暮らすイヌイットから旅や生活の技術を学ぼうという謙虚な姿勢に欠けており、それどころかイヌイットをどこか見下し、イヌイットが暮らしているのだから、われわれ英国人が生きられないわけがないという鼻持ちならない人種差別意識をどこかに持っていた。そもそもフランクリンが英雄になったのは、彼が靴を食うほどの飢えに打ち勝つことで、英国人が好む、どんな苦境にも打ち勝つという美徳を体現したことだけがその理由ではなかった。彼の最初の探検で死んだのは、地元で雇った先住民の隊員がほとんどであり、核となる英国人の隊員は、殺害された一人を除きいずれも生き残ったからでもあった。そのことが、本当は決してそうではなかったのに、英国人の強さを証明したと受け取られたため、フランクリンはその象徴として英雄になったのだ。そうした誤った認識の結果、彼らは最後まで自然に対する畏怖や敬意に欠け、自然を征服の対象と見なす意識から抜け出せなかった。そしてイヌイットのように動物の毛皮でその地に適した衣服を作ることもせず、動きにくくて寒い軍服に固執し、探検には邪魔でしかない銀の食器や皿や聖書を持ち運び、そして結局はフランクリン本人を始めとした百二十九人が全員死亡するという取り返しのつかない過ちを犯した。

しかしたとえそうだったにしても、私には、それは単純に時代の制約を受けるという文明人としての宿命的な足枷《あしかせ》があったからではなかったか、という気がどうしてもしてしまう。

フランクリンのような荒野への強迫観念に縛られた人物が、この時代の最先端の探検隊を率いたのは、もしかしたら不幸なことだったのかもしれない。現代であれば彼は個人的に不毛地帯を旅することができただろう。しかし探検や冒険で目を向けなければならない部分は、そうしたプロジェクトの進め方の巧拙よりも、それに取り組んだ人間の態度や心の中にある。たとえ銀の食器やスプーンを持ち運ぶような拙いやり方だったとしても、気取ったヴィクトリア朝のやり方に固執していたとしても、過酷な荒野の中にロンドンでの日々の暮らしの中では発見できない本当のことを見つけたから、フランクリンは北極に行かざるを得なかった。

私は同じ気持ちだったのではないかと思うのだ。フランクリンもクロージャーも、そしてロスもレーもホールも。

彼らは北極の自然に囚《とら》われていた。人が命を懸けて何かをすることを説明するのに必要なものは、もしかしたら囚われてしまったという、心の片隅に突き刺さった小骨のような心情のひだを持ち出すだけで十分なのかもしれない。囚われるというのは恐ろしいことなのだ。北極の氷と荒野には人を魅せるものがある。一度魅せられると人はそこからなかなか逃れられない。それまでふらふらと漂流していた自己の生は、北極の荒野を旅することで、初めてバシッと鋲《びょう》でも打たれたみたいに、この世における居場所を与えられる。それは他では得ることのできない稀な体験だ。だから彼らは何度も行って、顔に凍傷を作り、飢餓に苦しみ、壊血病にかかり、ひもじい思いをして帰って来た。そしてまた行く。誰かに言われたからではなく、自分で行きたくて行くのだ。

探検とはそういうものなのだろうが、たぶんフランクリン隊はちょっと先まで行こうとし過ぎたのだ。まだ時代はそこまで許していなかったのに、彼らはそれより先に行こうとした。それで結局失敗した。しかし彼らは死ぬために行ったのではなかった。だから生きて帰ってこようとした。アグルーカの物語は、その最後に生きて帰ってこようとした人間の象徴的な後ろ姿であるように、私には思えた。

アグルーカは最後に不毛地帯のどこかに消えた。私が見たかったのは彼らが消えたその風景だった。今でも思うことがある。私はそれを見ることができたのだろうかと。

テントを出発したのは七月六日午前五時五十分だった。足元の湿地はこれまでよりもさらに水浸しになり、体にまとわりつく蚊の数もいっそう増えた。どうやら一刻も早く村に到着する必要があるようだった。

行く手には地図に表記されていない小さな湖が次々と左右に現れた。それらの湖を避けるルートを探すため、私は小さな丘の上に登って周りの様子を見渡した。その時だった。湿地の消えた土の地面に、黄色くて太い線が南に向かって延びているのが見えたのだ。

それは明らかに道だった。ベイカー湖の集落に住む人たちが乗る、四輪バギーの轍《わだち》があった。

人跡の稀な場所から人里に向かって旅をする時、そこが風の吹《ふ》き荒《すさ》ぶ荒野であろうと、緑の濃い不快な密林であろうと、どんな場所であれ最初に現れるのは必ず道である。人が住んでいる限り、道は例外なくその近くにできあがる。そこに住む人間の意識の集合が複雑に振る舞った結果、勝手気儘《かってきまま》にできていくもの。道とはそういうものだ。どんな場合でも、いつの間にか道はひょっこり顔を出し、静かに私たちを村へと導いてくれる。だから私はいつも道を見た時に、自然の中から人間の住む場所に戻ってきたことを知り、旅はついに終わったのだという感慨をいだく。

バギーの轍を私たちはゆっくりと忠実にたどった。轍は時折、湿った泥の中に呑みこまれそうになったが、それでも決して途切れることなく着実に集落のほうに向かって続いていた。そして次第に道幅は太くなり、しっかりとしたものに変わっていった。考えてみると北極圏に来て以来、雪のない道を歩いたのはこれが初めてのことだった。途中で最後の大きな湖が現れたが、しかしバギーの道はそんなことなどおかまいなしに、湖の最も狭まっている所をあたかも平然といった感じで横断して、そのままベイカー湖に向かって延びていった。

その日はまったく暑い日だった。昼が近づいて陽ざしが段々と強まると、額からは丸い汗が絶えることなく噴きこぼれた。辺りにはどこまでも湿地が広がり、再び目の前にさっきのとは別の湖が現れた。そしてその湖の向こう側に、周りの丘よりも一段高い、ひときわ立派な丘が現れた。道はその丘のてっぺんに向かって、ジグザグに折れ曲がりながら続いていた。

今まで数えきれないほどの丘を越えてきたが、これが最後の丘になるはずだった。

丘の登りに取りかかる時、私はふと上を見上げた。すると丘の上に何かが立っている ことに気がついた。しかし強い逆光の影となっていたため、それがはたして何なのか私にはよく分からなかった。最初は馬かと思った。なんとなく影のシルエットが馬のかたちのように見えたからだ。そしてなぜこんなところに馬がいるのだろうと思った。しかしそれは馬ではなかった。バギーに手を添えた人間の影だったのだ。

丘の上に登ると、優しい顔をした老夫婦が、赤いバギーの隣に並ぶようにして立っていた。まるで長い間待っていたんだよとでも言い出しそうな顔で、二人はじっと黙って私たちのことを見つめていた。

「こんにちは」。私たちは握手を交わした。

「ジョアヘブンから歩いて来たんです」と私は言った。

「魚は釣れたかい」。細い目をした妻が言った。

「ええ、釣れましたよ。大きいのがね」

「私たちも釣りに行くんだよ。この先に小屋があるから、そこに泊まって魚を釣るんだ」と今度は眼鏡をかけた夫が言った。

私は南のほうに視線を向けた。なだらかな大地の向こうに、白く凍った大きな湖がぎらぎらと太陽に照らされていた。

「あれがベイカー湖ですか」

そう訊ねると、老夫婦は小さく頷いた。夫が湖のほうを指差した。

「あの向こうに建物がたくさんあるんだよ」

湖は緑の地表の中に埋もれるようにして輝いていた。浴びせかけるような白い光が大地に抱かれた氷に反射していた。レゾリュート湾を出発してから、私たちは百三日間にわたり、約千六百キロの凍てつく海と不毛な荒野を歩き続けてきた。その旅の最後の風景がそこにあった。

そして丘の上からその風景を見た時、私はもしかしたら……という、やや感傷的な思いに囚われた。

そこにはこの旅で見てきた様々なシーンが凝縮されていた。凍える寒さの中、暗闇から北極熊が現れた震える夜。海から沸き立つように堆《うずたか》く積みあがった絶望的な乱氷帯。テントに来た子供の北極熊を食ってしまいたいと思わせるほどの空腹感。そして血に赤く染まった麝香牛の死体……。

約百六十年前の同じ季節、船から脱出したフランクリン隊の生き残りは、キングウィリアム島の海岸で仲間の死肉を食らって生きのびようとしていた。そして彼らがカニバリズムに走ったのと同じ場所で、私たちは一頭の麝香牛の母親を殺害し、その肉を食った。自分たちが肉を食べるためだけに、群れから取り残された仔牛まで撃ち殺した。

私たちはあの時、残酷だったのだろうか。間違いなく残酷だったと思う。あの時の私たちの行動とフランクリン隊のそれとの間には、ひょっとすると紙一枚程度の差しかなかったのかもしれない。私は彼らとさほど変わらない地平に立ち、ものを見て、感じ取っていたのではないか。もし私が今度の旅で何か分かったことが一つだけあったとすれば、それはあの時に感じた、ある種の生きることに対する罪悪感であった。自分はあの時たしかに残酷であり、私は自分が残酷であることを知った。他の誰も知らないことを私たちは知ったのだ。

ベイカー湖が白く輝いていた。あれから長く不安な不毛地帯の荒野を抜け、漠然とした未来に怯《おび》えながらグレートフィッシュ川を渡河し、今、私たちは安堵《あんど》のため息とともに再び人間と出会った。

湖のすぐ横からゆらゆらと黒い煙が立ち上っていた。もう少しでたどり着くであろう温かい集落の姿を、私は手に取るように想像することができた。

今の現実の姿と失われてしまった過去の本当の姿とが私の中で奇妙にシンクロした。約百六十年前の昔、この湖の横にはカリブーの毛皮を張り合わせた白いテントがたくさん並んでいたことだろう。キナッパトゥと呼ばれた人たちが慌ただしくその周りを動き回っていた。男たちは大きな獲物を皆に分け与え、女たちは動物の神経で毛皮を縫い合わせていた。そして凍らせた魚とカリブーの骨で作った伝統的な橇が並び、無数の犬が吠《ほ》え、近くの湖で獲れたたくさんのレイクトラウトが吊るされ、陽を浴びていただろう。

大地の彼方に湖を眺めながら、私は思った。

もしかしたら彼らは見たのではないだろうか。

船を捨て、仲間の死肉を食って、それでもなお生きのびようとした男たちが見たのは、この風景だったのではないだろうか。アグルーカと呼ばれた男とその仲間はこの丘の上に立ち、キナッパトゥたちが住む白く輝く湖を見ていたのではないだろうかと。

あとがき

大きな旅にはタイミングが必要になってくる。

タイミングには色々ある。まず、技術や体力や経験や知識といった本人の能力がその旅を遂行するのに十分かどうかということがあるだろうし、結婚していれば家庭内の事情がそれを許すかという問題もあるだろう。勤め人なら職場の理解も必要だし、パーティーを組むなら志を同じくする仲間が見つかるかどうかということも重要になってくる。そして何より「今」という時宜を逃すと、自分自身の興味が移ってしまうかもしれない。今やりたい旅は、その今を逃すと二度と実現できなくなる可能性が高いのだ。そういう様々な条件がうまいタイミングで一致して、初めて大きな旅は実現する。今振り返ると、本書で描いた北極圏の旅は、まさにそのタイミングがうまく合わさった幸運な旅だった。

旅に出るまでの経緯は本編でも触れているので繰り返すことはしないが、若干補足すると、北極圏に向かうようになった背景には、その前のチベットのツアンポー峡谷の単独行の経験がとても大きな伏線となっている。実はツアンポーに行くまで、私は次の旅としてニューギニア島の探検を予定していた。ニューギニア島の広大なジャングルの湿地帯をカヌーで遡り、未知の岩壁を発見して、「おお！　見えた！　あれが目指す○×山南壁だっ！」と大騒ぎしてその岩を登るという、そういう少年マンガに出てきそうな分かりやすい探検をするつもりだった。ツアンポーの旅が巡礼めいた苦しい旅になることは行く前から分かっていたので、次は仲間とわいわい楽しむ探検がしたかったのだ。しかし、ツアンポーの旅が死を意識せざるを得ないほどの苦しいものとなったせいで、逆に帰国後の私は少年マンガではなく、自分の存在を旅の中にまさぐるような、生や死と対峙する実存的な旅を志向するようになった。

その頃、私は一冊の本と出会った。本編の中では文章の行きがかり上、チェリー＝ガラードの『世界最悪の旅』についてしか触れなかったが、実はその前にコーマック・マッカーシーの『ザ・ロード』という小説を読んでおり、この本の影響が非常に大きかった。『ザ・ロード』は、核戦争か隕石の衝突か原因はよく分からないが、とにかく現代文明が崩壊し廃墟となった近未来のアメリカが舞台で、人間の命をつけ狙う野盗の集団が徘徊するような荒廃した世界を、父と幼い息子が生きる希望を求めてひたすら南を目指すという物語である。興味のある方はぜひ手に取ってもらいたいが、とにかく凄まじい傑作だ。この小説を読んだ時、私は、次はこういう旅をしてみたいと思った。今、自分がやりたいのはニューギニアではなく、『ザ・ロード』のような、生きることや死ぬことを直接素手で取り扱うような、そういう旅なのではないかとつきつけられたのである。そして『ザ・ロード』の世界のような、何もないところにこそすべてが存在するという、そういう旅の舞台がどこかにないかと考えを巡らせた時、ふと思い浮かんだのが『世界最悪の旅』の中に描かれた極地だった。

人生のタイミングも、この本を書くには良い時期にあたっていた。『ザ・ロード』を読んで北極の探検史について調べ出したのが二〇一〇年の夏頃からだったが、その頃の私はツアンポー峡谷の探検のことを書いた『空白の五マイル』という作品がまだ世に出る前のことで、作家としての仕事があるわけではなく、出版される目途のない作品を書くこと以外に何もすることがない、要するにただの暇人だった。つまり時間だけは膨大にあったので、英語の文献を丹念に渉猟することができたのである。この年の夏から翌年の三月の出発までの七、八カ月の間、私はほとんどフランクリン隊の資料を読むことしかしていない。本当に朝から晩まで一日中、資料読みに没頭し、他にすることといえば食事をするか、スーパーに行って買い物をするか、本編でも書いたように山や皇居に行ってボッカ訓練をするか、荒川に行ってタイヤ引きをするかといったぐらいで、今ではまったく羨ましいとしか言いようのない生活を送っていた。仕事が増え、家族もできた今、同じだけの文献を読めと言われたら、もしかすると一年や二年では無理かもしれない。『アグルーカの行方』は暇を持て余していたこの時期だったからこそ書けた本だった。

書き手として『アグルーカの行方』の中で私が追求した大きな課題は、風景の中に物語を発見することができるかということだった。

ノンフィクションを書く時の難しさの一つに、風景（シーン）から何を読み取るかという問題がある。エピソードならそれほど難しくない。エピソードは人から聞いたこと、本の中に書いてあること、そのままである。そこにどのような引っかかりを感じるかというところに書き手の感性が問われることはあるが、基本的にエピソードというのは内容そのものに聞いたこと以上の膨らみが出るわけではない。したがってエピソードの処理の仕方は書き方と、物語のどの部分に組み込むかという構成の純然たる技術の部分にかかってくる。しかしシーンは違う。シーンはエピソードほど説明的にこの世に存在しているわけではなく、自分から語りかけてくることもない。曖昧で捉えどころがなく、こちら側の読み取り方次第でいかようにも意味が変容する扱いの難しい素材である。したがってシーンにどのような意味を見つけ、それを物語の中に組み込むかは、すべて書き手の感性にかかってくる。シーンから何が滲み出しているかは、自分で読み取るしかないのだ。

北極の雪と氷のほかに何もない風景の中に、フランクリン隊の物語を垣間見ることができるか。それが旅に出る前の書き手としての課題だった。私はフランクリン隊の未完成だった探検報告書を書くつもりで旅に出ていたのである。それはいわば人間と出会うことのない未踏の荒野を旅することが多い私にとって、必然的に解決しなければならない書くことに関する挑戦的な課題だったのかもしれない。単行本が書き上がった段階でそれが達成できたかどうか正直言ってよく分からなかったが、今回、文庫化されるに当たり久々に読み返したところ、自分の行動の記述の中にふと、フランクリン隊の男たちの姿が浮かんでくることがあり、もしかしたら自分の意図はある程度成功をおさめたのかもしれないと肯定的に捉えることができた。

そして構成の手法として、『アグルーカの行方』は自分の中でひとつの完成型に達っする作品となった。『空白の五マイル』『雪男は向こうからやって来た』『アグルーカの行方』と私は短い間に探検ノンフィクションを三作書き上げ、いずれも自分の行動と過去の歴史を交錯させて物語を紡ぐというやり方を踏襲してきたが、それはそうしなければ自分の旅を物語化することができなかったからである。しかし『アグルーカの行方』を書くことで、私はその手法が自分の中で出来あがってしまったことを痛感させられた。同じ手法ではこれ以上の作品を書くことはできない。そのことが分かり、私は書き手として脱皮を模索しなければならない状況に追いやられたのである。結果として『アグルーカの行方』は私に大きな区切りをもたらす作品となった。今、私は太陽の昇らない冬の極夜の北極圏を旅しているが、もしこの新しい試みが一つの作品と結実する時、舞台は同じ北極圏でもアグルーカとは色合いのまったく異なる作品になることだろう。

旅の相棒だった荻田泰永の動向についても少し触れておきたい。アグルーカの旅は私の発案で始まり、彼が参加しなくても私は一人で実行するつもりだったが、しかし公平に考えて、荻田がいなかったらこの旅は失敗に終わっていただろう。荻田の体力、経験から導き出される現状に対する洞察力、冷静な分析に基づく判断力は非常に高いものがあった。彼はその後、単独無補給徒歩という極限的なスタイルで北極点を目指す挑戦をつづけているが、今のところ二〇一二年、二〇一四年と二度つづけて失敗している。温暖化の影響で北極海の状況は年々悪化しており環境は厳しくなる一方だが、彼は世界的に見ても現役の極地冒険家の中では最も高い能力を持つ一人だと思うので、そのうち成功するだろうと私は楽観的に期待している。北極点単独無補給徒歩到達に成功すれば日本人で初めてとなる壮挙である。

最後にこの旅に協力してくれた次の各氏に、この場を借りてお礼申し上げたい。伊藤達生さん、牛尼佐江子さん、折坂聡彦さん、小嶋一男さん、清野啓介さん、番場健司さん、矢内正男さん、山崎哲秀さん、吉川謙二さん、渡辺興亜さん。また編集を担当していただいた集英社インターナショナルの田中伊織さん、集英社学芸編集部の岸尾昌子さん、文庫化に際して担当していただいた飛鳥壮太さんにも改めてお礼を述べたい。

ちなみにアグルーカの前に構想していたニューギニア島の探検は、北極と関わったことで、いつ実現できるか分からない夢想のようなものになってしまっている。北極を手に入れたかわりに、もしかしたら私はニューギニアを逃したのかもしれない。北極が終わったら次はニューギニアに、と今も考えているが、それが実現したとしても当初の構想とは違う別の旅となるだろう。

旅は今しかできないものなのだ。

二〇一四年七月八日　角幡唯介

引用文献

●アプスレイ・チェリー＝ガラード『世界最悪の旅』加納一郎訳、朝日新聞社、一九九三年

●ロアルド・アムンゼン『ユア号航海記 北極西廻り航路を求めて』長もも子訳、中央公論新社、二〇〇二年

●『フランクリン隊捜索 北極陸路探検隊一八五五』→Barr, William, *Searching for Franklin, the Land Arctic Searching Expedition 1855*, the Hakluyt Society, 1999

●『フローズン・イン・タイム』→Beattie, Owen & Geiger, John, *Frozen in Time*, Douglas & McIntyre, 2004

●『カナダ西部北極域』→Burwash, L. T., *Canada's Western Arctic*, F. A. Acland, 1931

●『ジョン・フランクリン卿の最後の北極探検』→Cyriax, R. J., *Sir John Franklin's Last Arctic Expedition*, Arctic Press, 1997

●「ホール大佐といわゆるフランクリン隊の生き残りについて」→Cyriax, R. J., 'Captain Hall and the so-called Survivors of the Franklin Expedition', *Polar Record*, vol. 4 iss. 28, pp170-185, 1944

●『シュワトゥカの調査』→Gilder, W. H., *Schwatka's Search*, Charles Scribner's Sons, 1881（Nabu Press リプリント版）

●『北極浮氷帯の漂流』→Kane, E. K., *Adrift in the Arctic Ice Pack*, Nelson Doubleday, 1915

●『フォックス号北極航海記』→M'clintock, F. L., *The Voyage of the 'Fox' in the Arctic Seas*, Ticknor and Fields, 1859（Nabu Press リプリント版）

●『フランクリン卿の人生と北西航路』→Markham, A. H., *Life of Sir John Franklin and the North-West Passage*, George Philip & Sons, 1891（Nabu Press リプリント版）

●『ホールの第二次北極探検記』→Nourse, J. E. edit., *Narrative of the Second Arctic Expedition Made by Charles F. Hall*, Government Printing Office, 1879（Nabu Press リプリント版）

●『北極の日記からさまよい出た記録』→Osborn, Sherard, *Stray Leaves from an Arctic Journal*, William Blackwood and Sons, 1865（Elibron Classics リプリント版）

●『北極圏海岸探検記』→Rae, John, *Narrative of an Expedition to the Shores of the Arctic Sea, in 1846 and 1847*, T. & W. Boone, 1850

●『ジョン・レーの北極からの手紙』→Rich, E. E. edit., *John Rae's Correspondence with the Hudson's Bay Company on Arctic Exploration 1844-1855*, The Hudson's Bay Record Society, 1953

●『第二次北西航路探検航海記』→Ross, John & Ross, J. C., *Narrative of a Second Voyage in Search of a North-West Passage*, E. L. Carey & A. Hart, 1835（Nabu Press リプリント版）

●『アメリカ北極圏横断』→Rasmussen, Knud, *Across Arctic America*, University of Alaska Press, 1999

●『フランクリン隊の謎の解明』→Woodman, D. C., *Unravelling the Franklin Mystery Inuit Testimony*, McGill-Queen's University Press, 1991

●*The Times*, 3 Jan, 1852

●*The Times*, 18 Oct, 1881

●*New York Herald*, 4 Jul, 1880

＊邦訳のない文献は、著者による翻訳です。

その他の主な参考文献

●ヴァレリアン・アルバーノフ『凍える海 極寒を24ヶ月間生き抜いた男たち』海津正彦訳、ヴィレッジブックス、二〇〇八年
●国立極地研究所編『南極・北極の百科事典』丸善、二〇〇四年
●サイモン・シン、エツァート・エルンスト『代替医療のトリック』青木薫訳、新潮社、二〇一〇年
●谷田博幸『極北の迷宮 北極探検とヴィクトリア朝文化』名古屋大学出版会、二〇〇〇年
●バリー・ロペス『極北の夢』石田善彦訳、草思社、一九九三年
●フェリペ・フェルナンデス＝アルメスト『世界探検全史 道の発見者たち』関口篤訳、青土社、二〇〇九年
●フリッチョフ・ナンセン『極北 フラム号北極漂流記』加納一郎訳、中央公論新社、二〇〇二年
●本多勝一『アムンセンとスコット 南極点への到達に賭ける』教育社、一九八六年
●マリオン・スブリエール監修、ジョン・アマゴアリク他『北の国へ!! Nunavut Handbook』岸上伸啓日本語版監修、礒貝日月編、ドリーム・チェイサーズ・サルーン・ジュニア同人訳、清水弘文堂書房、二〇〇三年

- ●ローレンス・カーワン『白い道 極地探検の歴史』加納一郎訳、社会思想社、一九七一年
- ●Back, George, *Narrative of the Arctic Land Expedition to the Mouth of the Great Fish River, and along the Shores of the Arctic Ocean in the Years 1833, 1834, and 1835*, Baudry's European Library, 1836 (Elibron Classics リプリント版)
- ●Brandt, Anthony, *The Man Who Ate His Boots*, Knopf, 2010
- ●Eber, D. H., *Encounters on the Passage: Inuit Meet the Explorers*, University of Tronto Press, 2008
- ●Franklin, John, *Narrative of a Journey to the Shores of the Polar Sea, in the Years 1819-20-21-22*, Biblio Bazaar, 2007
- ●Houston, C. S. edit., *Arctic Ordeal: the Journal of John Richardson Surgeon-Naturalist with Franklin 1820-1822*, McGill-Queen's University Press, 1984
- ●King, Richard, *Narrative of a Journey to the Shores of the Arctic Ocean in 1833, 1834, and 1835*, Richard Bentley, 1836 (Nabu Press リプリント版)
- ●Klutschak, Heinrich, *Overland to Starvation Cove*, University of Tronto Press, 1987
- ●Malaurie, Jean, *Ultima Thule: Explorers and Natives in the Polar North*, W. W. Norton & Company, 2003
- ●McGoogan, Ken, *Fatal Passage: the Story of John Rae, the Arctic Hero Time Forgot*, Carroll & Graf Publishers, 2002
- ●Mills, W. J., *Exploring Polar Frontiers*, ABC-Clio, 2003
- ●Parry, W. E., *Journal of a Voyage for the Discovery of a North-West Passage from the Atlantic*

to the Pacific, J. Murray, 1821（General Books版）

●Parry, W. E., *Journal of a Third Voyage for the Discovery of a North-West Passage from the Atlantic to the Pacific*, H. C. Carey and I. Lea, 1826（Nabu Press リプリント版）

●Simpson, Thomas, *Narrative of the Discoveries on the North Coast of America*, Richard Bentley, 1843（Nabu Press リプリント版）

●Smith, Michael, *Captain Francis Crozier: Last man Standing*?, the Collins Press, 2006

●Stackpole, E. A. edit., *The Long Arctic Search: the Narrative of Lieutenant Frederick Schwatka, U. S. A.*, The Marine Historical Association, 1965

●Traill, H. D., *The Life of Sir John Franklin, R. N.*, John Murray, 1896

●Wright, Noel, *Quest for Franklin*, Heinemann, 1959

＊その他、「*The Times*」「*The Illustrated London News*」の記事や「*The Beaver*」「*The Geographical Journal*」「*Polar Record*」「*The Mariner's Mirror*」「*Arctic*」「*New Scientist*」等に掲載された記事や論文を主に参考にした。

解説

東えりか

意外に思われるかもしれないが、普段の角幡唯介はキリリとしたイケメンである。探検だの冒険だのしている男は、写真がむさくるしいものばかりなので、本人に直接会うと普通さに拍子抜けしてしまうものだが、角幡の場合はその度合いが大きい。

そのギャップにやられるのか、実は女性ファンが多いのだ。山男というイメージはまじめで素朴、ちょっと変わり者だけど、そこがまたいい。確かに角幡を見るとそういう感じがする。非常時に自分を守ってくれそう。女はそういう男に弱い。

だが、ちょっと待て。探検だの冒険だの危険なことを好んでするような男を信用して大丈夫なのか？　昔から「山男には惚《ほ》れるな」と歌にも歌われているではないか。

ノンフィクション作家と同時に探検家の肩書を持つ角幡唯介は二〇一〇年『空白の五マイル―チベット、世界最大のツアンポー峡谷に挑む』（二〇一二年、集英社文庫）で第八回開高健ノンフィクション賞を受賞してデビューした。ノンフィクションと冒険は相性がいいが、この作品は手に汗握る冒険譚であった。まるで大航海時代の冒険家が成し遂げたような物語、正直、イマドキこんなことをする人が本当にいるのだ、と驚き呆れつつ、途方もない挑戦を楽しんだ。後半はかなり無謀で無計画。生きて帰ってきたからいいようなものの、こんな男を恋人に持ったら心配で胸が張り裂けてしまうだろう。

このデビュー作が第四十二回大宅壮一ノンフィクション賞、第一回梅棹忠夫・山と探検文学賞も射止めてしまう。ノンフィクション作家、いやすべての物書きがうらやむような滑り出しである。

そのうえ翌年上梓《じょうし》した『雪男は向こうからやって来た』（二〇一三年、集英社文庫）は第三十一回新田次郎文学賞を受賞した。内容の面白さに加え、構成力や文章のうまさも定評となった。

そしてノンフィクション作品としては三作目が本書『アグルーカの行方―129人全員死亡、フランクリン隊が見た北極』である。十九世紀の半ば、北極圏で行方不明となったイギリス人、ジョン・フランクリンが率いた探検隊百二十九名は消息を絶ち、その足取りは未だ正確には判明していない。角幡は友人の荻田泰永とともに、徒歩でフランクリンたちの跡を辿《たど》っていった。冒険ノンフィクションのお手本のような作品だが、相変わらずの無謀ぶり。でも文句なしに面白かった、と人に勧めていたら第三十五回講談社ノンフィクション賞を受賞した。ノンフィクション作品に与えられる賞は少ないのだが、ほぼすべてを手にしたことになる。

一八四五年、ジョン・フランクリン率いる北西航路探検隊は百二十九人の隊員と三年分の食料を二隻の軍艦に乗せロンドン近郊の港を出港する。隊長のフランクリンはこの時すでに五十九歳で本国では英雄であった。それは一八一九年から二二年にかけて行った探検で極限の飢餓から生還したためだ。なんと「靴を食った男」と呼ばれ、探検家として確固たる地位を築き、ナイトの爵位まで受けていた。

彼が北極圏に赴いたのは北西航路の探査である。ヨーロッパが中国との貿易を結ぶため、北米大陸を北から回り込む航路は十五世紀末から熱望されていた。調査はこの当時、北極沿岸の未踏部分五百キロメートル足らずを残すのみになっていた。この遠征が成功すればアジアとの貿易の大きな足掛かりになる。人々の期待を一身に背負った大部隊であったのだ。しかしこの年にメルヴィル湾沿岸で捕鯨船に目撃されたのを最後に行方不明となった。探検隊を派遣した英国海軍が探索隊を次々に派遣したが、手がかりは見つからなかったという。

この物語を知り、角幡はその跡を辿ることを思いつく。実際に同じルートを歩いてみよう。極地探検の経験がない角幡は、反対に極地しか探検したことのない、珍しい探検家に声をかけた。それが「北極バカ」の荻田泰永である。荻田の著書『北極男』（二〇一三年、講談社）にはこの旅のきっかけが書かれている。


自身でも探検を行うノンフィクション作家である角幡にとって、フランクリン隊のエピソードは魅力的に映ったようだった。彼らが辿ったであろう道のりを実際に自分の足で歩き、フランクリン隊一行が極限状況の中でいかに生き長らえようとしたのか。

いかに死んでいったのか。その風景を自分の目で見て感じてみたいと話していた。

「来年さ、もし北極点に挑戦できないようだったら、一緒に歩かない？」

新宿の手羽先屋で角幡から誘いを受けた僕は、２０１１年は単独行を断念し、彼と二人でフランクリン隊の足跡を追うことにした。


どこかの時点でフランクリン隊は、キングウイリアム島沿岸で氷に閉じ込められ船が動かなくなった。橇《そり》に食料やテントを積みこんで南へ向かったものと思われる。氷の上を歩き続ける。それが角幡と荻田の行うすべてであるといっても過言ではないだろう。乱氷という氷の壁を重い橇を引いて越えていく様子は本書の読みどころのひとつである。橇を引いて人力で移動する。当然のことだが腹が減る。それもハンパな空腹感ではなかったらしい。本書のもうひとつの読みどころはそこにある。絶えず襲ってくる飢餓感は危険な敵である北極熊でさえ食糧に見えてくるほどになった。食糧を手に入れること、それは生存本能である。そしてメスの麝香牛《じゃこううし》を殺し、肉を得る。命を狩るとはどういうことか。フランクリン隊ではあまりの飢餓感に死んだ仲間の肉を食べた跡が残されていた。生き残るためにできることは何か。それは「食う」ことに他ならない。

フランクリン隊の探索はいろいろな人によって行われており、イヌイットたちの目撃談も多い。生き残った人たちの終焉《しゅうえん》の地も、おおよそここであろうと特定されている。北米大陸のアデレード半島にある「餓死の入江」と呼ばれる場所だ。この不吉な名前はこの場所でフランクリン隊の多くの遺体が見つかったことによって名付けられた。隊員たちの多くは彷徨《さまよ》った果てに疲れ動けなくなり、死んでいった。大地に点々と残る遺体や遺品が凄惨な最期を告げていたようだ。角幡たちもその跡を踏みしめ、六十日間をかけてジョアヘブンという地に辿り着いた。

しかし本当に「餓死の入江」でフランクリン隊は全滅したのだろうか。

本書のタイトルにある「アグルーカ」とはイヌイット語で「大股で歩く男」を意味する。ヨーロッパから探検に来た男で「アグルーカ」と呼ばれたのは何人かいた。フランクリン隊の副官、フランシス・クロージャーもそのひとりであった。フランクリン隊の消息はイヌイットたちには広く知られていたようだ。もしかすると「餓死の入江」よりもっと先まで、彼らは進んでいたのではないだろうか。

この疑問の答えを見つけるため、角幡たちは新たな旅に出る。ここからが本当の探検になる。やはり人の作った道を辿るより、新たに道を拓《ひら》くことこそ冒険だ。そこから垣間見えるひとつの事実。本書の白眉である。

第三十五回講談社ノンフィクション賞は、同じ早稲田大学の探検部出身で先輩である高野秀行も『謎の独立国家ソマリランド―そして海賊国家プントランドと戦国南部ソマリア』（二〇一三年、本の雑誌社）で受賞した。同時受賞を記念して出された対談集『地図のない場所で眠りたい』（二〇一四年、講談社）では、幼いころから好きだったことや、探検部入部動機、物書きになると決めた理由など、本音で語りつくしている。

この本の中で高野はこの作品をこう褒めている。

俺が腑に落ちたというのは、角幡の文章の構成のうまさなんだよ。ミステリーでいうと叙述トリックというやつで、角幡は謎の答えを知っている（中略）。でも、それは出さない。読者には最初から見せないで話を作っていくという構成は、叙述トリックのやり方だと思うんだよ。それがすごく読者を引っ張るんだよね。

選考会でもこの作品は選考委員全員がA評価を付けた。小説家の高村薫は、角幡という人はおそらく、人間的にも、探検家としても、あるいは文章家としても大変優れていると思うが、それが整いすぎているという印象を持つ、と語る。そして本人は受賞の言葉で、多くの準備をし、思い通りにかけたこの作品ではあるが、と前置きをしたうえで

執筆後に私を悩ませたのは、ノンフィクションライターが作品化の影響を受けずに旅という行為を成り立たせることは可能なのだろうかという疑問だった。（中略）旅とは本来、絵を描く私自身がどのような結果になるのか分からない、そういうものでなければならないはずだ。

結末が見えない旅をしたい、それが探検であったはずだ。『アグルーカの行方』は計画した通り、思い描いた旅ができ、作品も高い完成度で書けた。それが不満であるという。

では、このあと、角幡はどのような経験をし、何を書いていくのだろうか。

答えになっていないかもしれないが、私には引っかかっていることがあった。フランクリン隊の後を追って旅をした作品を読んだ記憶があったのだ。今回、解説を書くに当たり、昔の読書記録を引っ張り出した。

二〇〇一年に翻訳されたウィリアム・T・ヴォルマン『ザ・ライフルズ』（国書刊行会）。サラエボやアフガニスタンを取材しながら北米大陸の歴史シリーズを描いている作家である。『ザ・ライフルズ』はフランクリン隊が氷原を彷徨う姿と、ケベック州のイヌイットの姿を対比させた幻想的な文学作品なのだが、角幡の思い描く時代背景と非常によく似ている。角幡は、小説を書くつもりはない、と高野に語っているが、どこかで大きく舵《かじ》を切る可能性を感じた。『アグルーカの行方』はその変曲点になる特別な作品なのかもしれない。十年後、角幡唯介は何を書いているだろうか。

（あずま・えりか　書評家）

この作品は二〇一二年九月、集英社より刊行されました。
初出　すばる　二〇一二年一月号～七月号
本文デザイン　鈴木成一デザイン室

角幡唯介の本

空白の五マイル

チベット、世界最大のツアンポー峡谷に挑む

チベットの奥地、ツアンポー川流域に「空白の五マイル」と呼ばれる秘境があった。人跡未踏の峡谷に単独で挑んだ著者が目にしたものは⁉ 第八回開高健ノンフィクション賞受賞作。

集英社文庫

角幡唯介の本

雪男は向こうからやって来た

ヒマラヤ山中に棲むという謎の雪男、その捜索に情熱を燃やす人々がいる。同行した著者は60日間に亘る捜索期間の中で彼らの奇妙な体験談に引き込まれてゆく。第31回新田次郎賞受賞作。

集英社文庫

集英社文庫　目録（日本文学）

恩田陸　光の帝国　常野物語
恩田陸　ネバーランド
恩田陸　ねじの回転　FEBRUARY MOMENT（上）（下）
恩田陸　薄公英《たんぽぽ》草紙　常野物語
恩田陸　エンド・ゲーム　常野物語
恩田陸　蛇行する川のほとり
恩田陸　スキマワラシ
開高健　オーパ！
開高健　風に訊け
開高健　オーパ、オーパ!!　アラスカ・カナダ　カリフォルニア篇
開高健　オーパ、オーパ!!　アラスカ至上篇　コスタリカ篇
開高健　オーパ、オーパ!!　モンゴル・中国篇　スリランカ篇
開高健　知的な痴的な教養講座
開高健　風に訊け　ザ・ラスト
開高健　青い月曜日
開高健　流亡記／歩く影たち

海道龍一朗　華、散りゆけど　真田幸村　連戦記
海道龍一朗　早雲立志伝
加賀乙彦　津村節子　愛する伴侶《ひと》を失って
垣根涼介　月は怒らない
柿木奈子　さいはてにて　やさしい香りと待ちながら
角田光代　みどりの月
角田光代　佐内正史　だれかのことを強く思ってみたかった
角田光代　マザコン
角田光代　三月の招待状
角田光代　松尾たいこ　なくしたものたちの国
角田光代他　チーズと塩と豆と
角幡唯介　空白の五マイル　チベット、世界最大のツアンポー峡谷に挑む
角幡唯介　雪男は向こうからやって来た
角幡唯介　アグルーカの行方　129人全員死亡、フランクリン隊が見た北極
角幡唯介　旅人の表現術
梶よう子　柿のへた　御薬園同心　水上草介

梶よう子　お伊勢ものがたり　親子三代道中記
梶よう子　桃のひこばえ　御薬園同心　水上草介
梶よう子　花しぐれ　御薬園同心　水上草介
梶よう子　本日も晴天なり　鉄砲同心つつじ暦
梶井基次郎　檸檬
梶山季之　赤いダイヤ（上）（下）
片野ゆか　ポチのひみつ
片野ゆか　ゼロ！　熊本市動物愛護センター10年の闘い
片野ゆか　動物翻訳家　心の声をキャッチする、飼育員のリアルストーリー
片野ゆか　平成犬バカ編集部
かたやま和華　猫の手、貸します　猫の手屋繁盛記
かたやま和華　化け猫、まかり通る　猫の手屋繁盛記
かたやま和華　大あくびして、猫の恋　猫の手屋繁盛記
かたやま和華　されど、化け猫は踊る　猫の手屋繁盛記
かたやま和華　笑う猫には、福来《きた》る　猫の手屋繁盛記
かたやま和華　ご存じ、白猫ざむらい　猫の手屋繁盛記

集英社文庫　目録（日本文学）

加藤　元　四百三十円の神様
加藤　元　本日はどうされました？
加藤　元　ごめん。
加藤　元　嫁の遺言
加藤　元　金猫座の男たち
加藤ジャンプ・原作／文　土山しげる・画　今夜はコの字で　完全版
加藤千恵　ハニー　ビター　ハニー
加藤千恵　さよならの余熱
加藤千恵　ハッピー☆アイスクリーム
加藤千恵　あとは泣くだけ
加藤千穂美　エンキリ　おひとりさま京子の事件帖
加藤友朗　移植病棟24時
加藤友朗　赤ちゃんを救え！　移植病棟24時
加藤友朗　「NO」から始めない生き方　先端医療で働く外科医の発想
加藤実秋　インディゴの夜
加藤実秋　チョコレートビースト　インディゴの夜
加藤実秋　ホワイトクロウ　インディゴの夜
加藤実秋　Dカラーバケーション　インディゴの夜
加藤実秋　ブラックスローン　インディゴの夜
加藤実秋　ロケットスカイ　インディゴの夜
加藤実秋　学園《スクール》王国《キングダム》
加藤実秋　渋谷スクランブルデイズ　インディゴ・イヴ
上遠野浩平　荒木飛呂彦・原作　恥知らずのパープルヘイズ　―ジョジョの奇妙な冒険より―
金井美恵子　恋愛太平記1・2
金子光晴　女たちへのいたみうた　金子光晴詩集
金原ひとみ　蛇にピアス
金原ひとみ　アッシュベイビー
金原ひとみ　AMEBICアミービック
金原ひとみ　オートフィクション
金原ひとみ　星へ落ちる
金原ひとみ　持たざる者
金原ひとみ　アタラクシア
金原ひとみ　パリの砂漠、東京の蜃気楼
金平茂紀　ロシアより愛をこめて　あれから30年の絶望と希望
加野厚志　龍馬暗殺者伝
加納朋子　月曜日の水玉模様
加納朋子　沙羅《さら》は和子《わこ》の名を呼ぶ
加納朋子　レインレイン・ボウ
加納朋子　七人の敵がいる
加納朋子　我ら荒野の七重奏《セプテット》
壁井ユカコ　2.43　清陰高校男子バレー部①②
壁井ユカコ　2.43　清陰高校男子バレー部　代表決定戦編①②
壁井ユカコ　2.43　清陰高校男子バレー部　春高編①②
壁井ユカコ　空への助走　福蜂工業高校運動部
鎌田　實　がんばらない
鎌田　實　高橋卓志　生き方のコツ　死に方の選択
鎌田　實　あきらめない
鎌田　實　それでもやっぱりがんばらない

集英社文庫　目録（日本文学）

鎌田　實　ちょい太でだいじょうぶ
鎌田　實　本当の自分に出会う旅
鎌田　實　なげださない
鎌田　實　たった1つ変わればうまくいく 生き方のヒント幸せのコツ
鎌田　實　いいかげんが　いい
鎌田　實　がんばらないけどあきらめない
鎌田　實　空気なんか、読まない
鎌田　實　人は一瞬で変われる
鎌田　實　がまんしなくていい
神永　学　イノセントブルー 記憶の旅人
神永　学　浮雲心霊奇譚 赤眼《せきがん》の理《ことわり》
神永　学　浮雲心霊奇譚 妖刀《ようとう》の理《ことわり》
神永　学　浮雲心霊奇譚 菩薩《ぼさつ》の理《ことわり》
神永　学　浮雲心霊奇譚 白蛇《はくじゃ》の理《ことわり》
神永　学　浮雲心霊奇譚 呪術師《じゅじゅつし》の宴《うたげ》
神永　学　浮雲心霊奇譚 血縁《けつえん》の理《ことわり》

神永　学　火《か》車《しゃ》の残《ざん》花《か》 浮雲心霊奇譚
加門七海　うわさの神仏 日本闇世界めぐり
加門七海　うわさの神仏 其ノ二 あやし紀行
加門七海　うわさの神仏 其ノ三 江戸TOKYO陰陽百景
加門七海　うわさの人物 神霊と生きる人々
加門七海　怪のはなし
加門七海　猫怪々
加門七海　霊能動物館
香山リカ　NANA恋愛勝利学
香山リカ　言葉のチカラ
香山リカ　女は男をどう見抜くのか
川内有緒　空をゆく巨人
川上健一　宇宙のウインブルドン
川上健一　雨鱒の川
川上健一　らら のいた夏
川上健一　翼はいつまでも

川上健一　四月になれば彼女は
川上健一　渾身
川上弘美　風花
川上弘美　東京日記1＋2 卵一個ぶんのお祝い。／ほかに踊りを知らない。
川上弘美　東京日記3＋4 ナマズの幸運。／不良になりました。
河﨑秋子　鯨の岬
河﨑秋子　土に贖う
川西政明　決定版 評伝 渡辺淳一
川西　蘭　ひかる、汗
川端康成　伊豆の踊子
川端裕人　銀河のワールドカップ
川端裕人　今ここにいるぼくらは
川端裕人　風のダンデライオン 銀河のワールドカップ ガールズ
川端裕人　雲の王
川端裕人 三島和夫　8時間睡眠のウソ。 日本人の眠り、8つの新常識
川端裕人　天空の約束

集英社文庫　目録（日本文学）

集英社文庫　目録（日本文学）

北方謙三　愛《いと》しき女たちへ
北方謙三　破軍の星
北方謙三　群青 神尾シリーズⅠ
北方謙三　灼光 神尾シリーズⅡ
北方謙三　炎天 神尾シリーズⅢ
北方謙三　流塵 神尾シリーズⅣ
北方謙三　林蔵の貌《かお》(上)(下)
北方謙三　そして彼が死んだ
北方謙三　波《は》王《おう》の秋《とき》
北方謙三　明るい街へ
北方謙三　彼が狼だった日
北方謙三　罅《ひび》・街の詩《うた》
北方謙三　皸《ひび》・別れの稼業
北方謙三　草《そう》莽《もう》枯れ行く
北方謙三　風裂 神尾シリーズⅤ
北方謙三　風待ちの港で

北方謙三　海嶺 神尾シリーズⅥ
北方謙三　雨は心だけ濡らす
北方謙三　風の中の女
北方謙三　水滸伝 一〜十九
北方謙三・編著　替天行道 ―北方水滸伝読本
北方謙三　魂の岸辺
北方謙三　棒の哀しみ
北方謙三　君に訣別の時を
北方謙三　楊令伝 一 玄旗の章
北方謙三　楊令伝 二 辺烽の章
北方謙三　楊令伝 三 盤紆の章
北方謙三　楊令伝 四 雷霆の章
北方謙三　楊令伝 五 猩紅の章
北方謙三　楊令伝 六 徂征の章
北方謙三　楊令伝 七 驍騰の章
北方謙三　楊令伝 八 箭激の章

北方謙三　楊令伝 九 遥光の章
北方謙三　楊令伝 十 坡陀の章
北方謙三　楊令伝 十一 傾暉の章
北方謙三　楊令伝 十二 九天の章
北方謙三　楊令伝 十三 青冥の章
北方謙三　楊令伝 十四 星歳の章
北方謙三　楊令伝 十五 天穹の章
北方謙三・編著　吹毛剣 楊令伝読本
北方謙三　岳飛伝 一 三霊の章
北方謙三　岳飛伝 二 飛流の章
北方謙三　岳飛伝 三 嘶鳴の章
北方謙三　岳飛伝 四 日暈の章
北方謙三　岳飛伝 五 紅星の章
北方謙三　岳飛伝 六 転遠の章
北方謙三　岳飛伝 七 懸軍の章
北方謙三　岳飛伝 八 龍蟠の章

集英社文庫

アグルーカの行方《ゆくえ》 129人全員死亡《にんぜんいんしぼう》、フランクリン隊《たい》が見《み》た北極《ほっきょく》

2014年9月25日　第1刷
2024年6月17日　第4刷

定価はカバーに表示してあります。

著　者　角幡唯介《かくはたゆうすけ》

発行者　樋口尚也

発行所　株式会社　集英社
東京都千代田区一ツ橋2-5-10　〒101-8050
電話　【編集部】03-3230-6095
【読者係】03-3230-6080
【販売部】03-3230-6393（書店専用）

印　刷　大日本印刷株式会社

製　本　大日本印刷株式会社

フォーマットデザイン　アリヤマデザインストア　　マークデザイン　居山浩二

ISBN978-4-08-745229-7 C0195